ここが一番おもしろい

世界史と日本史裏話大全《たいぜん》

歴史の謎研究会［編］

青春出版社

はじめに

歴史の教科書を読んでもいまひとつ気持ちが〝乗らない〟という人が多いのは、骨組みとなる事実だけを羅列しているから。〝骨だけの魚〟のようなもので、歴史の醍醐味を味わうことなど、夢のまた夢です。

本来の歴史は、人間臭い濃厚味の物語。その面白さは、教科書が切り落とした細部と裏面に宿っています。

そこで、本書では、学校では習わない歴史の舞台裏にスポットライトを当てました。誰もが知るあの大事件も、歴史上のあの有名人も、知れば知るほど面白い裏話に満ち溢れているのです。

たとえば、産業革命がヨーロッパのはずれのイギリスで起きたことにも、百年戦争（じつは百年以上！）がダラダラと長く続いたことにも、聖徳太子の憲法（十七条）や鎌倉時代の御成敗式目（五十一条）がともに半端な数であることにも、さまざまな事情が絡んでいます。

というわけで、読めば「なるほど、そういうことだったのか！」と納得できるこの本で、歴史の〝裏話フルコース〟をご堪能いただければ幸いに思います。

２０１５年7月

歴史の謎研究会

第一部　世界史の裏話　15

1　原始・古代　16

2　ギリシア・ローマ　40

目次

5 近世 102

6 アジアII 131

7 近現代 143

第二部　日本史の裏話　187

1 原始・古代　188

2 鎌倉・室町　216

特集2

その日本史常識にはウラがある！ 355

目　次

■カバー写真提供……shutterstock
Alexandra Dikaia / shutterstock.com
■本文写真提供……shutterstock
crocolot / shutterstock.com
tele52/shutterstock.com
microvector/shutterstock.com
felichy/shutterstock.com
■本文図版作成……ハッシィ
■ＤＴＰ……フジマックオフィス

第一部

世界史の裏話

1

原始・古代

人類の祖先は、なぜアフリカで生まれたのか？

人類の起源は、ひとつの源に遡ることができる。場所はアフリカ。二〇〇一年にチャドで発見された七〇〇～六〇〇万年前の猿人の化石が、今のところ「最古の人類」とされる。

霊長類から進化した人類は、やがて二本の足で歩くようになり、猿人（アウストラロピテクス）となる。猿人の化石はほぼアフリカでしか発見されていないので、人類の祖先、猿人はアフリカで生まれたと考えられるのだ。

では、なぜ、霊長類（類人猿）は、ヒトへと進化したのか。

それは、アフリカの地形と深い関係がある。その頃、アフリカ東部では、マントル対流によってプレートの分裂が始まり、キリマンジャロをはじめとする火山群が生まれ、活発に

■ホモ・サピエンスの世界への拡散

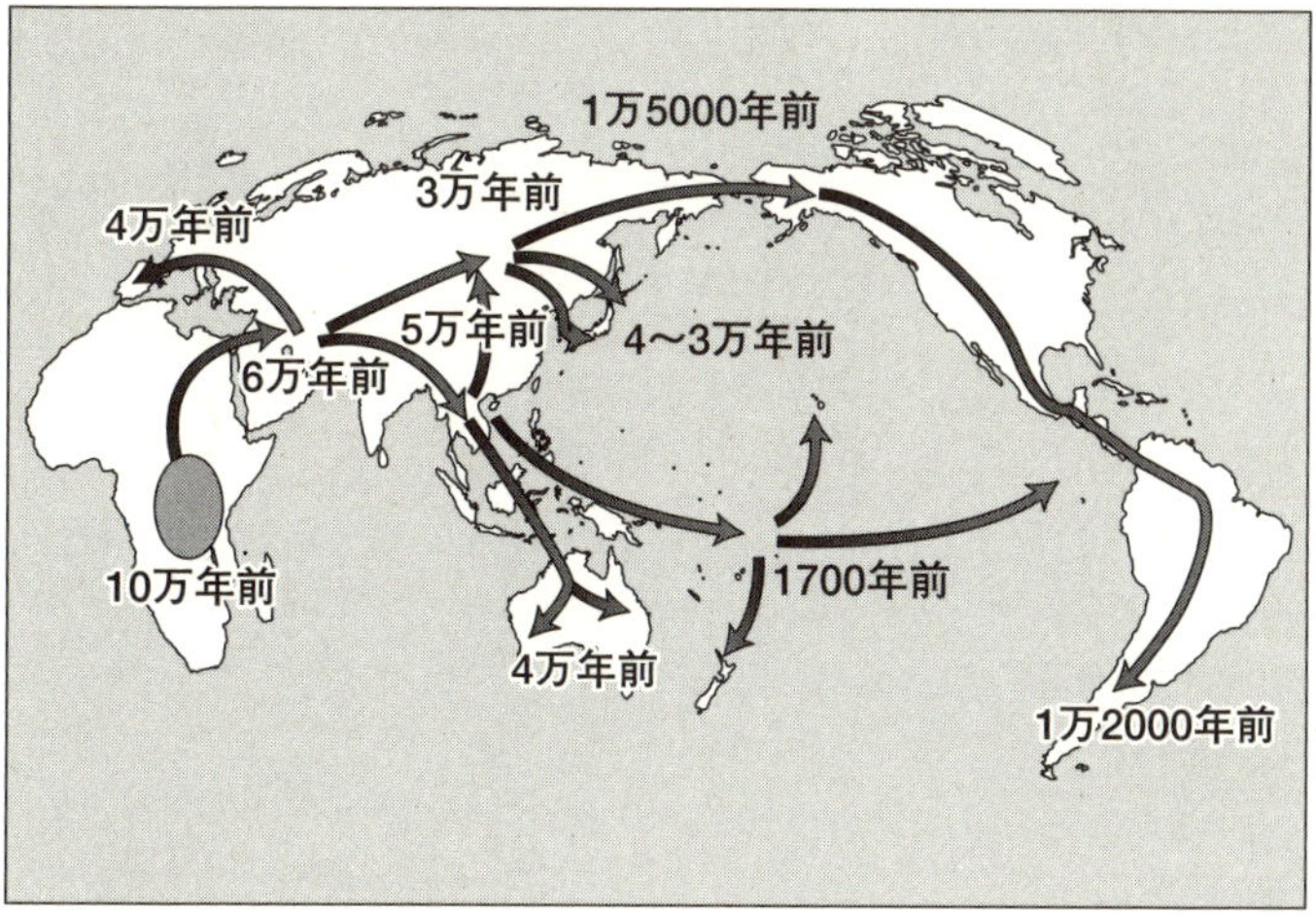

活動するようになる。この火山活動の影響で、付近一帯が乾燥した気候へと変化、それまで熱帯雨林だったところが、草原地帯になった。この環境変化が、サルからヒトへの進化を促した。

それまで密林の中で木から木へと飛び回っていた霊長類は、見晴らしのきく草原でより遠くを見渡せるようにと、二足歩行するようになった、と考えられている。

さて、ここから先の人類の歴史には、二つの説がある。「多地域平行進化説」と「アフリカ単一起源説」だ。

前者は、猿人から進化した原人が、アフリカ大陸を出て世界各地に広がり、それぞれの地域で、旧人、新人へと進化していったという説。

後者も、原人がアフリカを出て行くまではいっしょだが、その後、北京原人やジャワ原人など、各地の原人は絶滅、アフリカで進化した新人が、一〇万年前に再び世界に出ていき、現在の人類すべての祖先となった、という説だ。

以前は、前者が定説だったが、今ではDNA解析などの先端科学の成果で、後者が有力となっている。

ネアンデルタール人は、何が原因で絶滅した？

かつてネアンデルタール人は、私たちホモ・サピエンスの祖先とみられていた。ひさしのように前に張り出した眉、前後に長い頭、大きく頑丈な下あご。やや前屈みで腰を落として歩く、その姿が、やがてすっくと立ち上がって〝現代人〟に進化した、と考えられていたのだ。

しかし、化石から採取したDNAを解析した結果、ネアンデルタール人は、現代人とは別系統であるということが、今ではわかっている。

ネアンデルタール人は、約二〇万年前に登場し、その化石は、おもにヨーロッパで発見されている。しかし、その痕跡は約三万年前にぷっつりととぎれている。つまり、その時期までに絶滅したと考えられているのだ。では、その原因は何だろう。

これには、いくつかの説がある。クロマニヨン人（現代人の祖先）との生存競争に勝てなかったという説がある。

他にも、寒波などの気象変化に対応できなかったという説。あるいは、絶滅したのではなく、クロマニヨン人との混血が進み、その生物学的特徴が失われたという説などがあるが、避けて通れないのは「大虐殺説」である。

クロマニヨン人が好戦的な性格だった一方、ネアンデルタール人は、争いごとを好まない温厚な性格だった。それで、一方的に虐殺されてしまった、というのだ。

これは仮説ではあるものの、世界各地で戦争を繰り返してきたクロマニヨン人の子孫（現代人）の歴史、そして今日のニュースを見れば、なるほどと思えなくはない。

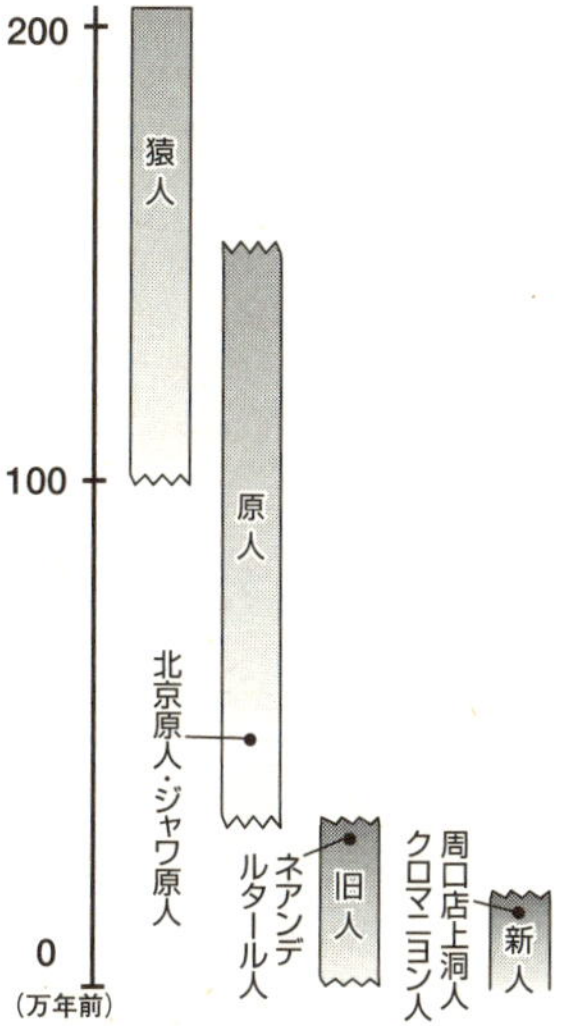

世界各地に洪水伝説が残っている理由は？

聖書によれば、かつて神は、〝道を乱した〟人類を滅ぼそうと決意した。神は、敬虔なノアに方舟をつくらせ、ひとつがいずつの動物たちを避難させた上で、四〇日間、地上に雨を降らせ続けた。洪水ですべての生き物が死滅した地上で、ノアは新しい子孫を生み育てていった。

じつはノアの方舟以外にも「洪水伝説」は、世界各地に残されている。

では、実際に大洪水はあったのだろうか。あったのは確かである。しかし、それは〝地球規模〟の洪水ではなく、メソポタミア地方を襲った地域災害としての洪水だったというのが、現在の定説になっている。

　実際、メソポタミア地方の地質調査では〝洪水層〟とも呼べるような地層が確認されている。そして、この地方に伝わるギルガメッシュ神話にも、ノアの方舟とよく似た洪水伝説が残っている。それらがやがて各地に広まり、旧約聖書などの洪水伝説に発展したと考えられている。

「農耕のはじまり」がどうして大問題なのか？

　農耕はメソポタミア文明で始まった、というのが長い間〝定説〟とされてきた。しかし、この定説も近年の研究でくつがえされつつある。

　たしかに、メソポタミアでは、かなり早い時期に農耕が始まっていた。紀元前九〇〇〇年頃に、東からシュメール人がやってきて農耕を始めたのが、メソポタミア文明の始まりであり、それが農耕の始まりと考えられていた。しかし、近年の世界的な発掘調査によって、世界のさまざまな地域から、さらに古い農耕の存在を示す遺跡が見つかっているのだ。

　まず、中国長江流域。一九七〇年代に発掘された河姆渡《かぼと》遺跡からは大量のもみがらやイネの葉が発見され、すでに稲作農耕が始まっていたことがわかった。時期的には、メソポタミアとほぼ同時期か、あるいは紀元前一万年以前に遡るという説もある。

　また、イラン高原の西部では、紀元前七〇〇〇年頃に小麦、大麦などの栽培が行われていた。その農耕技術は、アフガニスタン、パキスタンなどに伝わり、やがてインダス文明に発展する。

また、東南アジアでも、タロイモ、ヤムイモ、バナナなどが栽培されていた。さらに、アフリカ大陸では、モロコシ、トウジンビエが、また、アメリカ大陸では、トウモロコシ、ジャガイモ、サツマイモ、カボチャ、トマトなどが栽培されていた。

つまり、農耕はどこかひとつの地域で始まって、それが世界中に広まったのではなく、いくつかの地域でそれぞれ独自に発生したと考えるのが現在の定説なのだ。

ところで、なぜ人類の歴史の中で〝農耕の起源〟がこんなに問題になるのか？　それは、文明の起源に直結するからだ。

農耕が始まることによって、食料生産を〝自然のご機嫌まかせ〟ではなく、自分たちの手でつくる収穫量を予測することができる。やがて、技術が向上していくなか「余剰生産物」が生じ、働かなくても食べられる人たちが生まれる。役割分担が生まれ、階級が生じるなか支配層が現れ、権力＝都市国家が登場するというわけだ。

世界ではじめてパンを食べたのは誰？

エジプトとメソポタミアは〝古代史のライバル〟といっていいくらい、いろいろな意味で対照的な存在だ。たとえば「パン」についても……。

世界で最初にパンを食べたのは、メソポタミアの人々だった。メソポタミアでは、紀元前七五〇〇～六五〇〇年頃には、すでに小麦の栽培が行われ、紀元前四〇〇〇年頃には、パンがつくられていた。

ただし、この時代の「パン」は、小麦粉を

砕いて水を加えて練った生地を、ただ焼いただけのもの。つまり、まだ発酵という技術がなかった。この「無発酵パン」は、たとえばお好み焼きの生地のようなものだと思えばいいだろう。それが、メソポタミアの人たちの「パン」だった。

　この「パン」は、やがてエジプトに伝わり、ここで、偶然「発酵」技術が誕生した。紀元前三〇〇〇年頃のこと、いつものように水でこねた小麦粉を一晩ほうっておいたら、空気中のイースト菌がついて発酵したのだ。これを焼いてみたら、ふっくらとおいしいパンができあがったとみられる。

　その後、エジプトでは、パンをつくる技術が急速に発達し、ハチミツを混ぜたパンやビスケットも生まれた。パンはエジプトの主要な食べ物になり、神に供えたり、貨幣のかわりに交換されるようにもなった。そして、エジプト人は周辺の民族から「パンを食べる人」と呼ばれるようになる。

　では、いったいなぜ、パンは、メソポタミアではなく、エジプトで発展したのだろうか。

　これは、単なる偶然ではない。メソポタミアには粘土質の土壌が広がっているが、小麦を細かくひくためには、石のほうが適している。その点、エジプトには石が豊富にあったのだ。エジプト人たちは、その石を利用し、石臼を使って小麦を細かく製粉する技術を発展させた。それに伴い、パンをつくる技術も発展したと考えられている。

人類が最初に手に入れた金属は？

金属を手に入れることで、人類の歴史は大

きく前進することになるが、さて人類が最初に手にした金属は何だったのだろう?

正解は、銅である。

金や銅は、鉄などと違って酸化しにくいので、自然界に単体で存在できる分、特別な技術がなくても採取しやすい。ただし、天然の金はごくわずかしかないので、銅がまず最初に利用されることになったのだろう。

紀元前四〇〇〇年頃、メソポタミア北部アナトリア高原で、最初の銅器がつくられたとみられている。はじめは、自然銅を利用して武器や装飾品に加工していたが、やがて銅鉱石を高熱で溶かして銅を取り出す方法が発見される。

この銅の起源は、古代史をめぐる大胆な仮説の重要なキーにもなっている。その仮説とは、エジプト文明はメソポタミアの人々が移住して創始したという説だ。

エジプトで初期王朝が成立する以前、上エジプトではすでに銅・石器併用が始まっていた。これが紀元前四〇〇〇年頃で、メソポタミアで銅器の製造が始まったのと同時期なのだ。しかも、エジプトにはそれ以前にほとんど文明の痕跡がない。にもかかわらず、いきなり高度な技術でつくった銅器が残されている。これはなぜなのか。

こう考えれば、説明がつく。メソポタミアから銅を求めてシナイ半島に進出した人々が、やがてナイル川流域にまで行き着いた。そして、そこに定住して銅を製造し、メソポタミアに送っていた。これが、エジプト文明の起源となった――。

だとすると、エジプト文明も、メソポタミア文明も、もとは一緒ということになる。

1 原始・古代
2 ギリシア・ローマ
3 アジアI
4 中世
5 近世
6 アジアII
7 近現代

古代文明はなぜ大河のほとりで栄えた？

世界の四大文明といえば、メソポタミア文明、インダス文明、エジプト文明、黄河文明の四つ。この〝四大文明〟には、いずれも大河のほとりに栄えた、という共通点がある。

メソポタミア文明は、今の南イラク、ティグリス川とユーフラテス川の河口付近。インダス文明は、インドのインダス川流域。エジプト文明は、世界最長の河川ナイル川の下流。黄河文明は、中国黄河流域に、それぞれ栄えた。

では、なぜ大きな河川の流域で最初に文明が発達したのだろうか。

それには、いくつかの理由がある。まずひとつは、氾濫だ。

大きな河川が氾濫すると、周辺の土壌を豊かにする。たとえばインダス川の場合、毎年六〜八月頃には雨期にはいる。モンスーンがやってきて水かさが増すと、たちまち氾濫してあたりは水浸しになる。すると、肥沃な沖積土が堆積して地味が肥えるのだ。

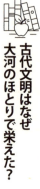

この肥えた大地に小麦をまいて、翌年の雨期の前に収穫。するとまた、モンスーンがやってきて、また沖積土が蓄積される。だから、土地が痩せることがない。これが「氾濫農耕」とよばれるサイクルだ。

さらに河川には、交通路としての役割がある。文明が栄え、都市が繁栄すると、さまざまな物資を運搬する必要が生じる。とりわけ、建築に使う木材や石材などを、当時、陸路で運ぶのは至難の業。ところが船を使えば、メソポタミア文明の場合、ティグリス川から大

■四大文明の分布

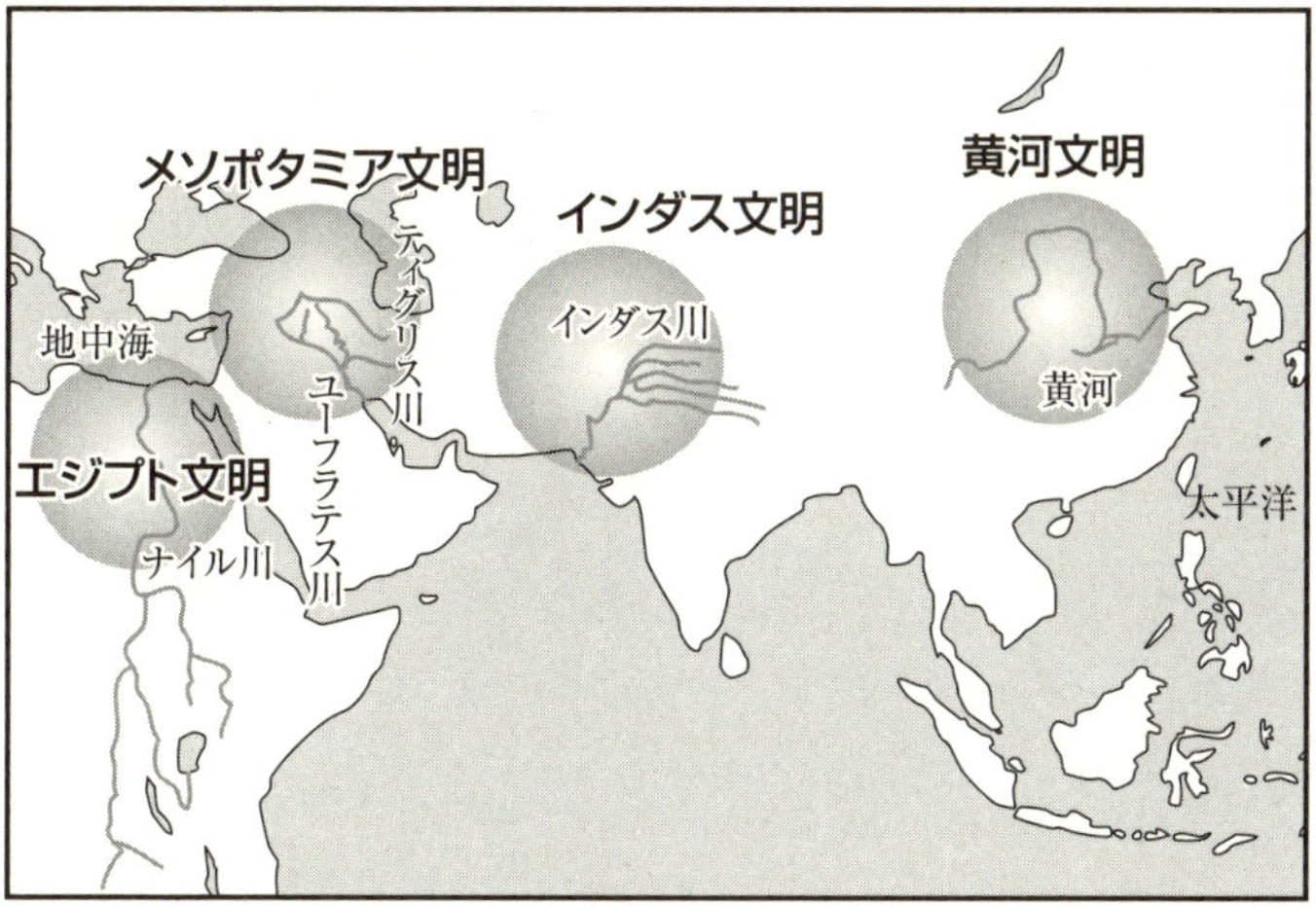

量のレバノン杉を運び込めたし、エジプト文明の場合、ナイル川上流アスワンの石材を下流まで運ぶことも可能だった。

また、大河は他部族の襲撃から都市を守る防備の役割も果たしたと考えられる。

というわけで、古代人にとって、大河はまさにさまざまな意味での〝ライフライン〟だったのだ。

ヒッタイト帝国は鉄製の武器をどうやって生み出した？

石器時代、青銅器時代、鉄器時代というように、先史時代は使っていた道具で区別される。

なぜ、青銅か鉄かが問題になるかと言えば、農具などの日常用具の性能が飛躍的に向上したということもあるが、見逃せないのは武器の技術革新である。

　青銅器しかない国と鉄器をもつ国が戦ったら、これはもう後者が勝つに決まっている。

　事実、紀元前二〇〇〇年頃に突如として登場したヒッタイト帝国は、鉄製の武器でメソポタミアを制圧した。

　ヒッタイトは、鉄剣ばかりか鉄製の「軽戦車」を駆使して、近隣の国々を次々と撃破。南方の大国エジプトとも、しばしば勢力争いをくり広げた。

　ヒッタイト帝国は、当然〝鉄の製法〟を門外不出の技術として、決して国外に漏らさないようにしていた。

　この製鉄技術が流出するのは、紀元前一一九〇年以降のこと。ヒッタイトが「海の民」によって滅ぼされてからだ。〝鉄の国〟ヒッタイトを滅ぼした、この「海の民」という異民族については、詳しいことは謎のままになっている。

古代エジプトで、銀が金より価値があったのは？

　かつて、金よりも銀のほうが価値のある時代があった。「かつて」と言っても、一世紀や二世紀前ではなく、古代エジプト時代の前期にまで遡る。当時、銀は金の約二・五倍もの価値があったのだ。

　貴金属の価値は、その生産量に反比例する。つまり少ないほど、希少価値が生じるということだ。

　金は砂金として自然に存在するが、銀を得るには鉱石から製錬する技術が必要だ。それは、古代の技術ではひじょうに難しい作業であり、手にできる銀の量はごくわずかだった。

そのため、銀のほうがより高価な貴金属とされていたのだ。古代エジプトでは、金にわざわざ銀メッキを施すこともあったくらいである。

やがて、製錬法が発達して大量の銀がつくられるようになると、その価値は逆転し、ツタンカーメンの頃には、すでに金は銀の約二倍の価値をもつようになる。ご存じの通り、ツタンカーメンの墓からは、数々の黄金の品々が発掘され、世界の話題をさらった。

もちろん、ツタンカーメンだけが〝黄金好き〟だったわけではなく、他の王の墓はほとんど盗掘にあっていたので、そうした貴金属の類はすでに持ち去られた後だったのである。

今でもそうだが、人間、富と権力を手にすると、貴金属をかき集めたくなるらしい。しかし、エジプトの場合は、もうひとつ金にこだわる理由があった。

金は錆びない、つまり永遠であるということだ。古代エジプト人は、来世での永遠の命を信じていたから、肉体をミイラにして遺そうとした。そのさい、顔が腐って欠けてしまうことをおそれ、黄金のマスクをつくった。すべては、永遠の命を得るためだったのだ。

「化粧」はそもそも誰が始めたのか？

化粧の歴史は古い。最初の化粧をしたのは、約五万年前のクロマニヨン人だと言われている。

ただし、化粧をしていたのは、女性でなく男性。当時の男たちは、狩りに出る前、まじないのために、体に染料をペインティングして飾り立てていたのだ。

現代の化粧に近いものが登場したのは、古

代エジプトである。映画やイラストで見るクレオパトラの目もとは、上下にクッキリとアイラインが引かれている。そんなふうに目もとを強調するのが、当時のエジプト流の化粧だった。

　その目的は、もちろん美しくみせるためだが、化粧の目的はそれだけではなかったと考えられている。

　目の周りを黒く塗るのは、エジプトの大地に照りつける強い日差しを避ける日よけや、虫除けの意味もあったようだ。

　当時すでに、アイシャドーだけでなく、口紅や頬紅、手や足の指を赤く染めるマニキュアやペテキュアもあった。さらには、当時は露わにしていた〝胸〟にも化粧が施されていた。乳房の血管をより青く見せるとともに、乳頭を金色でペイントして強調していたのだ。

　その頃の男性もまた、化粧をしていた。ツタンカーメンの墓から出土したマスクからもわかるように、やはり目もとに化粧を施していたようだ。副葬品のなかからは、さまざまな種類の化粧品が見つかっている。

　そうした化粧の技術が、その後、ヨーロッパに伝わり、現代の西洋式メイクの源流になった。古代ローマ時代には、現代の化粧品とほとんど変わらないアイテムがそろっていたとみられる。

「世界最初の都市」っていったいどこ？

　イラクは現代史でも重要な地域だが、古代史においても、きわめて重要な地位を占めている。世界最古の文明、メソポタミア文明が栄えた地域であるばかりでなく、歴史上初めて「都市」が出現した地域でもあるからだ。

シュメール人たちがインド方面からこの地に移住してきて、農耕を始めたのは、前述したように紀元前九〇〇〇年頃のこと。紀元前六五〇〇年頃にはぽつぽつと集落が形成され、紀元前三〇〇〇年前後には、メソポタミア南部にいくつかの都市国家が生まれる。

そのうち、最大の都市だったのがウル。レンガ造りの祭壇を中心とした神権国家で、周囲を城壁で囲み、ウルク、ラガシュ、キシュなど近隣の都市国家と交易や戦争を繰り返しながら発展していったと考えられている。

なにしろ、今から五〇〇〇年前のことだから、「都市」といっても、もちろん現代の都市とはまったく違うわけだが、しかし中には現代に通じる部分もある。たとえば、都市機能を維持するために、王、官僚・神官、軍人、商人、職人などの階級があり、貧富の差が大きかったことはわかっている。

また、ワインやビールなどの酒も、当時すでに存在し、ワインは高級品で、ビールは庶民の飲み物、というのも今と同じ。女性が飲み物をサービスする職業があったのも今と同じ。

ところで、この都市国家、その後、衰退したのは、都市を拡大するために周囲のレバノン杉を次々と伐採し、森林資源が枯渇してしまったため、とみられている。つまり、環境破壊は、都市ができた当初から、すでに〝都市問題〟だった。

四大文明という〝常識〟がなぜ今揺らいでいる？

かつては、人類の文明は、メソポタミア、

エジプト、インダス、黄河のいわゆる四大文明から始まったといわれたもの。しかし、近年では、その〝定説〟が大きく揺らいでいる。各地で発掘が進み、四大文明以外の多様な文明の存在が次々と明らかになったからである。

たとえば、一九七〇年代に発掘された中国浙江省河姆渡《かぼと》遺跡である。長江流域のこの遺跡からは、七〇〇〇年前の住居や倉庫の跡、イネなどが出土。つまり、黄河文明より早く、紀元前五〇〇〇年頃には、すでに稲作を中心とする都市文明が、この流域に栄えていたことが判明したのだ。

あるいはヨーロッパのクレタ文明。エーゲ海最大の島クレタ島は、メソポタミアやエジプトに近く、それらの文明の影響を受けて、独自の文明を築き、麦やオリーブを栽培、羊や山羊の放牧も行われていた。しかし、紀元前一四五〇年頃、クノッソスの宮殿を残して、突然滅んでしまったとみられる。

また、アメリカ大陸のメキシコ周辺では、古代マヤ文明やアステカ文明などが興亡したが、これらはメソアメリカ文明と総称され、高度な建築技術と暦などの知識をもっていたことがわかっている。一方、南米では、アンデス山脈の山岳地帯と海岸部にアンデス文明が栄えていた。

このほか、規模の大小はさておき、世界各地にさまざまな〝文明〟が存在していたことがわかり、「四大文明」という言葉は、使われる機会が激減している。

インダス文明が滅びた本当の原因は？

エジプト文明は約二七〇〇年続いた。メソ

ポタミア文明は三〇〇〇年。黄河文明は、その誕生から殷の滅亡までを数えると、約五〇〇〇年は続いたことになる。

ところが、同じ「四大文明」に数えられながら、インダス文明は誕生からわずか五〇〇年で消滅している。

代表的な遺跡は、ハラッパーとモヘンジョダロだが、ともに高度に整備された都市機能を持っていたことで知られている。城壁に囲まれた市街地は整然と区画整理され、下水道設備やゴミ処理システムのようなインフラが整備されていた。文献が少ないことから、まだ多くの謎が残されたままになっているが、もっとも大きな謎は、これだけ高度な文明が、なぜわずか五〇〇年間で滅んだのか、ということだ。

従来は、遊牧民族であるアーリア人に滅ぼされた、と考えられていたが、今ではもっと有力な説が複数浮上してきている。

そのひとつは洪水説だ。モヘンジョダロは、インダス川流域にある。地殻の変動によって、河口付近の土地が隆起して大洪水が起き、農地が使えなくなってしまったというのだ。

さらに、その頃、地球規模の環境変化が起こり、もともとは湿地帯であった付近一帯が、乾燥化してしまったという説もある。彼らは、メソポタミアのような日干しレンガではなく、高度な技術と手間のかかる焼きレンガを使っていた。それは、この地域が湿地帯であったことを示している。ところが、現在、ここは乾燥地帯だ。その急激な気候変化が、この時期に起こったというのだ。

そして、最近になって浮上してきたのが、環境破壊説だ。彼らは、大量のレンガを焼くために、周囲の森林を伐採して燃料にしていたと考えられる。この環境破壊が、土壌の保水力を奪い、洪水をおこりやすくした、という説だ。

「孤立した土地」エジプトになぜ高度な文明が生まれた？

支配民族がコロコロ変わったメソポタミアに対し、エジプトは長期にわたって〝安定政権〟が続いた地域といえる。

紀元前三〇〇〇年頃の初期王朝時代に始まって、紀元前三〇〇年頃まで続く末期王朝時代にいたるまでの約二七〇〇年、中間期と呼ばれるいくつかの王朝交代による混乱期はあるものの、異民族の大規模な侵略を受けることもなかった。かなり平和で安定した文明だった、といえるだろう。

その要因はこの地の自然条件にある。まず、北は地中海にふさがれている。南からはナイル川が流れているが、上流には大きな滝がいくつもあるので、異民族が川を下って侵略してくることもまずない。それに、ナイル河口付近のデルタ地域は、東西を石灰岩の段丘に守られ、さらにその向こうは延々と続く砂漠。東西からも、異民族が侵略してくることはなかった。こんなふうに地理的に孤立していたことが、エジプト文明を長く安定させた最大の要因だった。

では、逆に、この〝孤立した〟土地に、なぜ高度な文明が芽生えたのか。

それは、ナイルの氾濫のおかげである。氾濫といっても、〝河岸が決壊して津波のように水が押し寄せる〟といったイメージとはまるで異なる。ナイルの氾濫は、毎年七月に始ま

■エジプト文明の遺跡

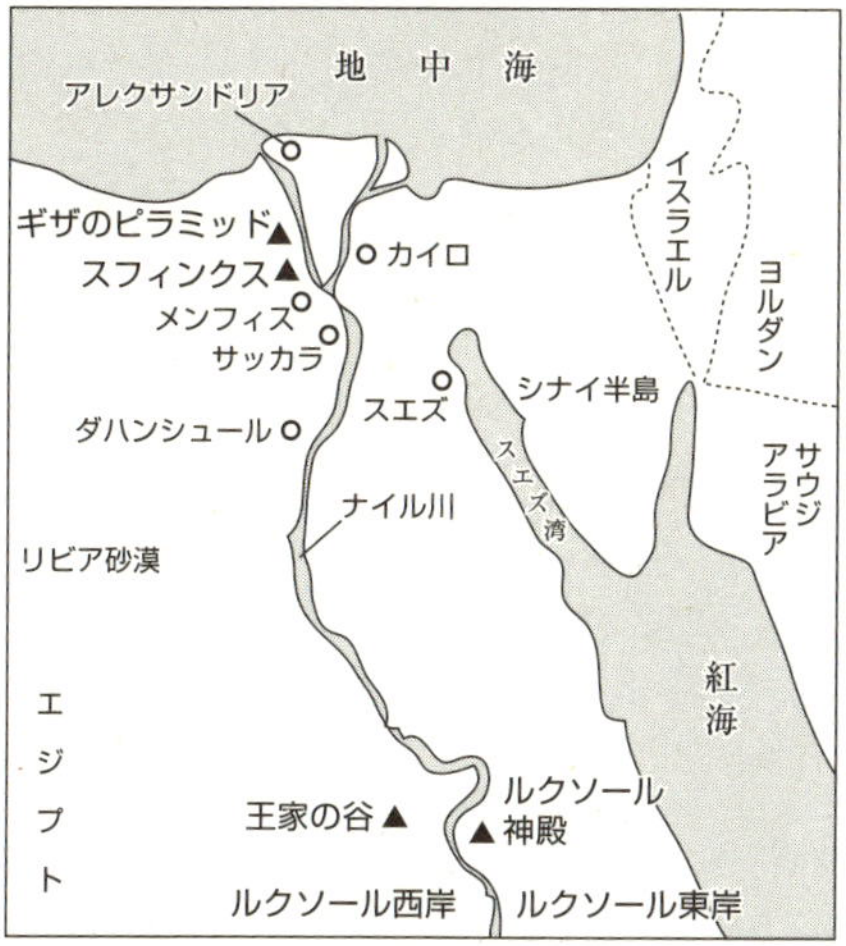

り、増水したナイル川の水があふれ出し、徐々に農地に浸透していく。このときに、上流から豊かな泥土が運ばれてくるのだ。

さらに、定期的に訪れるこのチャンスを効率よく利用するために、水路を掘り、台地をつくるなど、高度の灌漑技術がさらに生産効率を上げた。

古代エジプトで、ミイラが盛んにつくられたのは？

古代エジプトのミイラは、王などの権力と財力がある人だけのものだったかというと、それは誤解。古代エジプトでは、ミイラはごく一般的なもので、数千万体以上もつくられたと考えられている。

もちろん、現在に良好な状態で残されているミイラは、〝高貴なお方〟のものが多い。しかしこれは、そうしたミイラが手間ひまかけて丹念につくられ、ていねいに埋葬されていたから。ミイラのつくりかたにも〝松竹梅〟があって、庶民のミイラは、内臓を抜き取るなどの工程を省略した〝梅コース〟だったため、大半が腐敗して消滅してしまったのだ。

ではいったい、エジプト人たちはなぜ競ってミイラになりたがったのだろうか。

古代エジプト人は、死後の世界を信じていた。というより、死後の世界＝来世こそ本当の世界で、そこで永遠の命を得られると考えていた。

来世に行った魂が現世に戻ったときの帰る場所として、肉体をミイラ化して保存しておく必要があったのだ。

ちなみに、古代エジプトでは、人間ばかりでなく、ネコなどのペットのミイラも盛んにつくられていた。

ピラミッド建設は公共事業だったというのは本当？

古代史には、依然数多くの謎が残されているが、さしずめエジプトのピラミッドは、その最大の宝庫といえる。だいたい、この巨大な建造物が〝いったい何だったのか〟さえ、いまだはっきりしていないのだ。

従来は、ファラオ（王）の墓、つまり古墳ではないか、という見方が有力だったが、ピラミッド内部からファラオの遺体は発見されていないし、一人のファラオが複数のピラミッドを建造したこともわかっている。そこで、「巨大な日時計だ」「いや、数学の記録保存所なのでは」などの諸説が入り乱れ、結局は「農閑期の公共事業として建造したファラオのシンボル」というのが、今のところ定説になっている。

こうした公共事業説の根拠のひとつに、労働者に対する好待遇が挙げられる。紀元前5世紀の歴史家ヘロドトスは、「クフ王はエジプト全国民を強制的にピラミッド建造に駆り出した」と記しているが、近年の調査でわかったことは、むしろ逆。労働者たちは、王を讃え、喜んでこの労働に従事していたことが、石切場の落書きなどからわかってきたのだ。労働者には衣食住すべてが十分に支給され、彼らは専用の住宅に住み、労働のあとはビールを飲むなど、豊かな暮らしを楽しんでいたとみられるのだ。

ハンムラビ法典が「目には目を」を原則にしたのは？

ハンムラビ法典は「目には目を、歯には歯を」というフレーズで知られる。

この「目には目を」、今では「やられたら、やり返せ！」という意味で使われるが、本来の意味はすこし違う。

紀元前一七七〇年頃のバビロニアでは、暴力行為が互いの報復によってエスカレートすることがしばしばあった。とくに、殺人に対する報復は、むしろ神聖な行為とみなされたので、報復が報復を呼び、互いに当事者がいなくなるまで繰り返された。

そこで、ハンムラビ王は、社会秩序を維持するために、「同害報復」の原則を定めた。報復する相手は当事者のみとし、同等の処罰を与えるというものだ。つまり、「やられたら、やりかえせ！」ではなく、「やられても、必要以上にやり返したらダメですよ」というのが、「目には目を」の本来の意味である。

ハンムラビ法典は、すべての条文が完全なかたちでのこっている法典としては、世界最古のものだ。

ということもあって、さぞ立派な法律と思っている人も多いだろうが、それは誤解に近い。なにしろ、四〇〇〇年も前の社会通念・モラルに基づいて成立した法律、現代の目からみれば、驚くような条文が並んでいる。

たとえば、全二三七条の第一条は、「人を死刑に価すると訴えて立証されなければ、死刑に処す」。まるで、トランプゲームの「ダウト」のようなシステムだ。

しかも、立証する手段がないときは、被告者を水に投げ込んで溺れて死ねば有罪。生きて浮かんでくれば無罪で、逆に原告が死刑になる、というように、現代の目からみれば、乱暴きわまる法律が並んでいる。

「バベルの塔」の高さは何メートルくらいあった？

現代でも、実現不可能な計画、神をも恐れぬ行為を、比喩的に「バベルの塔」というが、これは『旧約聖書』の記述に基づく。

『旧約聖書』創世記第十一章によれば、その昔、人々は天上までとどく塔を建造しようとした。この尊大な計画を知った神は、人間たちを懲らしめるために、たがいに異なる言葉を話すようにし、意思が通じ合わないようにした。このため、計画は頓挫してしまう。だから、今でも世界中にさまざまな言語がある――というわけだ。

じつは、このバベルの塔は実在した、という説がある。「バベル」はヘブライ語でバビロンを指し、バビロンといえば、メソポタミアに栄えた古代王朝の首都である。紀元前六世紀頃に即位したネブカドネザル二世は、それまでの戦乱で荒廃した首都バビロンを復興し、空中庭園、イシュタル門など、巨大建築物を次々に建造。その中のひとつが、「バベルの塔」だったのではないか、と考えられているのだ。

高さは約九〇メートル（これは、後のギリシャの歴史家ヘロドトスが著作に記している）、底面九〇メートル四方、最上層は約二〇メートル四方の四角錐。塔というよりは、〝四角いプリン型のビルディング〟のようなものだったと考えていいだろう。ちなみに高さ九〇メートルというと、だいたい地上二六階ぐらいになる。

「ストーンヘンジ」は誰がどんな目的でつくったの？

イギリス南部ソールベリー平原の「ストーンヘンジ」は、ロンドンから車で二時間ほどの場所にある。高さ五〜六メートルもある三〇個の巨石が柱のように環状に並び、その上にどうやって載せたのか、巨石が水平に渡してある。このストーンヘンジ、いったいなんのために建てられたのだろうか？

ストーンヘンジは、一時に建造されたものではなく、三段階にわたって、つくられたとみられている。

最初に、まず円形の土手と堀が掘られ、集会所として利用されていた。これは現在も、外側の大きなサークルとして残っている。次に、木造の建造物が建てられたとみられるが、その形状については謎のままだ。最後に、巨石が運び込まれて、今に残るサークルが建造された。

このサークルは、宗教的な儀式が行われた祭壇のようなものだった、という説が、今は有力になっている。夏至の日に、中心の祭壇石から、ヒールストーンと呼ばれる玄武岩を結んだ方向に日が昇ることから、太陽崇拝と関連するという見方だ。そのほか、古代の天文台、ケルト民族のドルイド教徒の礼拝場など、諸説あるが決め手はない。

ちなみに、ストーンヘンジほど大規模ではないが、日本の東北、北海道地方にも、いくつかのストーンサークルが遺されている。とくに、秋田県鹿角《かづの》市の大湯環状列石と北海道小樽市の忍路《おしょろ》環状列石が有名だ。

イエス・キリストの血液型は？

イエス・キリストの血液型には、一応の定説がある。AB型だったというのだ。なぜわかるのかというと、「聖骸布《せいがいふ》」と呼ばれる聖遺物に付着していた血痕から分析したものだという。現代の科学を駆使した結果だから、その分析結果には間違いはないだろう。しかし問題は、その「聖骸布」が本物かどうか、という点である。

「聖骸布」とは、キリストを葬ったときに、その亡骸を包んでいた布のことで、現在、トリノの聖ヨハネ洗礼教会の大聖堂に保管されている。長さ約一四フィート、幅約三・五フィートの織布で、不思議なのは、その表面に男性の全身像が浮き出ていることだ。

もちろん、熱心な信者は、この「聖骸布」を本物と信じているが、一九八八年に〝事件〟が起こる。オックスフォード大学、アリゾナ大学、スイス連邦工科大学という三つの機関が「聖骸布」の破片を鑑定したところ、いずれも一二六〇〜一三九〇年、つまり中世につくられた偽物という結果が出たのだ。

しかし、これで偽物として決着するかと思

ったら、そうはいかなかった。鑑定に使われた布は、後の火災で焼けた部分を修繕した箇所だったと主張する者、布に浮き上がった像はネガ像であるのに、写真技術が発明されていなかった中世に〝ネガ像〟を描けるはずがないとする者など、鑑定結果に異を唱える声が続々と上がったのだ。

　結局のところ、「聖骸布」の真偽も、キリストの血液型も、今も謎のまま、ということになっている。

「西暦」が生まれる前、歴史の年代はどう記録した？

「西暦」というシステムは、いったいいつ生まれたのだろうか？

　もちろん、キリスト誕生と同時に、西暦一年、西暦二年と勘定していったわけではない。西暦ができたのは、六世紀のことである。ローマ法王の命を受けて、神学者ディオニシウス・エクシグウスが算出した。

　当時、ローマでは、ディオクレティアヌス紀元といって、皇帝ディオクレティアヌスが即位した年を紀元としていた。しかし、この皇帝がキリスト教の迫害者だったため、法王は新たな紀元をキリストの誕生年とするように命じ、ディオニシウス・エクシグウスがこれを算出したのだ。

　聖書の記述を天文学の知識に照らして計算したようだが、途中で計算がずれてしまったようだ。今では、キリストの生誕は西暦元年の四年前、つまり「紀元前」であることがわかっている。

2 ギリシア・ローマ

なぜ狭いギリシアに一五〇〇ものポリスが生まれた？

ギリシアでは、紀元前八世紀頃から、「ポリス」と呼ばれる都市国家が次々と誕生した。各ポリスの広さは、現在の日本の地方都市ほどと小規模だったが、それぞれ国家として独立していた。

最盛期には一五〇〇以上あったとみられているが、それだけ多くのポリスが誕生したことには、ギリシアの複雑な地形が関係している。

ギリシアは九州の一・五倍ほどの面積に、多くの島があるうえ、陸地の地形は、山がち。しかも、海岸線が複雑に入り組んでいるため、古代では各都市間の交流が困難だった。そのため、統一国家としてまとまりにくく、数多くの都市国家が並び立つことになったのだ。

また、ポリス以前の時代、人々が小さな共同体に分かれて暮らしていたことも、多くのポリスが誕生する背景になった。

それらのポリスは、互いに戦争や同盟に明け暮れたが、統一されることはなかった。しかし同時に、各ポリスの人々は「ギリシア人」としての同胞意識を抱き、その象徴が四年に一度のオリンピックだった。この大会は、神に捧げる儀式として共同で営まれ、その期間中は、ポリス間のいかなる戦争も休戦状態になった。

たくさんのポリスの中で、アテネが大発展した理由は？

古代ギリシアに、一五〇〇以上あったポリスの中でも、もっとも発展したのはアテネである。アテネが他のポリスを圧倒した第一の理由は、他国が太刀打ちできない強力な軍隊を擁していたことだ。

数多くのポリスが協力して戦った紀元前五世紀のペルシア戦争でも、アテネの軍事力は抜きん出ていた。戦後、勝利の立役者となったアテネは、盟主となってデロス同盟を結成する。

そして、各ポリスから集めた上納金によって、パルテノン神殿を建て、道路や港を整備。ますます豊かになって、軍事力も蓄えていった。同盟から離脱の動きがあれば、すぐに軍隊を派遣して鎮圧し、また積極的に遠征を繰り返しては、新たなポリスを支配下に置いていった。

当時、アテネと同様、軍事力によって他国を支配したポリスにスパルタがあった。やはり、強力な軍隊を背景に、ペロポネソス同盟によって他国を支配した。やがてアテネとスパルタの利害がぶつかり、ペロポネソス戦争へと発展する。

この戦争では、スパルタが勝利をおさめ、アテネ中心のデロス同盟は消滅することになる。そのため軍事バランスが崩れ、あちこちでポリス同士がぶつかるようになり、ギリシアはいわば〝戦国時代〟に突入した。

戦乱が続くなか、古代ギリシア文明は衰え、紀元前三三八年、ギリシア全域はついにマケドニア王国に制服されることになった。

マラソンの伝説を生んだ「マラトンの戦い」ってどんな戦い？

マラソンのルーツとなった「マラトンの戦い」とは、どんな戦いだったのだろうか。

アテネで民主政治が進展していた頃、ギリシア人の活動圏は、エーゲ海東部のアナトリア（現トルコ）西岸にまで広まっていた。

その地域は、当時、アケメネス朝ペルシアによって制圧されていたが、ギリシアも商業都市ミレトスを建設して、貿易などを行っていた。このミレトスを中心とした諸都市が、紀元前五〇〇年、ペルシアの専制支配に対して反乱を起こす。それをギリシアのポリス連合が支援したことで、「ペルシア戦争」は勃発した。

アテネは、ミレトスを支援するため、二〇隻の軍艦を派遣。ところが、ペルシア軍の反撃にあって、あっけなく敗走。ペルシア軍は、その勢いのままアテネへ軍を送りこみ、ギリシア全域の制圧をもくろんだ。

第一回遠征は、紀元前四九二年のことだった。ペルシア軍はギリシアに迫ったが、暴風

■ペルシャ戦争の舞台

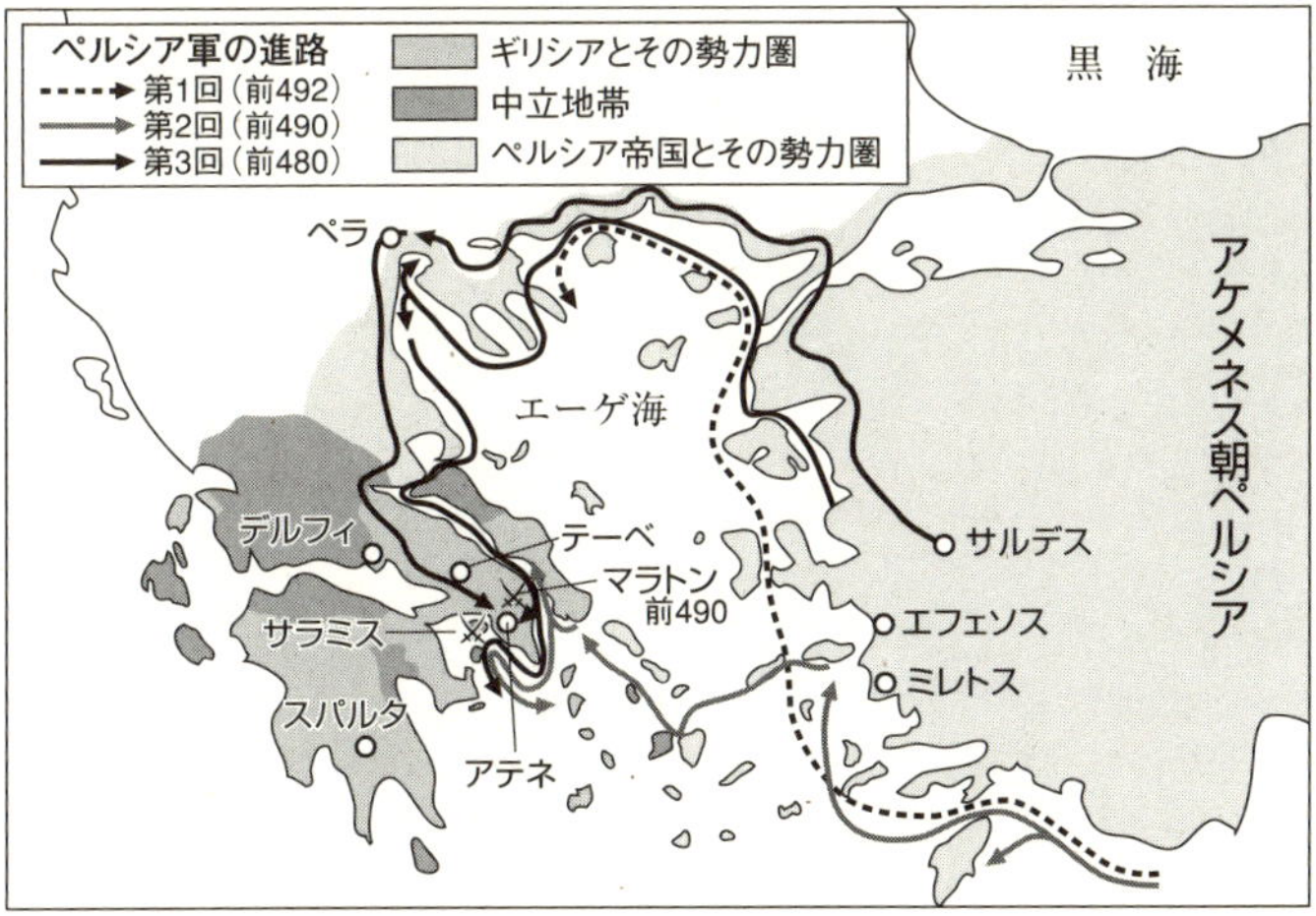

のため、主要な軍艦が大破。目的を果せず、引き返した。

そこで、二年後の紀元前四九〇年、再び、ペルシアは三～四万の軍隊を送り込む。そして、上陸したのが、海沿いの平野であるマラトンだった。

この地で、アテネは、約一万の軍隊で、ペルシア軍を迎え撃った。アテネ軍は、人数的には不利だったが、重装歩兵が頑丈な防具で守りを固め、ペルシア軍の矢による攻撃をものともせずに進軍。とくに、大きな効果を発揮したのが、相手を蹴散らしながら進んだ重装歩兵がペルシア軍の背後を衝くという作戦だった。

大混乱に陥ったペルシア軍は、退路をふさがれたという恐怖心から自滅。ペルシアのギリシア侵攻計画は、マラトンの戦いによって挫折した。

　これが、「マラソン競技」を生んだ「マラトンの戦い」であり、元祖〝マラソン・ランナー〟はその勝利の知らせをアテネへと伝えたのである。

ソクラテスが死刑判決を受けた判決理由は？

　古代ギリシアを代表する哲学者に、ソクラテスがいる。

　彼は、生涯を通じて一冊の本も書かなかったが、その思想は、弟子のプラトンの著作を通じて知ることができる。

　ところが、そんな哲学の巨人は、紀元前三九九年、裁判で死刑の宣告を受ける。そして、判決に従い、毒ニンジンを食べて死を受け入れた。いったい、なぜ、ソクラテスは、死刑宣告を受けなければならなかったのだろうか。

　当時、彼の住んでいた都市国家のアテネは、衰退の坂道をころげおちていた。そのきっかけとなったのは、スパルタとの泥沼の戦争である。

　当時、アテネでは、一八歳以上の自由民男子によって構成される「民会」で、政策を決定するという政治システムをとっていた。ところが、スパルタとの三〇年近い戦争中、「デマゴーグ（煽動家）」と呼ばれた無定見な政治家が、指導権を握るようになる。

　そんな中、改革に立ち上がるように説いてまわったのが、ソクラテスだった。

　衰退するアテネを「眠りに落ちようとする馬」に見立て、「自分は、馬の眠りをさます一匹のアブ」だと言って、青年の奮起を訴えた。

　ところが、政治の中心にいた守旧派は、ソ

クラテスの行動を快くは思わなかった。彼らは、ソクラテスがアテネの神々とは異なる神々を信じ、青年たちを堕落させているとして、民衆裁判に訴えて死刑を求めた。

ソクラテスは反論し、無罪を主張したが、守旧派の息のかかった裁判官の投票の結果、死刑と決定したのである。為政者たちは、自分たちの失政を棚にあげ、改革を訴えるソクラテスをスケープゴートに仕立てたのだった。

ソクラテスは、周りの人たちから、逃亡や亡命を勧められたが、「悪法も法」として宣告に従い、死を選んだのだった。アテネは、その後、破滅への道を突き進むことになる。

「トロイの木馬」って、そもそもどんな作戦？

少し話をさかのぼる。『イーリアス』『オデュッセイア』といえば、紀元前八世紀に生まれたホメロス作とされる世界最古の叙事詩。トロイ戦争をめぐる物語が美しい韻文で展開され、古代ギリシアの人々に親しまれた。

なかでも、有名なのが「トロイの木馬」の一節である。これは、ギリシア遠征軍がトロイ城を攻略するためにとった作戦をめぐるものだが、どんな作戦だったのだろうか。

そもそも、トロイ戦争は、トロイの王子パリスが、ギリシアのスパルタを訪れたさい、スパルタ王妃ヘレンを誘惑して連れ帰ったことがきっかけとして始まった。怒ったギリシア側は一〇万の遠征軍を組織して、一八一六隻の船でトロイへ向った。

ギリシアとトロイの両軍は、激しい戦闘を繰り広げたが、トロイ城はなかなか陥落しない。そこで、ギリシア軍は〝巨大な木馬〟を作り、その内部に選りすぐりの兵士を潜ませた。そして、残りの兵士たちは陣営を焼き払い、船で海上へと退却した。

トロイ軍は、翌朝、ギリシア軍の陣地が空になっていることを発見する。さらに、残された〝巨大な木馬〟に、「故国へ帰還の感謝のため、アテナ女神に奉納する」という趣旨の銘が残されていたことで、ギリシア軍が撤退したと判断。勝利の雄叫びをあげながら、戦利品として〝巨大な木馬〟を城内に引き入れた。

トロイ城内では、勝利の祝宴が開かれ、兵士たちはつぎつぎと酔いつぶれていく。そのスキを見て、木馬の内部から現れたギリシアの兵士たちが、海上で待機する仲間に合図を送り、総攻撃を開始した。

城の内外から攻撃されると、堅固を誇ったトロイ城も、あっけなく崩壊。こうして一〇年続いたトロイ戦争は幕を閉じたのだった。

なんでアレクサンドル大王はそんなに強かった？

ギリシアで、各ポリスが戦争を繰り返していた頃、北方のマケドニア地方に王制の国家が誕生した。やがて、そのマケドニア王国はギリシア全土を抑え、さらにつぎのアレクサンドル大王の時代には、ヨーロッパから西アジアに至る大帝国を築き上げる。

強力な軍事力によって平定していったのだが、マケドニア軍がそれほど強かったのは独自の戦法を編み出したからだった。

その基礎をつくったのは、アレクサンドル大王の父親であるフィリッポス二世である。彼は人質としてテーベというポリスに滞在し

■アレクサンドル大王の帝国

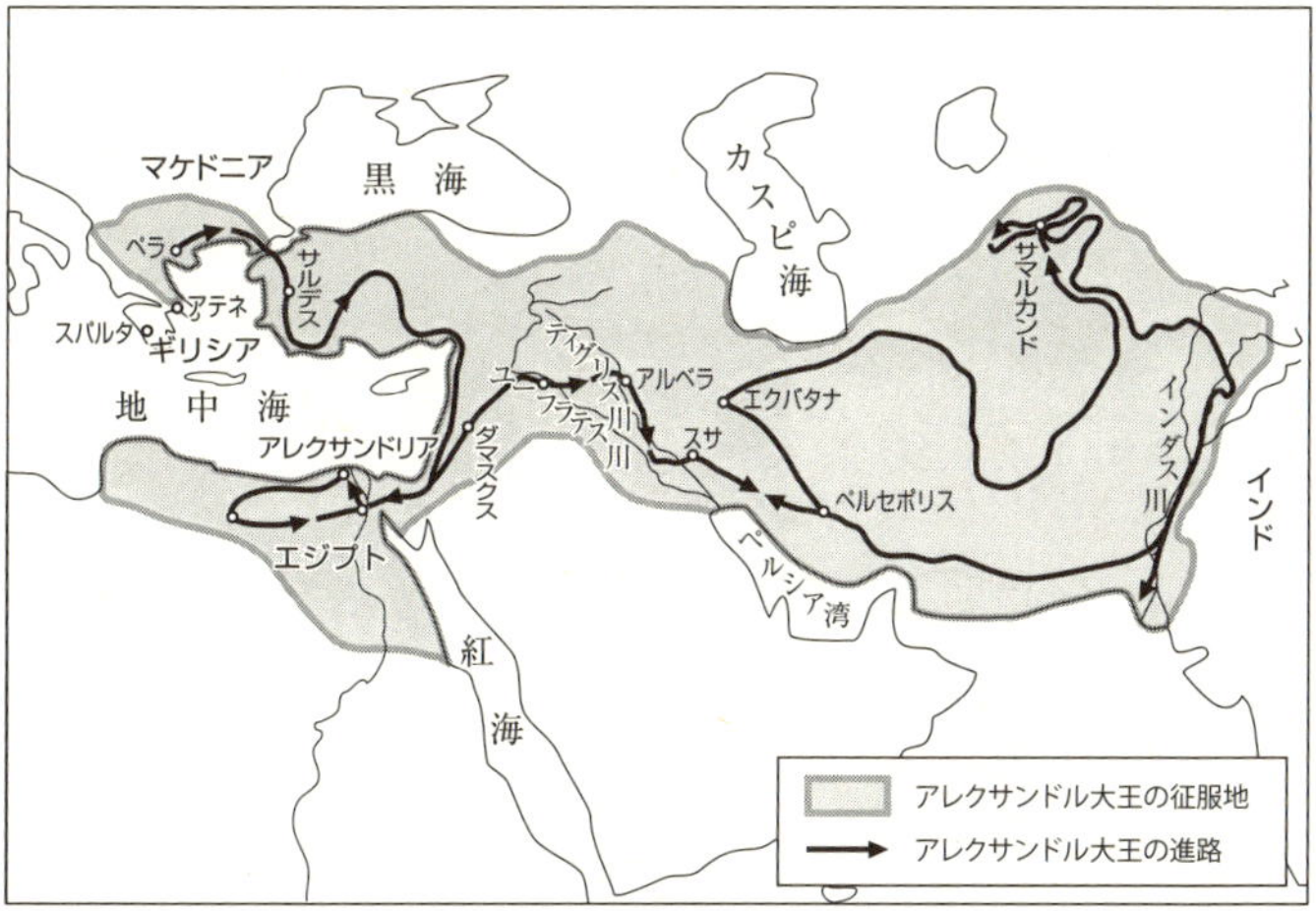

ている間、名将として知られたエパミノンダスの戦術を研究。帰国後、テーベやアテネ、スパルタといった先進国に対抗するため、軍隊を改革する。

　まず、それまでは一騎討ちを得意としていた騎兵を組織して、騎兵隊を作った。さらに、留学中に学んだ〝斜線陣〟という戦法を取り込んだ。その戦法は、四〇〇〇〜一万六〇〇〇程度の歩兵を一六列の横隊に並べ、その左翼に有力な重装歩兵を集中、中央と右翼に、騎兵と軽歩兵を配置するというものだった。これによって、中央と右翼が相手の攻撃を防ぎながら、敵陣を引きつけているうちに、強力な重装歩兵が、手薄となった左翼から前進。さらに、中央と右翼の敵軍の背後に回って打ちのめすという戦法だった。

　しかも、歩兵は、長い槍をもつ密集兵とし

て編成されていた。多人数が一団となって長い槍で攻撃してくれば、敵は後退せざるをえない。敵を後退させながら、左右と中央の横隊が連携して敵を叩くという戦法が、無敵の最強部隊を生み出したのだ。

　アレクサンドル大王は、この父親の編み出した戦法に修正を加えながら、その戦闘能力によって大帝国を築きあげたのだった。

アレクサンドル大王の帝国があっという間に滅んだのは？

ヨーロッパから西アジアまで征服したアレクサンドル大王。しかし、その大帝国は、偉大な王の急死によって、あっという間に崩壊した。

　紀元前三二三年、新たな遠征を前に、大王は、側近たちと毎日のように宴会を開いていた。

　ところが、五月末に体調を崩したかと思ったら、六月一日には、熱病におかされて病床に伏せってしまう。病床においても、なお部下に指示を与えていたが、ついに、口がきけなくなり、その二日後には、あっけなく息を引き取ってしまったのだ。まだ三二歳の若さだった。

　あまりにも突然の死だっただけに、後継者は決まっていなかった。たちまち元側近たちが、後継争いを繰り広げるようになる。

　じつは、大王の生前から、各地の太守たちが、小規模な争いを繰り返すようになっていた。たとえば、大王が東征に出れば、監視の目の届かない西方で、勝手な振る舞いをする太守が現れていたのである。また、延々とつづく東征に飽きた兵士たちからも、不平不満の声が上がるようになっていた。こういった大帝国ゆえのタガのゆるみが、大王後の後継争いに拍車をかけた。

結局、四〇年つづいた後継争いによって、ペルシア、メソポタミアから小アジアまでを領するセレウコスの王国と、エジプトのプトレマイオス王国、マケドニア王国の三国に分裂。

それぞれの地で、アレクサンドル大王の遠征が生みだしたヘレニズム文化が花開いたが、彼が築き上げた巨大な帝国は崩壊することとなった。

クレオパトラは、どんなタイプの美人だった？

「クレオパトラの鼻が、もう少し低ければ、世界の歴史は変わっていただろう」と言ったのは、一七世紀の哲人パスカル。プトレマイオス朝エジプト王国の最後の女王クレオパトラ七世は、絶世の美女として知られ、ローマの英雄カエサル、カエサル亡きあとは将軍アントニウスを誘惑して再婚するなど、男性を骨抜きにしてしまう「魔性の女」タイプだったとされる。

彼女が、次々と男性を骨抜きにしたのは、その雰囲気や話し声に魅力の源があったようだ。後世の書物には、「周囲の者を香気でつつむ態度は、強い刺激をもたらした」「彼女の声調には甘美さが漂い、その舌は多くの弦楽器のようだ」などと、彼女の魅力が紹介されている。

しかも、彼女は、エジプト語やギリシア語をはじめ、多くの言葉を自在に操った。男性の祖国の言葉で甘くささやいたことも、英雄たちを虜にした理由だったのかもしれない。
もっとも、絶世の美女とされるクレオパトラだが、現実にどんな顔をしていたかはよくわかっていない。彼女の彫像として伝わっているものはいくつかあるが、どれが実物に近いか、特定できないからである。

また、「絶世の美女」と書いたのは、もっぱら後世の歴史家であり、比較的近い時期の一世紀から二世紀にかけて活躍した文人プルタルコスは、「彼女の美しさは、必ずしも比類なきものというほどではなく、見る人が驚くほどではなかった」と書き残している。

ローマ帝国は、どうやって生まれ、どう発展した？

ローマ帝国の最盛期は、五賢帝が治めていた二世紀頃である。当時の領土は、ヨーロッパから西アジア、北アフリカと、地中海を取り囲むように広がり、ローマの人々は地中海を「われらの湖」と呼んでいた。

振り返れば、ローマ帝国のルーツとなる都市国家が生まれたのは、紀元前八世紀のこと。イタリア半島中部のティベレ川流域に生まれた王政の都市国家がその始まりだ。

当時、その地域は、イタリア半島北部民族のエトルリア人に支配されていたが、紀元前六世紀末には、エトルリア人の王を追放。国民によって選ばれた議員が政治を行う共和政の都市国家となった。

その小さな都市国家がやがてイタリア半島を統一し、大帝国へと発展していく。それは、当時、最強の軍団を擁していたからである。その強さの秘密は、厳しい軍規と報奨制度にあった。

たとえば、脱走と持ち場離脱は、即座に死刑。臆病な振る舞いをした者も、厳しく罰せられた。また、部隊全体が、戦闘中に不名誉な行動を取れば、部隊の一〇人に一人を処刑する「デキマティオ」という刑罰が待っていた。生き残った兵士も、その後陣営の外に野営させられ、食事も小麦の代わりに大麦が配給された。名誉が重んじられた時代に、そうしたみじめな生活をしなければならないことは、耐え難い屈辱だった。

　その一方で、戦闘で活躍した兵士は、全軍の前で名前を呼ばれ、槍や馬具とともに名誉の勲章を授与された。

　共和政時代のローマは、貴族が執政官を独占して政治の実権を握り、貴族と平民が対立する傾向にあったが、ひとたび戦争となれば、貴族と平民が一致団結。つぎつぎと戦いに勝利することで、領土を拡大していったのである。

　かくしてローマは、小国家都市として誕生してから、約六〇〇年で地中海の覇者となるまでの成長を遂げた。

カエサルが「賽は投げられた」と叫んだのは、どんな場面？

「賽は投げられた」「ブルータス、お前もか」「来た、見た、勝った」など、ローマの英雄カエサルは数多くの名言を残している。なかでも、「賽は投げられた」という言葉は、いまも世界中でつかわれているが、そもそもこの名セリフは、どんな場面で発せられたものだろうか。

　これは、カエサルが、元老院、そしてライバルのポンペイウスとの決戦を覚悟したときに発した言葉である。

紀元前六〇年、ローマでは、ポンペイウスとクラッススに、カエサルを加えた第一回三頭政治がスタートした。この三人のなかで、真っ先に大きなポイントをあげたのは、ポンペイウス。長年ローマを悩ませてきた海賊を退治し、東方遠征でも立て続けに手柄をあげた。つづいて、カエサルがガリア（現在のフランス）遠征に成功し、ガリア総督の地位についた。

焦ったのは、クラッススである。二人に匹敵するような武勲をあげようと遠征するが、逆に命を落としてしまう。その結果、三人のうちの一人が欠けたことで、三頭政治のバランスは崩れた。

元老院が支持したのは、ポンペイウスのほうで、紀元前四九年、元老院から、ガリア総督カエサルに対して召還命令が下る。それに従い、カエサルは軍を率いて、イタリアとの境であるルビコン川まで帰ってきた。

当時、その川を越えて本国の領土に入るには、軍隊を解散しなければならなかった。ところが、事態は窮迫している。丸腰で帰れば、カエサルは反対派に捕えられるか、命を奪われるにちがいない。そこで、カエサルは、元老院、ポンペイウスとの決戦を決意し、自らの軍を前にこう叫んだのだった。

「賽は投げられた」。そして、ルビコン川を越え、ローマへと軍を進めたカエサルは、翌年、ファルサロスの戦いでポンペイウスを撃破。ローマの実権を一手に握る第一歩を踏み出す。

ちなみに、「来た、見た、勝った」は、その翌年の紀元前四七年、ポンペイウスを追ってエジプトに遠征したカエサルが、情勢の悪

■三頭政治とは？

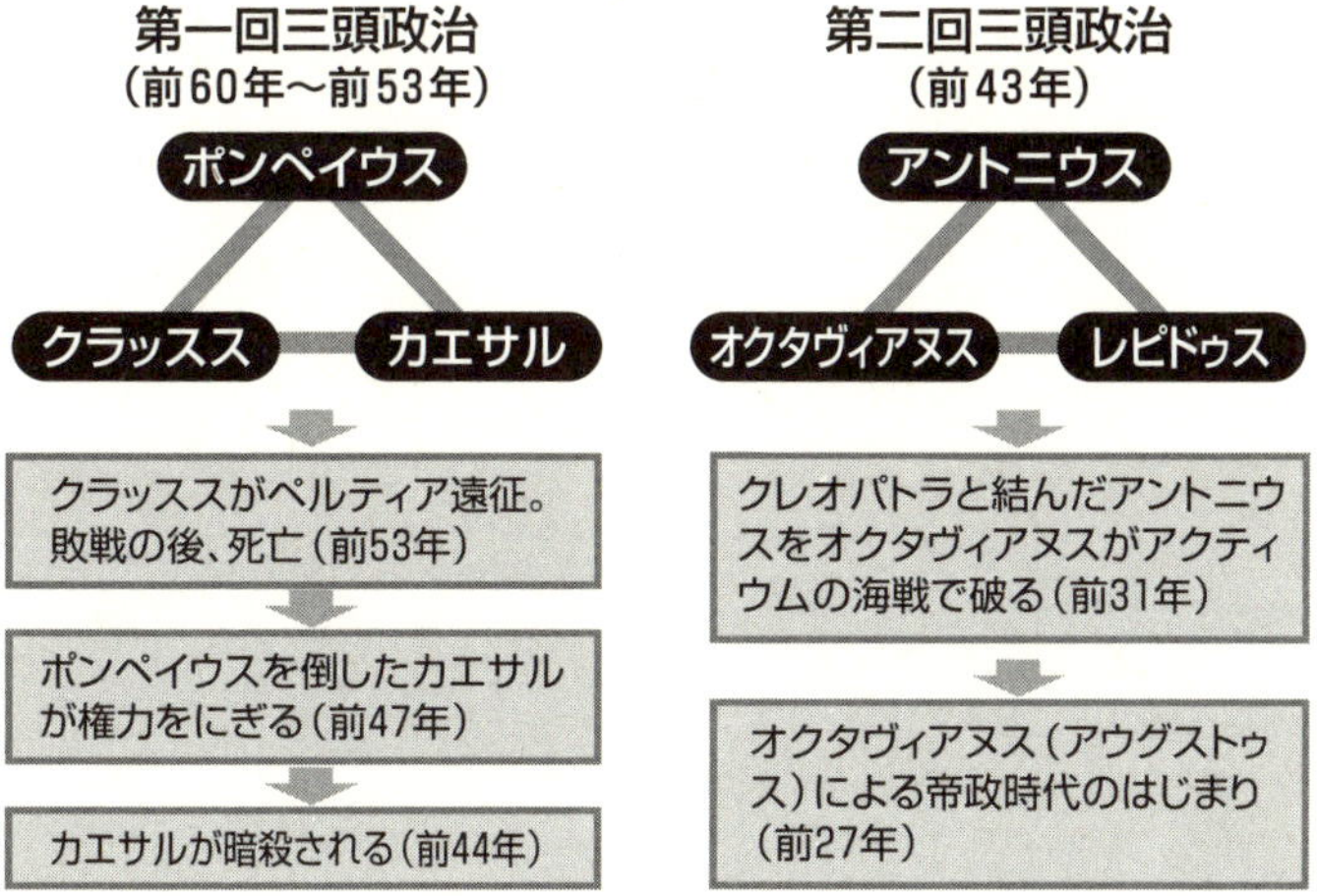
第一回三頭政治
（前60年～前53年）
ポンペイウス
クラッスス
カエサル
クラッススがペルティア遠征。敗戦の後、死亡（前53年）
ポンペイウスを倒したカエサルが権力をにぎる（前47年）
カエサルが暗殺される（前44年）
第二回三頭政治
（前43年）
アントニウス
オクタヴィアヌス
レピドゥス
クレオパトラと結んだアントニウスをオクタヴィアヌスがアクティウムの海戦で破る（前31年）
オクタヴィアヌス（アウグストゥス）による帝政時代のはじまり（前27年）

化した小アジアへ転戦。敵を破ったことを知らせる手紙に書いた言葉である。

どうしてカエサルは暗殺されたのか？

宿敵ポンペイウスを打ち破ったカエサルは、その後、転戦して敵対勢力を一掃した。紀元前四五年には、終身の独裁官に任ぜられて、事実上の独裁政治を始めた。クレオパトラに心を奪われたのも、その時期のことである。

ところが、翌年の三月一五日、元老院議会に招かれた劇場で、ブルータスら共和制政治を目指すグループに刺殺される。目をかけていたブルータスが加わっていたことで、カエサルは「ブルータス、お前もか」という言葉を叫んだと伝えられている。

その暗殺グループに、カエサルを慕ってい

たはずのブルータスがいたのは、カエサルへの尊敬と嫉妬が入り混じった感情からではなかったかと考えられている。

そもそも、ブルータスは、若い頃はポンペイウスに従い、カエサル軍と戦ったが、捕らえられる寸前、敵将のカエサルに助けられる。その後も、カエサルに目をかけられ、法務官の最高職を与えられていた。

もちろん、カエサルが、ブルータスを大切にしたのには理由があった。かつて、カエサルはブルータスの母親と不倫関係にあったのだ。カエサルは、ブルータスを自分の子供と思っていたふしもある。

一方、ブルータスも、目をかけてくれるカエサルを慕うようになる。ブルータスのカエサルへの思いは募り、一緒に戦いたいと思うようになるが、カエサルの指示は、いつも「ローマにいて後見してくれ」というもの。いつしかブルータスの心には、すきま風が吹くようになっていった。

そんなとき、ブルータスは、カエサルにうらみをいだく義兄弟のカッシラスに、カエサル暗殺を持ちかけられる。さらに、王政を倒した先祖の銅像に、「ブルータス、眠っているのか」と書かれ、ついにブルータスは、カエサル暗殺を決意したのだった。

彼のこの決断は、カエサルへの思いが、一転、憎しみに変わったとき、下されたとみられている。

「すべての道はローマに通ず」の「すべての道」って何本あった?

ローマ帝国の最盛期は、前述したように、五賢帝の時代である。

領土は、地中海を取り囲み、共和政時代から整備されてきた「ローマ道」を通して、あらゆる財物がローマに運びこまれた。

「すべての道はローマに通ず」といわれたように、四方八方の領土から続く道が、すべてローマへと延びていたのだ。三三〇年頃には、本数にして三七二本、全長八万五〇〇〇キロにおよんでいた。

ローマは、軍を遠征させるとき、道路建設のための工作隊を伴っていた。勝利をおさめたあと、占領地とローマを結ぶ道路建設にあたらせるためだ。もちろん、新しい道路を建設するのは、軍隊が通行するためであり、各地の物資や税をローマへ運ぶためでもあった。

また、新道路によって交通が便利になることは、地域住民に対する懐柔策にもなった。

加えて、もうひとつの大きな理由は、兵士たちにつねに仕事を与えるためだった。当時のローマ政府は、辺境にある兵士たちが、謀反を企てることを恐れていた。そこで、兵士たちに仕事を与え、報酬を支払うことで、ローマ帝国への忠誠心をつなぎとめようとしたのだ。

こうしてつくられた舗装道路は、重戦車も通れる頑丈なものだった。この道路が、人と物、さらには文化が交流する大動脈の役割を果たすことになったのだ。

弾圧していたキリスト教を、ローマ帝国が国教にしたのはなぜ?

ローマ帝国は、皇帝を神と認めないキリスト教徒をたびたび迫害した。

なかでも、ローマの大火をキリスト教徒による放火とし、ペテロとパウロを処刑したネロ帝の迫害がよく知られている。

しかし、ネロ帝による迫害から約二七〇年後の三一三年、コンスタンティヌス帝は、キリスト教を公認する。さらに、三九二年には、テオドシウス帝が、キリスト教を国教とすることを決断した。

二人の皇帝の狙いは、巨大になりすぎた帝国運営を維持することにあった。

公認されるまえ、キリスト教は迫害を受けながらも、ローマ帝国の上層階級や軍人の間に信者を増やしていた。各地に教会組織が張りめぐらされ、無視できない勢力に成長していたのだ。その一方で、迫害を恐れる信者たちは、郊外に地下墓地をつくって遺体を安置、そこへ夜になると集まったため、死体を食べているとか、乱交しているといった噂も広まっていた。


いずれにせよ、皇帝にとって、キリスト教徒は、さらに迫害するか、味方に取り込むか、どちらかを選択しなければならない大勢力となっていたのだ。

そこで、迫害する道を選んだのが、二八四年に皇帝に就任したディオクレティアヌス帝である。ディオクレティアヌス帝は、帝国東部の主だった聖職者のほとんどを処刑した。

それに対して、後継のコンスタンティヌス帝は、六人のライバルと帝位を争っていたとき、帝国の統一にキリスト教徒の団結力を利用しようとする。とくに、イタリア半島をめぐる戦いでは、十字をかたどった軍旗を掲げて戦って勝利した。

こうして、キリスト教徒の強い支持を背景にして帝国を再統一した彼は、キリスト教徒に信仰の自由を与えて公認したのだった。以後、キリスト教はさらに信者を増やし、ローマ帝国内の多数派となっていった。

その後、ギリシア古典に心酔したユリアヌス帝が、古い宗教の復興を企て、キリスト教徒を迫害するが失敗。かえってキリスト教はローマ帝国全土に広まった。

そして、自らも熱心なキリスト教徒だったテオドシウス帝が即位。キリスト教を国民の精神的な支柱にしようと、異教を禁止し、キリスト教を国教としたのである。

ローマ貴族の多くが子供に恵まれなかったというのは本当？

少子化は、現代の日本でも大きな問題になっているが、ローマ帝国も少子化に悩まされていたとみられる。

歴史家のギルフィランの調査によれば、ローマ領トロイ（ギリシア）では、一九歳以上の青年一〇一人のうち、結婚していたのは三五人で、そのうち子持ちは約半分の一七人。さらに、一七人のうち一〇人は子供が一人しかいなかったというデータがある。

少子化傾向は、とくに皇帝や貴族の間ほど鮮明で、多くの貴族は子供がいないか、せいぜいひとりいるくらいだったという。二世紀のアントニヌス帝が、養子制度を確立したのも、少子化が大きな問題化していたからだ。

ローマの人々が、それほど子供に恵まれなかったのは、彼らの体が鉛毒に汚染されていたからとみられている。

ローマ帝国は、すぐれた上水道施設をもっていたことで知られる。数十キロも離れた場所から、ローマなどの各都市へ上水を送る水道橋がつくられていた。

ところが、この水道橋から各家庭へ送られる配水管に、鉛管がつかわれていたため、飲み水にはつねに鉛が溶け出していた。また、鉛製の鍋や食器がつかわれていたこともあって、当時の人々は日常的に鉛を摂取していたと考えられるのだ。

日常的に鉛を摂取すると、脳、神経、腎臓、肝臓、血液、消化管、生殖器官など、体のさまざまな部分に悪影響があらわれる。古代ローマの貴族に子供が少なかったのも、鉛中毒の影響で生殖機能が低下していたとみられるのである。

ゲルマン民族がわざわざ大移動したのはどうして？

古代ヨーロッパでは、地中海一帯のイタリア半島にラテン系（ローマ人）、その東側にはギリシア人、北方にはケルト系（ガリア人、ブリトン人、スコット人）などがいて、さらに北東の中部ヨーロッパに「ゲルマン民族」が住んでいた。

「ゲルマン民族」というのは、もともとバルト海沿岸一帯に住んでいた狩猟と牧畜を生活の基盤とする約五〇の部族集団を指す。このゲルマン民族が、四世紀後半から五世紀にかけて、南下を始めたことで、ヨーロッパの歴史は大きく動くことになる。いわゆる「ゲルマン民族の大移動」である。

そのきっかけとなったのは、中央アジア方面からフン族がヨーロッパへ侵入してきたことだった。

そもそも、騎馬民族のフン族が、中央アジアからヨーロッパへ向かったのは、気候変化のためと考えられている。

■ゲルマン民族の大移動

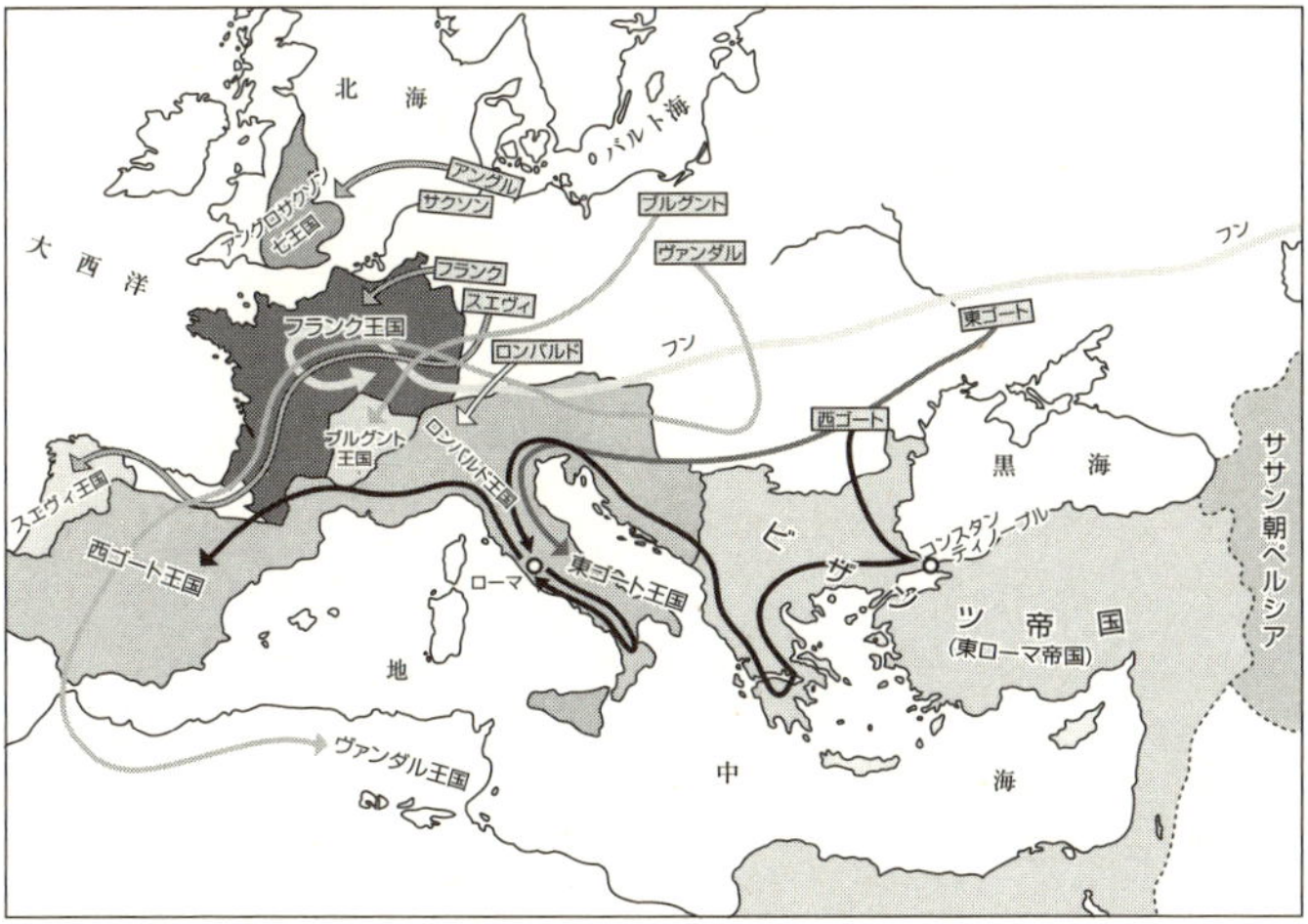

フン族は、多数の馬や家畜を育てるため、広大な草原を必要としたが、気候変化によって十分な牧草を確保できなくなり、移動を開始したとみられる。

そのさい、ゲルマン民族にとって不幸だったのは、フン族の戦闘能力がひじょうに高かったことである。

フン族は弓矢の扱いにたけていたうえ、戦術的にもすぐれていたのだ。

もっとも、このフン族がいったい何者であったかは、いまも謎となっている。一説には、一時期中国を脅かしていた匈奴の一派ではないかとみられている。

いずれにせよ、フン族は、現在のハンガリー地方を中心に、東はカスピ海、西はライン川沿い、北はデンマーク、南はギリシア周辺にまで勢力を伸ばしてきた。すると、ゲルマン民族は、このフン族の勢いに押される形で、移動せざるをえなくなった。

　いったん西へ向い、その後、南下してローマ方面へと向った。ローマ軍は、アドリアノープル（現在のトルコのエディルネ）で応戦したが、支えきれず、ゲルマン民族の西ローマ侵入を許すことになった。

　ちなみに、猛威をふるったフン族であったが、軍を率いていたアッティラ王が死去すると、急速に勢いを失い、歴史の表舞台から姿を消す。

　しかし、このフン族のヨーロッパ侵入は、ゲルマン民族大移動の原因となり、現在のように、地中海沿岸にラテン系民族、西ヨーロッパにゲルマン民族、東ヨーロッパにスラヴ民族が定住するという現在のヨーロッパ地図の祖型をつくることになった。

ゲルマン民族があっという間にローマ軍を倒せたのは？

　ゲルマン民族の大移動の始まりは、三七五年、二〇万人の西ゴート族がドナウ河を渡り、ローマ領に入り込んできたこととされる。

　しかし、現実には、それ以前から、ローマ帝国の辺境では、兵士としてゲルマン民族を雇い入れていた。かつて精兵を誇ったローマ軍も、繁栄の中で弱体化が進み、ゲルマン系の傭兵に頼るようになっていたのだ。ローマに帰化したゲルマン傭兵から、皇帝側近へ出世した者もいたくらいだ。また、ゲルマン民族の移民希望者を受け入れていたので、ローマではかなりの程度で〝ゲルマン化〟が進行していた。

　そのため、フン族から逃れた西ゴート族が、ドナウ河を渡ってローマ領内に入ってくると、当時の皇帝は、いったんは彼らの移住を認めている。

ところが、二〇万人という数に驚き、武力による追放へと方針転換する。そして、現在のトルコの北西端で迎え討ったが、もはや弱体したローマ軍は、屈強なゲルマン兵士を追い返すことはできなかった。

しかも、ローマ軍の中には、部族はさまざまであっても、同じゲルマン系の兵士が少なくなかった。同胞との戦いでは、戦意が高まるはずもない。勝負はあっという間についてしまった。

西ゴート族は、ドナウ川南岸にしばらくとどまってから、イタリアへ侵入。ここでも、ローマ軍を破って、ガリア地方に定住するようになった。それをきっかけに、さらに多くのゲルマン系の人たちが、職や富を求めてローマ内に侵入してくるようになった。

ローマ帝国が東と西に分裂したいきさつは？

最盛期のローマ帝国は、東はメソポタミア、西はイベリア半島やブリテン島の一部、南はエジプト、北は現在のルーマニアやハンガリーまでの広範な領土を誇っていた。

とくに、一～二世紀の五賢帝が治めた約一〇〇年が、もっとも平和で栄えた時代とされる。

しかし、この巨大な帝国も、三世紀あたりから衰退が目立ち始める。各地の軍隊が、それぞれ勝手に皇帝を擁立するようになったのである。だが、それらの皇帝の後ろ盾は軍隊であり、争いが絶えず、乱立した皇帝のほとんどは戦死や暗殺によって皇位を追われ、五〇年間に即位した皇帝は二六人にもなった。

　そうした中、ローマ帝国の財政は、極度に悪化していく。肥大化した軍隊と官僚制の維持に莫大な費用がかかったのと、外敵との抗争が相次いだことが大きな要因だった。

　二八四年に皇位についたディオクレティアヌス帝は、広大なローマ帝国の統治と防衛を単独で行うのは困難と判断。軍の同僚を「共同正帝」に任命して、西方の統治に当たらせ、自らは東方の統治にあたった。

　さらに、それぞれの正帝が副帝を任命して、ライン川とドナウ川の防衛線の維持をまかせた。結果として、帝国は、事実上四人の皇帝によって統治されることになった。

　その後、三二四年に、コンスタンティヌス帝によって再統一されるが、彼の死後、ゲルマン民族の侵入などもあって帝国の解体は加速する。

　キリスト教を公認したテオドシウス帝は、死に際して帝国を東西に分け、三九五年、長男と次男にそれぞれ分割して統治させることにした。

　当初は、あくまでディオクレティアヌス帝の「四分割統治」をモデルにしたものだったが、以降、東西ローマが再統一されることはなかった。

東西に分かれたローマ帝国は、その後どうなった？①

　東西ローマへの分割後、東ローマ帝国は約一〇〇〇年つづくが、西ローマ帝国は一〇〇年ももたずに滅亡する。

　西ローマ帝国は、「四分割統治」のディオ

■ローマ帝国の領土と東西分裂

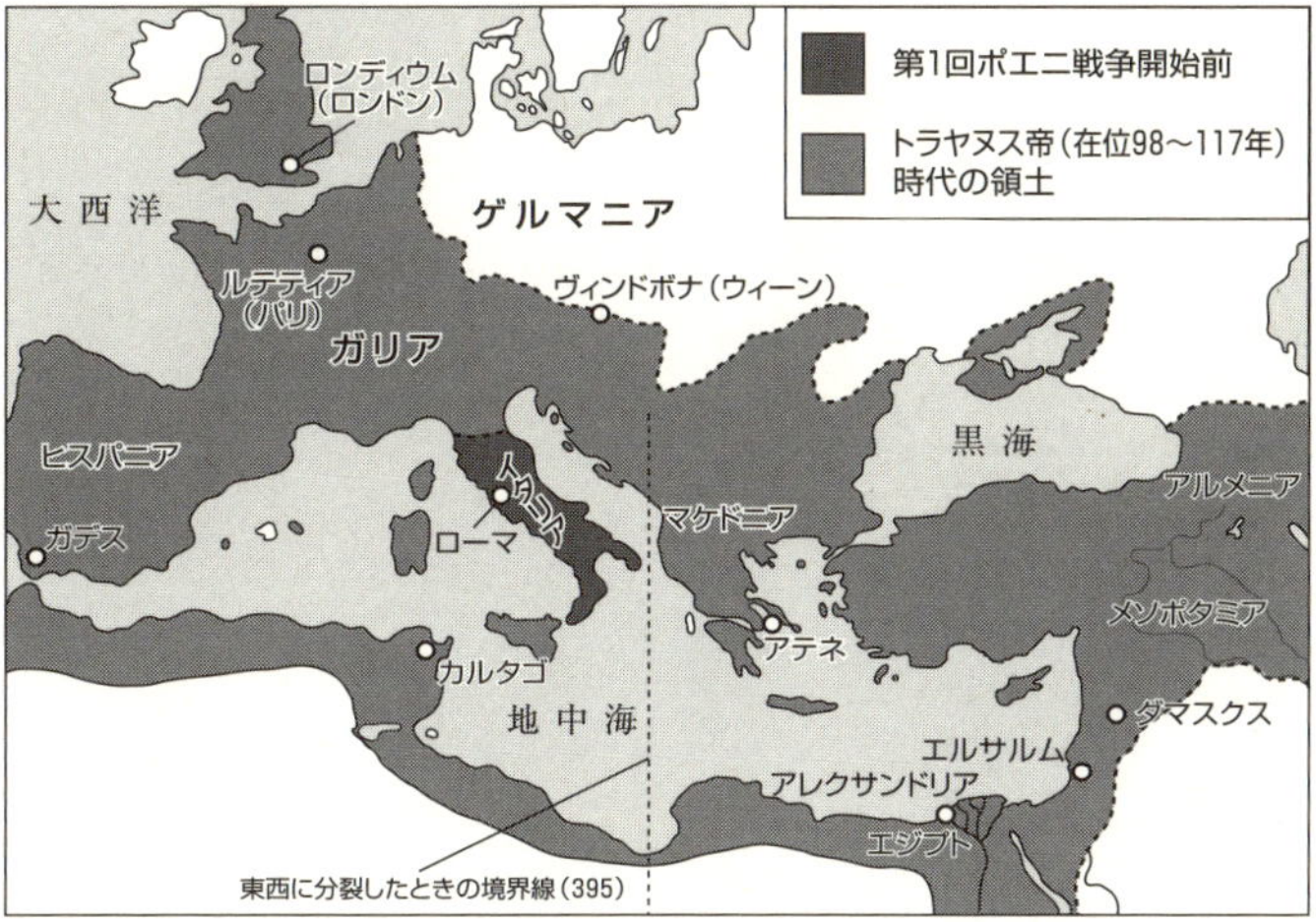

クレティアヌス帝以降、皇帝所在地をローマからミラノ、ラヴェンナへと遷《うつ》した。そして、懸命に帝国の維持を図ったが、命取りになったのは、ゲルマン人を傭兵として大量に採用したことだった。

当時、西ローマ帝国では徴兵制を導入していたが、地主たちは、生産力が落ちることを理由に、有能な小作人を兵隊に取られるのを嫌がった。無能な者を送り込むか、金で解決するようになる。

これによって軍の維持が難しくなり、政府は、多くのゲルマン人の傭兵を受け入れた。

しかし、ゲルマン傭兵の増加は、彼らの発言力を高める結果になった。さらに、侵入してきたゲルマン人が、帝国内のあちこちに部族単位で勝手に建国し、互いに戦い合うようになる。

やがて、ゲルマン傭兵たちは、イタリア内に定住地を求めるようになった。それが拒否されると、四七六年、傭兵隊長オドアケルが、軍司令官を殺してローマ人の皇位を廃止。ついに、ゲルマン人がイタリアの支配者となり、その地位を東ローマ皇帝に認めさせた。これによって、西ローマ帝国の皇位はとだえることとなった。

東西に分かれたローマ帝国は、その後どうなった？②

一方の東ローマ帝国は、首都をコンスタンティノープル（現在のイスタンブール）として、軍事力と経済力の整備に努める。これでゲルマン人の侵入を最小限に食い止めることができたと同時に、国力を盛り返した。

そして、五二七年に即位したユスティニアヌス帝は、ローマ帝国の再興をめざし、アフリカのヴァンダル王国やイタリアを支配していた東ゴート王国などを滅ぼす。こうして、いったんは旧ローマ帝国の大半を回復させることに成功した。

同帝が、西方へ軍を進めることができたのは、東方のササン朝ペルシアに対して、毎年多額の金を支払って、東方の平和を買っていたためだった。やがて、この費用が国家財政に重くのしかかってくる。

しかも、ユスティニアヌス帝の後継者たちは、いずれも統治能力に乏しく、愚かにも平和条約を破棄してササン朝と戦い、さらにイスラム帝国と戦って、領土を失っていく。

それでも、都市国家のようになってもなんとか生き延び続けるが、一四五三年、オスマン帝国に征服され、滅亡した。

3 アジアⅠ

諸子百家の時代、本当は「何家」くらいあったのか？

中国で「諸子百家」とよばれる人々が活躍したのは、春秋時代末期から戦国時代にかけてのこと。

諸子百家の「諸子」とは「たくさんの先生」のことで、「百家」は「さまざまな学説」のこと。じっさいの学説は、一〇〇をゆうに超えて、一八九にのぼったと伝えられている。当時の中国で、学問がいかに盛んだったかがわかるだろう。

なぜ、争いが続く時代に学問がさかんになったかというと、当時の諸侯たちが、弱肉強食の激動の時代を生き残るには、能力のある人材を探しだし、組織を活性化しなければならないと、みていたからである。

そうして、諸子百家の思想は中国の政治に

大きな影響を与えるようになっていった。

　なかでも、後年、東アジア世界全体に大きな影響を与えることになったのが、孔子を中心とする「儒家」の思想である。

　また、秦の全国統一に大きな役割を果たした「法家」の存在もみのがせない。儒家が「徳」による統治を説いたのに対し、法家は「法」という強制力が国を発展させると主張した。

　秦が戦国時代を終わらせたことからも、その時代に全盛だったのは、法家の思想だったといっていい。

　このほか、無為自然を説いた「道家」、博愛を説いた「墨家」、戦術を説いた「兵家」、陰陽五行説の「陰陽家」などもこの時代に現れた。

　まさに百家争鳴の時代だったのである。

あの広い中国を秦の始皇帝はなぜ統一できた？

中国のラストエンペラーは、清朝の溥儀《ふぎ》。では、ファーストエンペラーはというと、秦の始皇帝（前二五九〜前二一〇）だ。

　始皇帝が登場するまえ、中国は「戦国時代」とよばれる群雄割拠の状態にあり、「王」と名のる諸侯たちが覇権を争っていた。やがて、それらの国々は、燕、斉、楚、韓、趙、魏、秦の七雄に絞られていく。

　このなかで、他の六国を滅ぼして、中国史上はじめて全国を統一したのが秦の政王。全国統一をはたした秦は、それ以前の国とは比べものにならないくらい大きな領土を支配することになった。そうなると、「王」という称号ではものたりない。

■戦国時代

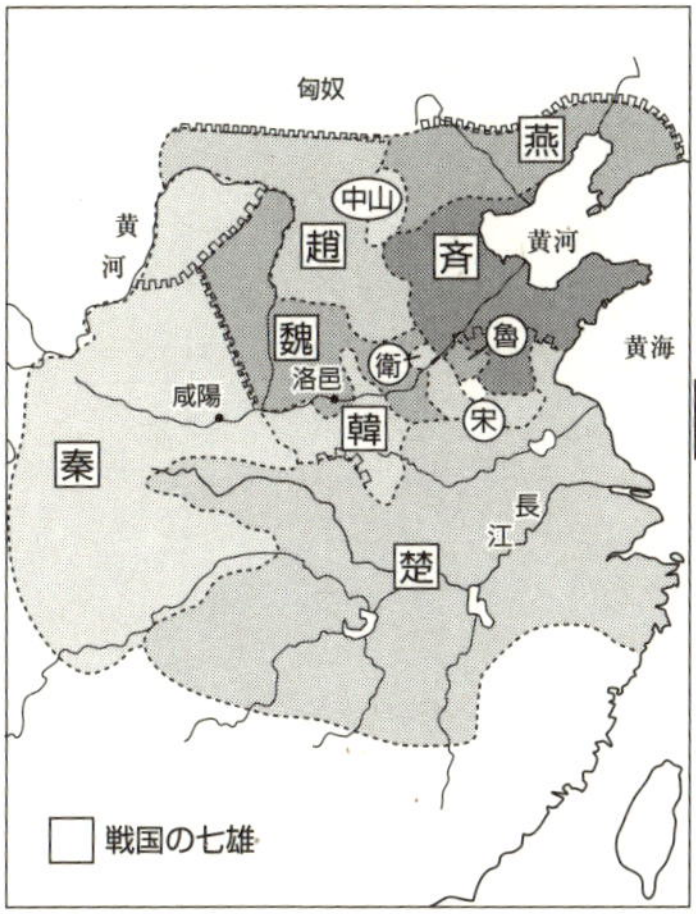

■秦の時代

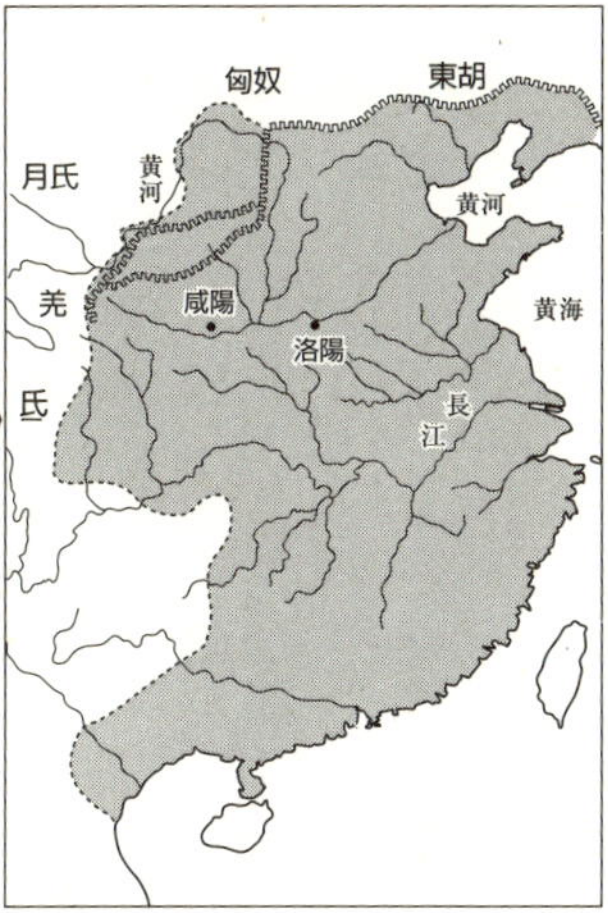

そこで政王は、「王」の上のランクの称号として「皇帝」と名のるようになった。その初代だから「始皇帝」というわけである。

それにしても、それまで誰も成しとげられなかった全国統一を、なぜ始皇帝は実現できたのだろうか？

その理由はいくつかあげられるが、まず秦が地理的に辺境の地にあったことが、よい結果をもたらしたといえるだろう。秦が興ったのは、現在の甘粛省にあたる辺境の地で、七雄のうちでもっとも西方にあり、さまざまな面で他に遅れをとっていた。

しかし、それは別の見方をすれば、開発の余地が多いということである。

中国では、春秋時代の終わりから戦国の初めにかけて鉄器が普及し、農耕や灌漑工事の技術が進歩していたが、辺境の遅れた国だった秦は、そのぶん新しい技術を効率よく取り入れることができた。大量の鉄製の工具を用いて、大規模な治水灌漑事業をすすめ、農業生産力を向上させて財力をつけたのだ。

また、早くから法家を起用し、法という強制力で国をまとめあげる体制を整えたことも、弱肉強食の時代では有利に働いた。

商鞅《しょうおう》（〜前三三八）や、李斯《りし》（〜前二一〇）が徹底した法治主義を実施するなか、秦は中央集権体制をかため、生産力・軍事力で他国を圧倒するようになった。それが天下統一への道をひらいたのである。

どうして兵馬俑は実物大に作られている？

中国史上初めて皇帝になった始皇帝は、土木事業がひじょうに好きな人で、万里の長城、阿房宮《あぼうきゅう》、始皇帝陵といった巨大建築物をいくつも造っている。始皇帝に「暴君」というイメージがあるのも、そうした土木工事で民衆のうらみを買ったことが一因する。

とりわけ、始皇帝が生前みずから造らせた陵墓は、墓としては破格のスケールだ。およそ七〇万人もの作業員が送り込まれて造られたという巨大な陵墓である。

その陵墓の近くにあり、研究者の度肝を抜いたのが、一九七四年に発掘された「兵馬俑坑」だ。

始皇帝陵をとり巻くように配置されている兵馬俑坑の内部には、ほぼ等身大の兵士や馬の「兵馬俑」（「俑」は死者を埋葬するときに添えられる副葬品）が多数並んでいる。その数なんと八〇〇〇体。

しかも、研究者を驚かせたのは、それらの

人形が等身大であるうえ、どれひとつとして同じ顔をしていないことだった。表情がちがうだけでなく、出身部族によって髪型もちがう。秦の軍隊がさまざまな民族の混成部隊であったことが、これで明らかになった。

　それにしても、一体一体ちがう人形を大量に作るには、膨大な時間と労力が必要だったはず。いったい、何のために作られたのか？

　従来の説では、あの世へ旅立つ始皇帝を守るための軍隊と考えられていた。

　しかし、近年になって、軍隊のほかに、宮殿の実物大のレプリカや文官、芸人などの人形が発掘されると、これらは始皇帝の生前の生活をそっくりそのままあの世で再現するための巨大セットだったのではないか、と考えられるようになってきている。

　とはいえ、兵馬俑坑についてはまだわからないことが多く、現在も調査・研究が続いている。なにもかもが型破りで、謎だらけの遺跡なのだ。

万里の長城は、どうやって築かれたのか？

　全長二四〇〇キロメートルにもおよぶ万里の長城は、人間が造った建築物のうちでもっとも長大なものである。

　この万里の長城は、中国史とともに〝成長〟してきた建築物といえる。

　万里の長城といえば、秦の始皇帝が築いたものが有名だが、すべての長城が彼の代に築かれたわけではない。それ以前の戦国時代、燕、趙といった北方の国が個別に築いていた長城を、始皇帝がつなぎ合わせて拡張したのである。

始皇帝のねらいは、匈奴をはじめとする北方の遊牧民族の侵入を防ぎ、彼らに対して国境を主張することだった。

ただし、彼の時代の長城は、石を積んだり、土をつき固めたりしただけのごく簡単なもので、今日見られるような立派なものではなかった。馬や人が乗り越えられなければよいという考えのもと、高さもそれほどではなかったとみられる。

万里の長城は、秦のあとの漢代に領土が広がると、さらに延長されて敦煌の玉門関まで達し、6世紀になると契丹、突厥の侵入にそなえて、あらたに南に築かれた。それが、現在みられる線である。

その後、唐、宋、元の時代にはとくに強化されることはなかったが、明代に行われた大修築で、ようやく現在みるような堅固な姿になった。

現在、観光写真などで目にする長城は、おおむねこの時代に改築されたものだ。つまり、万里の長城は、紀元前三世紀から一六世紀まで、約一九〇〇年という途方もない長い年月をかけて、築きあげられたといえる。

昔、中国の人達は、「何語」で話してた？

ご存じのように、広い中国では、北京語、広東語、蘇州語、福建語、客家語などの方言が話されている。日本の方言とちがうのは、中国の方言は、たがいに何を話しているのかわからないことがあるほど、大きく異なっていることだ。たとえば、北京語と広東語には、英語とドイツ語ほどのちがいがあるとさえいわれる。

もっとも、いまは教育やテレビが普及しているので、標準語なら中国どこへ行っても通じる。

中国の標準語は、北京語をもとにして作られた言葉で、中国では「普通語」と呼ばれる。

では、遠い昔はどうだったのだろうか。いまから二千数百年も前の戦国時代、中国にはまだ天下を統一する国はあらわれておらず、いくつもの国が並び立っていた。

歴史書は、その時代に、孔子をはじめとする多くの諸子百家が各国を遊説して歩いたと伝えている。

統一国家すらないその大昔に、共通の言葉があったとはとうてい考えられない。

考えてみれば、いまだに方言が通じないほど広大な国で、はるか昔の人々がどうやって意思を通じ合っていたのかは、謎なのである。

農民だった劉邦がなぜ漢の高祖になれたの？

秦のあとに漢王朝をうちたてた劉邦は、農民から天下人へと上りつめた英雄だ。

もちろん劉邦は、ただ運だけで天下人になったわけではない。

彼は、まず任侠の徒としてならしていた若いころ、もちまえの度量の広さで人望を集め、「陳勝・呉広の乱」（前二〇九）にはじまる秦末の混乱のなかで、反乱軍のリーダーになった。

各地で起こった反乱軍は、やがて項羽と劉邦の二軍に絞られていき、最終的に勝ち抜いたのが劉邦だった。

前二〇二年、漢の初代皇帝になった劉邦は、秦の厳罰主義をあらため、租税や労役を減らす方針をとった。秦が法律にもとづく厳しい政治をしたあげく、反発をまねいて滅亡したことを反面教師にしたのである。

　おかげで、農民は十分な耕作時間をとれるようになり、生活が安定し、経済の繁栄や人口増加につながった。

　また、劉邦は秦の「郡県制」をやめて「郡国制」をはじめた。郡国制とは、中央から役人を派遣して中央集権的に治める「郡県制」と、功臣や一族らに分国を与えて好きに治めさせる「封建制」を併用した現実に即した制度だった。

　人材の登用がうまいとされた劉邦だが、彼の人望だけで人々が集まってきたわけではない。彼に仕えた人間は、「この親分ならほうびをたっぷりはずんでくれるだろう」と期待して戦ってきた。だから、皇帝になった劉邦は、分国を与えるなどの十分な恩賞で、彼らの期待にこたえたのである。

「背水の陣」が成功した本当の理由とは？

　一歩もあとに引けない状況に立たされたときに使われる「背水の陣」という言葉は、『史記』にある有名なエピソードから生まれた。

　劉邦率いる漢が、天下統一をめざしていたときのこと。彼のもとには、軍事については国内に並ぶものがいないことから「国士無双」と称えられた武将がいた。韓信である。

　韓信は、劉邦に命じられて魏などの国を次々と破り、さらに趙と戦うことになったが、数のうえでたいへんな劣勢に立たされた。敵軍二〇万に対し、韓信の軍は一万二〇〇〇たらず。まともに戦っては勝ち目がない。

そのとき、韓信は、二〇〇〇の兵を別動隊として選んで、赤い旗を持たせ、「明日の戦いでわが軍はわざと敗走してみせる。敵は陣地をあけて追撃に出てくるはずだ。そのすきをついて敵陣を取り、赤旗をかかげよ」と命じた。そして、自分は残りの兵一万とともに河を背にして陣をしいた。

これを見た趙軍は、「韓信は兵法の初歩すら知らないのか」と大笑いした。常識的に考えれば、川や絶壁を背にして陣をしくと、劣勢になったときに逃げ場がない。だから、絶対にとってはならない陣形だとされていたのだ。

翌日、趙軍と戦い始めた漢軍は、しばしの戦闘のあと、予定どおり負けたふりをして河岸の陣地に引き返した。すると案の定、趙軍が勝利を確信して追撃してきた。

だが、「あとがない」という立場の漢軍は必死で戦った。そして趙軍が手こずっているあいだに、韓信の別動隊がからっぽの敵陣を奪い、赤旗をかかげた。趙軍はたちまち混乱におちいり、韓信の本隊と別動隊に挟み撃ちにされてしまう。

追い込まれたときに、人間が真の強さを発揮することを利用した韓信の作戦勝ちだった。

中国を脅かした匈奴はなぜ滅びたのか？

天下統一をはたした秦やそれに続く漢の時代、中国を悩ませたのが、遊牧騎馬民族・匈奴である。

匈奴は、東アジア最初の遊牧国家を建設した民族で、中国の歴史書にはじめて姿をあらわすのは、前三世紀半ば、戦国時代のこと。

彼らは、中国北辺の趙、燕、秦といった国をおびやかすようになった。

さらに、秦末の混乱の時代、匈奴には冒頓《ぼくとつ》単于《ぜんう》（「単于」は君主の称号）というすぐれた君主が出て強大化し、中国の東北地方に進出した。悪いときに悪い相手があらわれたものである。

前二〇〇年、漢の高祖劉邦は、冒頓単于と戦うも大敗してしまい、毎年匈奴に多額の物品を贈るという屈辱的な関係をしいられることになった。

両者の力関係は、第七代武帝の登場で逆転する。武帝はそれまでの弱腰外交をやめ、将軍衛青とその甥の霍去病《かくきょへい》に命じて、匈奴をくりかえし攻撃。ゴビ砂漠の北まで追い払った。

弱体化した匈奴は、前五六年頃に東西に分裂し、東匈奴は前五一年に漢に投降して主従関係をむすんだ。いっぽう、西匈奴はキルギス草原に移動したが、漢の西域都護の攻撃をうけて、前三六年に滅亡する。

では、残った東匈奴は、その後どうなったのだろうか。

王莽《おうもう》によって前漢が倒され、中国が混乱におちいると、東匈奴はふたたび勢力を盛り返すが、四八年、内紛によって南北に分裂。このうち南匈奴は漢に移住・定着したが、漢に反抗した北匈奴は、南匈奴や鮮卑《せんぴ》族に圧迫されて西に流れ、やがて衰退して滅んだ。

こうして、中国をおびやかした匈奴国家は実質的に消滅した。遊牧騎馬民族は、すぐれた統治者がいるときはいっきに大勢力となるが、統治者を失うと、小部族に分裂して散り散りになる傾向がある。のちのモンゴル帝国もそうだった。

ちなみに、ゲルマン人の大移動をひきおこしたフン族は、西に流れていった北匈奴の子孫が、ヨーロッパに移動したものと考えられている。

つまり武帝以降の中国の奮闘が匈奴を移動させ、ローマ帝国滅亡の引き金をひいたともいえるわけである。

「三国志」の時代の激戦で、人口はどのくらい減った？

後漢末から、魏、呉、蜀が分立して晋が統一を果たすまでの三国時代は、たくさんのヒーローが登場した時代である。蜀の劉備、魏の曹操、呉の孫権のほか、諸葛孔明、関羽、張飛らの活躍は、『三国志』でおなじみだろう。

彼らが登場した後漢末は、外戚と宦官の勢力が大きくなり、大土地所有が進行して、農

■三国時代

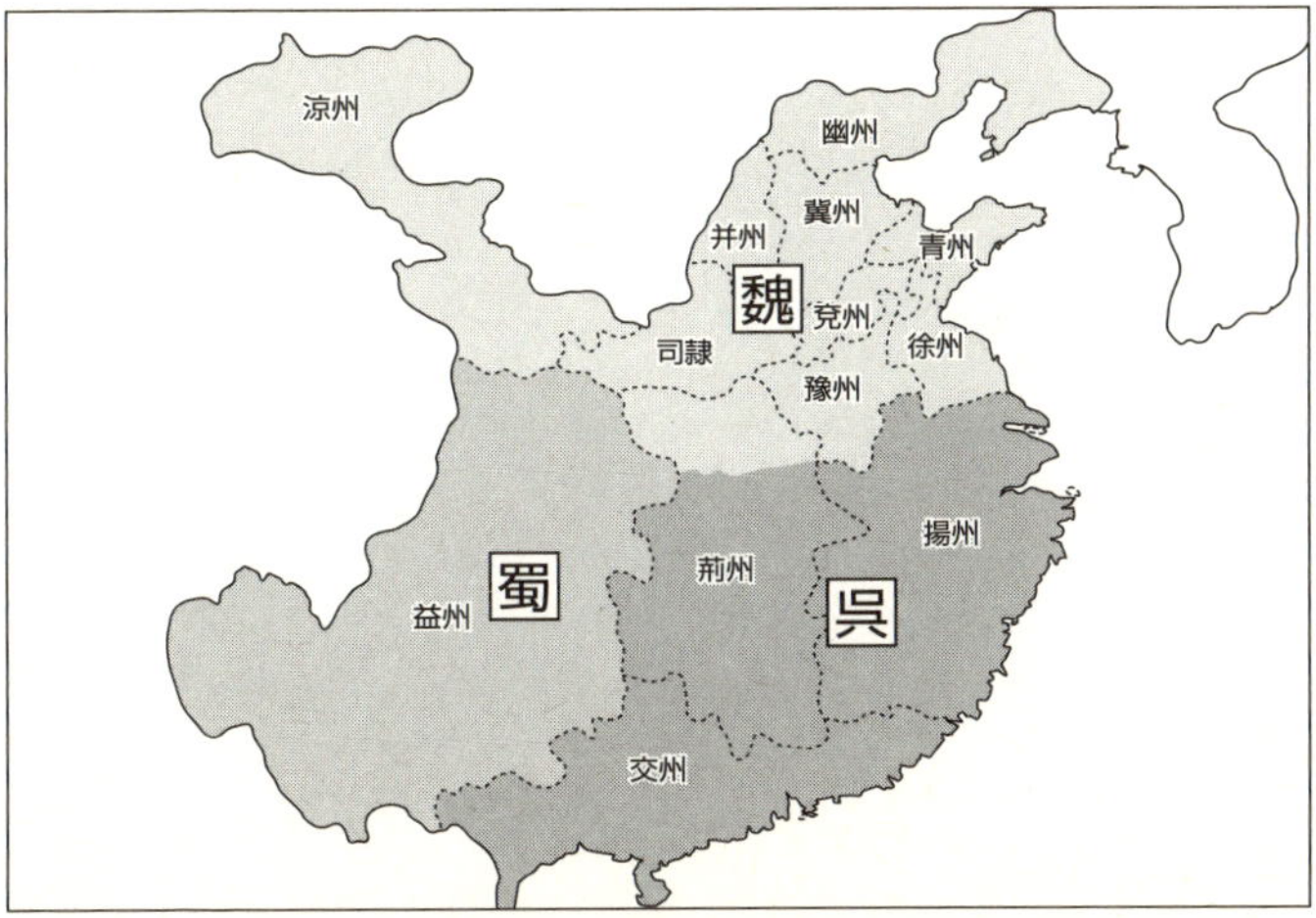

民の生活がひじょうに苦しくなった時代だった。そして、一八四年に「黄巾《こうきん》の乱」と呼ばれる農民反乱が起きると、各地で立て続けに反乱が起こるようになり、地方の治安はメチャクチャになった。

だが、すでに末期症状を呈していた漢王朝には、その反乱を鎮圧するだけの力はなく、兵力をもつ豪族に官位を与えてこの事態を乗り切るしかなかった。

そのなかから、頭角を現したのが魏、呉、蜀の三国である。とくに、華北を支配した魏は三国のうち最大最強で、曹操は天下統一まであと少しのところにいた。

ところが、二〇八年の「赤壁の戦い」で、蜀の劉備と呉の孫権の連合軍に、曹操は大敗を喫する。もし、曹操がこの戦いに勝っていたら、まちがいなく天下を手にしていただろうが、歴史はそうならなかった。この敗北で曹操は中国統一をあきらめ、中国の分裂は決定的になった。

二二〇年、曹操が没して息子の曹丕が跡を継ぐと、細々とつづいていた後漢の皇帝から帝位を譲られ、魏王朝が成立する。だが、劉備や孫権はそれを認めず、翌年、劉備は蜀の皇帝に、二二九年には孫権は呉の皇帝に即位した。以後、三つ巴の戦いが続くが、一国が抜きん出ると、他の二国がそれを阻止する格好になったため、結局この中から天下をとる者は現れなかった。

戦乱が続くなか、飢饉による餓死者があいつぎ、後漢末には約五〇〇〇万人だった人口が、この頃になると、魏・呉・蜀あわせても五〇〇万人までに激減していたという説もある。

三国時代とは、それくらい厳しい時代だったのである。

官吏登用の試験になぜ「科挙」が採用された？

「科挙」は、中国で一三〇〇年ものあいだ行われていた官吏登用試験で、読んで字のごとく、「学科試験によって（優秀な人材を）選挙」する制度である。

この科挙を、はじめて実施したのは、隋の初代皇帝・文帝（五四一～六〇四）だった。

六世紀に、試験で役人を登用したのは、世界的に見ても画期的なことだったといえる。

隋のまえの官吏登用方法をふりかえると、世襲か、それに近い仕組みで、豪族が主要な官職を独占していた。

そのような状況をただすために、隋の文帝は、家柄ではなく、実力で官僚を登用する科挙を始めた。その結果、いきすぎた貴族政治があらためられ、皇帝の力が強まった。

また、隋は北部と南部を統一して急に領土を広げたため、多くの人材を必要としていた。そのため、才能のある者を広く募集できる科挙は有効な官僚選抜法だったのだ。

『西遊記』のモデルになった話の本当のところは？

『西遊記』とは、ご承知のように、三蔵法師玄奘《げんじょう》が、サルの孫悟空、ブタの猪八戒、カッパの沙悟浄とともに、仏典を求めて天竺《てんじく》（インド）へと旅する話。アジアが世界に誇る冒険ファンタジーといっていい。

もっとも、ファンタジーはファンタジーでも、『西遊記』は実話をもとにして書かれている。

通常『西遊記』として知られている話は、16世紀の明代に成立したものだが、主人公の玄奘は、それより九〇〇年ほど前の唐代の実在の人物だ。

玄奘は、若い頃からひじょうに徳の高い僧侶として知られていたが、しだいに中国にいては仏教の真髄を知ることができないと思うようになり、仏教の本場インドへと旅立った。

都の長安を出たのは六二九年のこと。シルクロードをひたすら西にむかい、六三〇年の冬ごろ、アフガニスタンから西北インドに入った。六四五年に帰国し、一七年にもわたった海外留学の経験を『大唐西域記』という書物にまとめる。それが、小説『西遊記』の下敷きになった。

ただし、『西遊記』が史実と決定的に異なっているのは、玄奘には、孫悟空、猪八戒、沙悟浄のようなお供の者はいなかったということである。玄奘はたった一人、馬一頭だけを連れて旅を始めたのであり、妖怪はもちろん、人間の弟子すら一人も連れていなかった。

玄奘が旅に出たのは、唐が誕生したばかりの混乱期で、外国への旅行は禁止されていた。

そのため、玄奘は渡航許可をもらえないまま、こっそりと国を出なければならなかったのである。つまり、お供の者を連れて歩ける状況ではなかったのだ。

楊貴妃って どんなタイプの女性だったの?

唐の楊貴妃（七一九〜七五六）といえば、「絶世の美女」の代名詞。

彼女は、はじめ玄宗皇帝の息子の妃だった

が、のちに玄宗自身が彼女をみそめ、自分のものにしてしまった。玄宗五六歳、楊貴妃二二歳のときのことであった。

ところが、楊貴妃に夢中になった玄宗が、彼女の一族を高官にとりたてると、政治は乱れ、クーデターがおきてしまう。

だから、楊貴妃はたんなる美女ではなく、「傾国の美女」として知られることになる。

もっとも、楊貴妃の美貌をこれほど有名にしたのは、唐の詩人・白居易の『長恨歌』によるところが大きい。玄宗と楊貴妃の恋愛模様をえがいたその詩の中で、白居易は楊貴妃のふくよかな美しさを歌いあげている。どうやら彼女は、色香たっぷりのグラマー美人だったようだ。

じっさい、唐代の絵画を見ると、当時は頬がふっくらした、肉付きのいい女性が美人とみなされていたことがわかる。日本でもそうだが、中国でも美人の基準はときとともに変化してきたのだ。

唐以前の漢代では、反対に、ほっそりした女性がもてはやされていた。その代表が、第一一代皇帝の妃で、やはり悲劇の女性として知られる趙飛燕だ。

彼女と楊貴妃の対照的な美しさを、中国では「燕痩環肥」という。「趙飛燕のようなスレンダー美人、玉環（楊貴妃の名）のような太めのグラマー美人」という意味である。

栄華を極めた唐が滅んだのはどうして？

唐の玄宗皇帝は、一国の栄華と衰退を一代でみることになった皇帝だ。彼の治世の前半は、「開元の治」とよばれる唐の全盛期にあたり、都の長安はかつてないにぎわいをみせた。

しかし、治世の後半になると、玄宗は政治への意欲を失い、楊貴妃との愛情生活におぼれて、気に入った人間ばかりを登用するようになった。

そんななか、玄宗の信任をたくみに得て出世した安禄山らが、楊貴妃の一族の楊国忠と対立して、挙兵（安史の乱）におよぶ。

九年続いたこの反乱は、ウイグルの援助などもあって鎮圧されたが、唐王朝の力はすっかり衰えてしまった。

唐の滅亡は、それから一世紀半ほど経た九〇七年のことだが、滅亡の原因は、この時期に始まった政治の腐敗と経済の混乱にあったといえる。

とくに決定的だった失政は、塩の専売を始めたことだった。

安史の乱で農民が農作業を続けられなくなると、唐の税制、均田制・租庸調制は完全に崩れてしまった。そこで、朝廷は塩の自由な販売を禁止して政府専売として重税を課し、国家財政を補うようになった。現代風に直せば、キロ一〇〇〇円だったものに、その一〇倍の税を課し一万一〇〇〇円にするほどの酷税を課したのだった。

すると、生活に困窮した庶民は、密売人から塩を買うようになる。政府は取り締まりを強化するが、密売人は貧しい農民たちに支持されて活動を続けた。

八七五年、政府の取り締まりに追い詰められた密売人たちが、大規模な反乱を起こす。

黄巣という人物を代表格としたので、これを「黄巣の乱」（〜八八四）と呼ぶ。この反乱で唐はほぼ崩壊し、黄巣が一時期皇帝の座につく。

そして九〇七年、黄巣の軍から寝返った朱全忠に唐は滅ぼされ、三〇〇年の歴史に終止符を打った。

イスラム教があっという間に広まった経緯は？

イスラムの創始者ムハンマドは、五七二年頃、アラビア半島の西部に位置するメッカに生まれた。メッカは当時すでに聖地として知られ、カーバ神殿を多くの巡礼者が訪れていた。ただし、当時のアラビアでは、偶像崇拝や多神教があたり前だったため、神殿の内部にはさまざまな神の彫像がおかれ、アッラーはその中の主神という位置づけだった。

それを、アッラーを唯一絶対神とする一神教にしたのが、ムハンマドだ。

■イスラム帝国

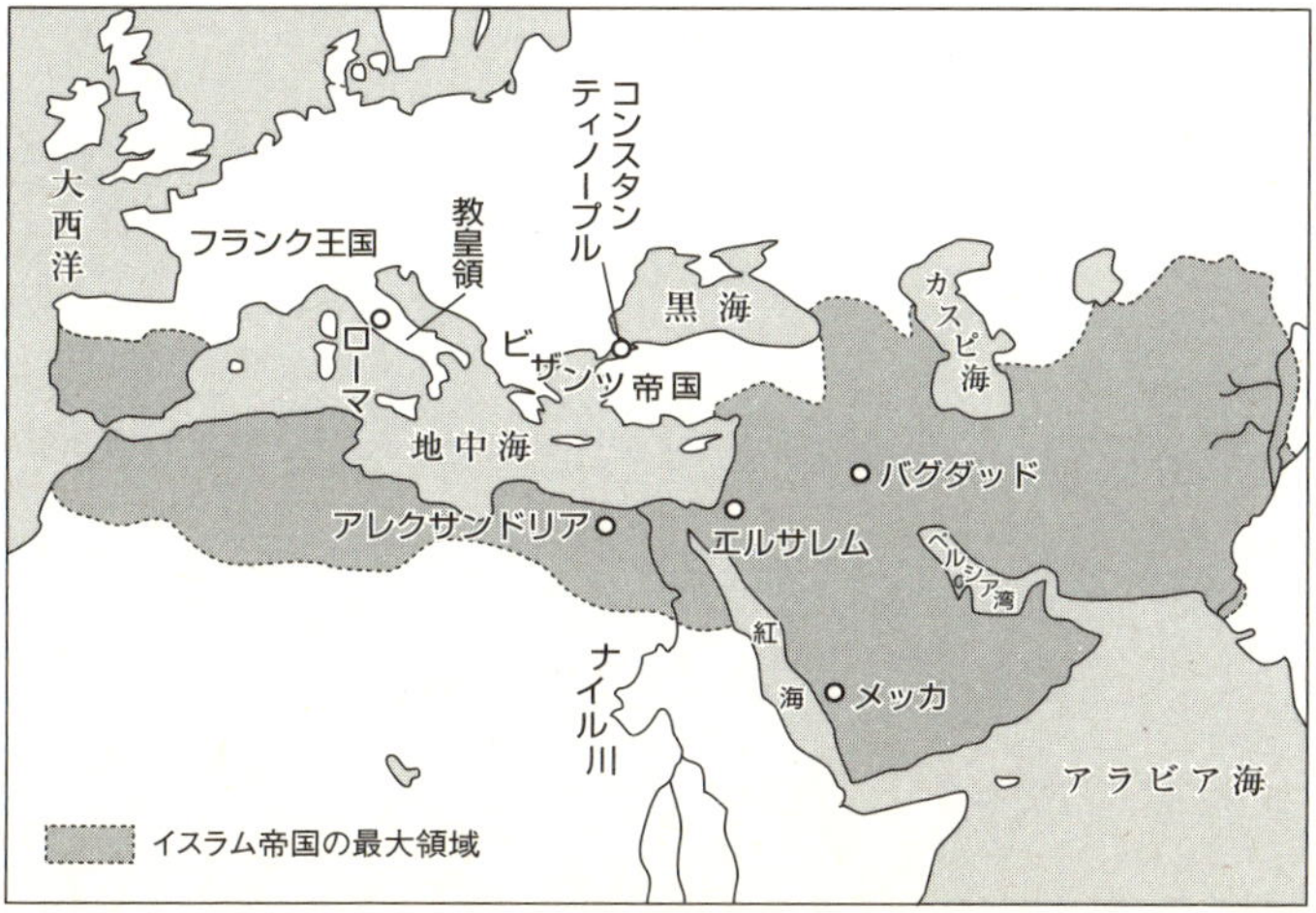

ムハンマドは、メッカの名門の家に生まれたのだが、六歳で孤児になり、長じると商人として活動するようになった。そこまでは、奇跡もなければ伝説もない、ごく普通の人生である。

ところが、六一〇年、彼はとつぜん神の啓示を受け、自分は「預言者」（神の言葉を預かり、民に伝える人）だという自覚をもつようになる。

ムハンマドは、六一三年頃からメッカで布教活動を始めるが、偶像崇拝を否定したことや、すべての人は平等であると説いたことが、メッカの有力者の反感を買ってしまった。

メッカでの布教に限界を感じたムハンマドは、六二二年、メッカを見限ってメディナに移住する。

この移住を「聖遷」といい、ムハンマドがメディナに到着した西暦六二二年七月一六日は、イスラム暦における紀元元年一月一日となった。

メディナで勢力を伸ばしたムハンマドは、六三〇年、ついにメッカを征服。六三二年に没するまでに、アラビア半島をイスラム教のもとに統一した。

ムハンマドの死後も、ムハンマドの後継者が教団を率い、もっぱら征服による領土拡大を行った。これを聖戦という。

七世紀半ばから八世紀末の一〇〇年あまりのあいだに、イスラム帝国は、北アフリカ、イベリア半島、西アジア、中央アジアまで支配するようになった。イスラム世界の基礎は、この一世紀でほぼ固まったといえる。

4 中世

ローマ教皇がキリスト教のトップに立ったのはいつから？

キリスト教には、大きく分けて、カトリック、プロテスタント、東方正教会の三つがある。このうち、上下関係のはっきりしたピラミッド型の巨大組織をもつのが、カトリック教会（ローマ・カトリック教会）で、ローマ教皇は、そのヒエラルキーの頂点に立つ。バチカン市国の元首をつとめるのも、ローマ教皇である。

ローマ教皇が、全カトリック教会のトップに立つようになったのは、ローマ教会がイエスの十二使徒の一人・ペテロと縁のある教会だったためといえる。

ペテロは十二使徒のリーダー格だった人物で、新約聖書によると、イエスは彼に「あなたはペテロ（ギリシア語で「岩」の意）。私はこの岩の上に私の教会を建てる」（マタイによる福音書）と語ったという。そこから、ペテロは教会での特別な地位をイエスに認められた人物、と考えられるようになった。

　そのペテロが殉教したのは、ほかでもないローマ。聖書の外典によると、ペテロはローマ司教として、ネロ帝に迫害されて殉教したという。このことと、イエスの残した言葉が結びつき、三世紀以降、「ローマ司教こそペテロの後継者であり、教会全体の長として重んじられるべき」と主張されるようになった。

　もちろん、歴代ローマ司教たちがいくらそう主張しても、その権威が他の司教たちに認められなければ「教皇」とはなりえない。

　しかし、ローマにはローマ帝国の首都としての歴史があった。それはローマ司教の権威を他のエリアの司教に認めさせるのに、たいへん有利な条件である。

　四世紀末、ローマ帝国は東西に分裂し、ローマを首都とする西ローマ帝国は四七六年に滅亡する。その過程で、ローマ司教レオ一世（在四四〇～六一）が、民族大移動期にアッチラのローマ侵入を阻止、グレゴリウス一世（在五九〇～六〇四）がゲルマン人への布教に活躍すると、他の地域の各教会もローマ教会の権威を認めざるをえなくなる。

　こうして、西方教会におけるローマ教会の地位が確立し、ローマの総大司教は「教皇」という特別な存在として認められるようになった。

海賊は本当にバイキング料理を食べていたのか？

食べ放題のことを「バイキング料理」と呼

んで通じるのは、じつは日本だけ。では、いったいどういう経緯で、こういう料理名が生まれたのだろうか。

歴史をさかのぼると、バイキング料理のルーツは、やはり、入り江の民「バイキング」にあることがわかる。

のちに「海賊」の代名詞にもなるバイキングは、もともとは、スカンジナビア半島やデンマーク地方で狩猟・農耕・漁業を営んでいたが、八世紀ころ、人口が増えて耕地が足りなくなると、ヨーロッパの海岸部に移住し始めた。

彼らは、とがった舳先《へさき》に龍や蛇の飾りをつけた船を操り、各地を荒らし回って、食料を奪ったり、土地を占領したりした。

バイキングたちは、どこかの村を占領すると、祝いの席に奪った食料をずらりと並べ、それらを好き好きに取って食べた。今でいうところの食べ放題を楽しんだわけだ。

とりわけ特徴的だったのが、薄く切ったパンにバターを塗り、多様な具を選んでのせる食習慣。そうした食事スタイルは、今でも北欧諸国で見られ、「スメルガスボード」と呼ばれる。

「スメルガス」はバター付パン、「ボード」はテーブルを意味するスウェーデン語だ。

日本では、それと同様の食べ放題スタイルが、二〇世紀半ばから「バイキング料理」と呼ばれるようになった。バイキング料理と名づけたのは、帝国ホテルのレストランだ。

当時上映されていた、カーク・ダグラス主演の海賊映画『バイキング』の中で、飲み放題・食べ放題のシーンが豪快に描かれていたことが、このネーミングのヒントになったという。
それが全国に広まって、その後どのお店でも「バイキング」で通じるようになった。ただし、近年、この呼び名はいささか廃れ気味で、ビュッフェスタイルと呼ばれることが増えている。

イタリア、ドイツ、フランスの基礎はどうやってできた？

イタリア、ドイツ、フランスの三国は、西ヨーロッパの歴史にとりわけ大きな足跡を残した国。イタリアにはローマ教皇、ドイツには神聖ローマ皇帝がおり、フランスは十字軍を主導した実績がある。この三者の緊張関係を中心に、西ヨーロッパ史はつづられてきたといっていい。

歴史をふりかえると、この三国は、もとはフランク王国というひとつの国だった。「フランス」という国名や「フランクフルト」という地名はここからきている。

フランク王国は、ゲルマン人の一部族フランク族が四八一年に建てた国で、始祖クローヴィスがローマ・カトリックに改宗して、ローマ教会との関係を深め、八世紀後半のカール大帝の時代に、西ヨーロッパのゲルマン諸部族をほぼ統合した。

そして、カール大帝は、「西ローマ帝国」の後継者として、ローマ教皇から王冠をさずかることになる。この「カールの戴冠」は、歴史上ひじょうに重要な出来事だ。

というのも、西ローマ帝国が滅亡（四七六年）してからというもの、カトリックは皇帝という保護者を失って不安定な状態にあったが、カールの戴冠により、皇帝がキリスト教

■ヴェルダン条約によるフランク王国の分裂

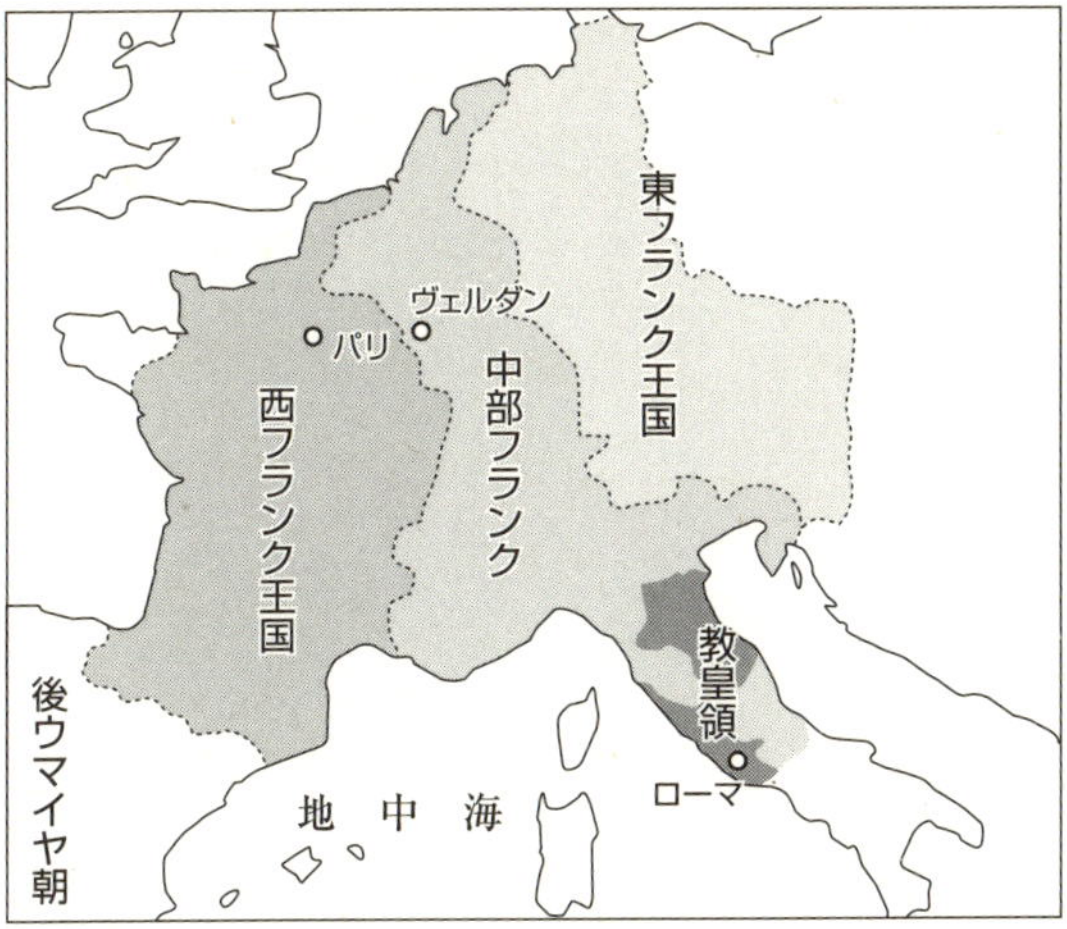

圏を守るという体制がふたたび復活したのだ。これはカールの戴冠をもって、「キリスト教」「ローマ文化」「ゲルマン社会」という3要素が溶融し、安定化したことを意味する。

しかし、フランク王国は、カール大帝の孫の代になって相続争いが起こり、九世紀半ば、三つに分かれた。

このときできたのが、西フランク、中部フランク、東フランクの三国。これが現在のフランス、イタリア、ドイツのおおまかな原型である。

なお、このうち「キリスト教を保護するローマ帝国」として続いていくことになったのは、神聖ローマ帝国と称されたドイツだった。神聖ローマ帝国の歴史は、九六二年のオットー一世の戴冠から、ナポレオンに解体される一八〇六年まで続く。

十字軍はいったい何のために遠征した？

イスラエルの首都エルサレムは、三つの宗教の共通の聖地である。ユダヤ教にとっては、「嘆きの壁」がある場所であり、キリスト教にとっては、イエスの死と復活の場所であり、イスラム教にとっては、ムハンマドが昇天した場所である。

この聖地エルサレムをめぐって、中世に戦われたのが「十字軍戦争」である。

十字軍は、イスラムの支配下にあったエルサレムを奪回するために編成されたヨーロッパ連合軍で、一一世紀末から一三世紀後半にかけて、七回の遠征が行われた。

それにしても、この時期、キリスト教国がとつぜん聖地奪回戦を始めたのはなぜだろうか？

イスラム勢力がキリスト教徒の巡礼を妨害したからとも言われるが、事実はそうではない。当時、キリスト教国のビザンツ帝国は、イスラム化したトルコ人の新興国セルジューク朝の進出に危機を感じていた。そこで、ビザンツ皇帝はローマ教皇に援軍を頼んだ。それは、ローマ教皇にとっては、東方正教会に対するローマ教会の優位を示すための絶好のチャンスとなった。

さっそくローマ教皇は各国に使者を送り、十字軍をつのる。すると、たくさんの王や諸侯が応じた。「遠征に加われば、罪のゆるしの特権が与えられる」という教皇の口説き文句がきいたのだろう。

また、当時の西欧は封建社会が安定し、国王や諸侯は時間や力をもてあましていた。し

■十字軍の遠征路

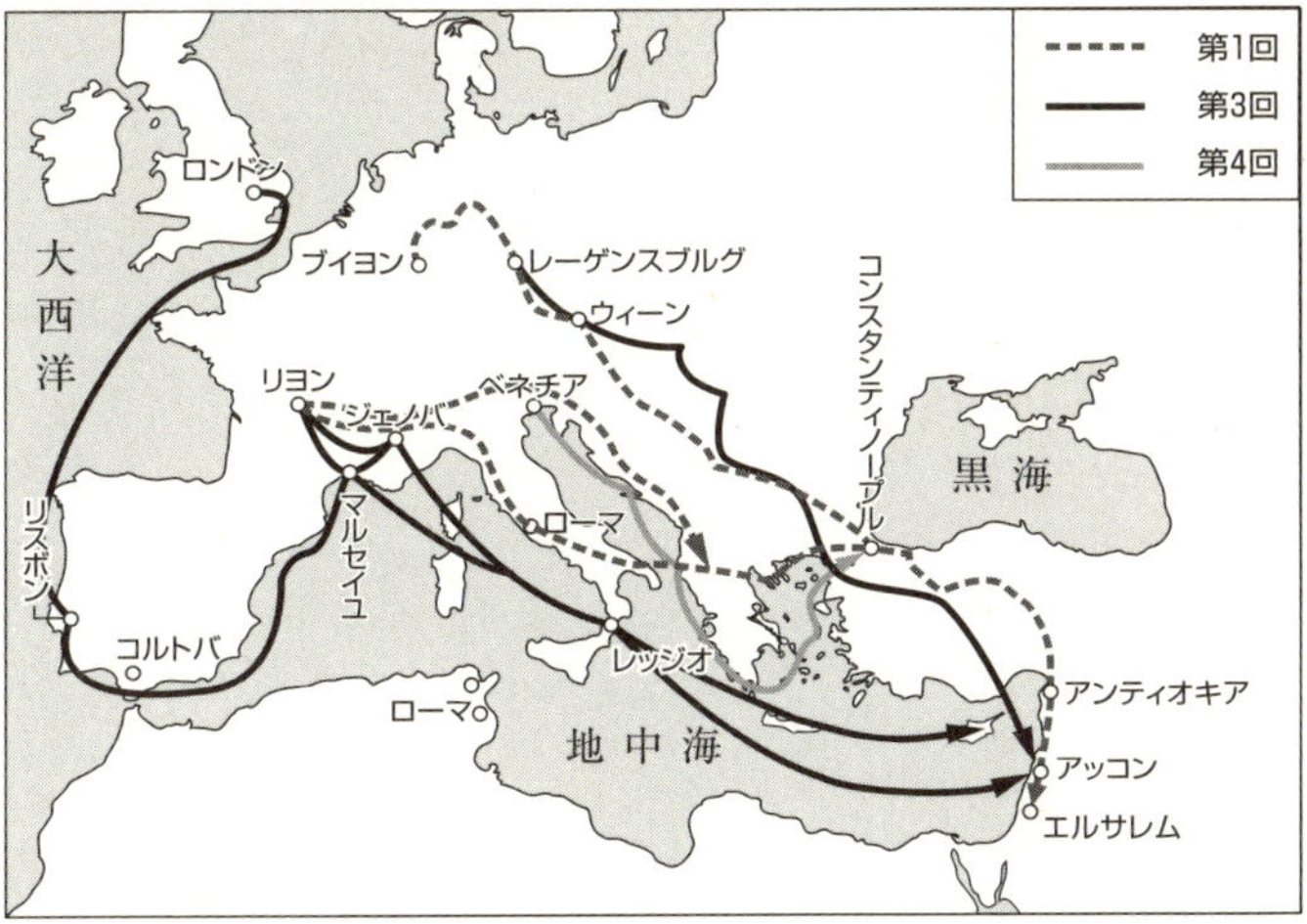

かも、封建制のもとでは、長男が土地を相続することになっており、騎士の家の次男以下は、家を出ていくしかなかった。そんな彼らが、十字軍の話に飛びついたのだ。

こうして、一〇九六年に編成された第一回の十字軍は、総勢一〇万人にも達し、エルサレムを占領して「エルサレム王国」をうち建てることに成功した。

だが、イスラム世界に英雄サラディンが登場すると、この王国は、あっけなく駆逐されてしまう。その後、十字軍が聖地を奪回することはなかった。

この十字軍の失敗は、ヨーロッパ世界にさまざまな影響を与えた。まず、十字軍の指導者であったローマ教皇の威信が失われた。また、東方の領土や富を獲得しようとした諸侯や騎士も、得るものが少なかったため、勢力を失うことになった。

いっぽう、各国の王は諸侯らの領地を没収して、力を強めた。また、兵士と物資の輸送にあたったベネチア、ジェノバなどの開港都市は、東方貿易で大いに栄えるようになった。

中世のお城の住み心地はどうだった？

ヨーロッパのお城というと、白馬に乗った王子様や、きらびやかなドレスを身にまとったお姫さまのいるロマンチックな住まい、というイメージがある。シンデレラ、白雪姫、眠れる森の美女といった、あこがれのヒロインが住む世界……それが、ヨーロッパのお城の一般的なイメージだろう。

しかし、現実は違った。そもそも、一言にお城といっても、王や大諸侯が構えたものから、わずかな領地しかもたない騎士が構えたものまで、さまざまなタイプがある。童話やディズニー映画に出てくるゴージャスなお城だけが、ヨーロッパのお城ではないのである。

それに、中世のお城というのは、優雅な生活の場というより、敵の攻撃をはね返すための要塞として造られていた。そのため、建物はぶ厚い石壁で築かれ、一、二階には窓すらない。敵から身を守るために、住み心地は犠牲にされていたのである。

領主とその家族が住んだのは、条件の良い上のほうの階だったが、窓があったとしてもひじょうに小さく、数も少なかった。しかも、窓にはガラスなどはまっていない。ガラスはまだぜいたく品だったうえ、投石器で攻撃されたらひとたまりもないからだ。

では、窓には何が取り付けられていたのか

というと、頑丈な板戸である。室内の通風や採光はその板戸を開け閉めすることで行われていたが、それだと冬場は寒くてたまらない。だから、中世の領主たちは、板戸を閉ざした真っ暗な室内で長い冬をやりすごさなければならなかった。

暖炉はというと、あるにはあったが、石壁に熱がどんどん吸いとられてしまう。火のそばにいる人以外には、暖炉などあってもなくても同じことだっただろう。

城内には、いわゆるトイレもなかった。領主らは「おまる」を用いたが、他の者は、城壁の上の張り出したスペースに立ち、そこに開いている穴に排泄した。排泄物は、下にあるお堀や草地に向けて落ちていく。つまりは垂れ流し式である。

このように、中世のお城の生活は、きわめて不便で、ロマンチックな住まいにはほど遠かった。

錬金術って実際どんな術だった？

錬金術とは、ご承知のように、他の金属を金に変えようとする〝秘術〟のこと。昔の人は、この錬金術におおまじめに取り組んでいたが、現代人の目からみると、それは気の毒なくらいバカバカしいことに思えるかもしれない。

だが、錬金術を愚かな話と、本当にいい切れるだろうか。歴史をふりかえると、錬金術は科学の歴史と切っても切れない関係にあったことがわかるのだ。

錬金術とは、具体的には鉄、銅、亜鉛などの卑金属から、金、銀、白金などの貴金属を生み出す術をいう。その歴史は、古代エジプトにまでさかのぼり、ギリシア、アラビアを経て、十字軍以降、中世ヨーロッパにも広まった。

そうした時代には、まだ科学と迷信は渾然一体とした形で存在していた。だから、錬金術は正当な学問のひとつであり、錬金術師と呼ばれる人々の多くは、医学や薬学、天文学や数学などをよく知る先端の知識人だった。魔法使いのような身なりをしたあやしげな人というイメージは、後世つくられたものである。

錬金術を科学事業として推し進めていた国さえあった。たとえば、神聖ローマ皇帝とボヘミア＝ハンガリー王を兼ねたルドルフ二世は、錬金術にひじょうに熱心で、首都プラハに錬金術師を集め、大金をかけて錬金術を研究させた。

また、万有引力を発見したニュートン（一六四二〜一七二七）も、錬金術に没頭し、膨大な文献を残した一人である。

結局、錬金術師たちの営為は、空しい努力に終わったわけだが、彼らがくり返した実験のおかげで、近代科学の道が開かれたことは見落とせない。蒸留技術や実験道具の発明は、錬金術のたまものである。

中世の戦争で「傭兵」が果たしていた役割とは？

傭兵は、近代国家が成立して国民軍が作られるようになるまえは、各国で幅広く活躍していた。たとえば、イタリアでは、中世の終わりから近世にかけて、各都市が独立性を高め、小ぜりあいをくり返していたが、そうした戦いは、ほとんどが傭兵隊によって請け負われていた。

　とくに、フィレンツェやベネチアなどの商業国家で、傭兵はよく利用された。商業がさかんで文化程度の高い国では、そもそも兵になりたがる者が少ない。商人たちも金もうけで手一杯だ。それでも豊かな財力によって、傭兵をやとい、戦争に勝つことができた。つまり、金で勝利と平和を買っていたわけである。

　また、直属軍の少ない封建国家でも、傭兵は重宝された。封建制のもとでは、臣下は封建契約できまった期間しか戦わなくてよいこととされていた。たとえば、一年のうちの一ケ月間ときめられている場合、その期間をすぎれば、たとえ交戦中でも、彼らは戦場を引き上げてしまったのだ。

　また、農繁期の出兵も嫌がられるなど、なにかと不都合が多かった。だから、封建領主たちは、どうしても傭兵を雇わなければならなかったのである。

　しかし、当然ながら、傭兵隊にはメリットだけでなく、デメリットもある。まず、雇い主への忠誠心は期待できない。もちろん、職業戦士として、評価の良し悪しが次の仕事に影響するから、あからさまな裏切りや手抜きはしない。もらった給料に応じて、それ相応の働きはする。そのかわり、負けそうになると真っ先に戦場から逃げ出した。

　また、戦いが終わって収入源がとだえると、野盗団に早がわりし、略奪や強盗を働く連中もいた。しかも、雇い主が支払いの一部としてそれを公認している場合が多かったので、庶民は大いに苦しめられたという。

ふだん「騎士」はどんな生活をしていた？

中世ヨーロッパで活躍した騎士は、日本の武士にあたる存在といえ、騎馬に乗って戦う資格を与えられている戦士をさした。

騎士は当初は、生まれついての身分・階級ではなく、武技・礼法を身につけ、精神的・肉体的な鍛錬をつみ、主君から叙任されてはじめて騎士になれた。農民のなかからも、騎士になる者がいた。

しかし、騎士身分はやがて固定化され、社会階級のひとつになっていく。それとともに、騎士社会には、日本の武士道のような道徳が成立した。それが「騎士道」だ。

騎士道では、主君に忠誠を尽くすことや武勲を立てることはもちろん、神への奉仕や異端異教の撲滅などが重んじられた。

また、騎士社会からは、「馬上試合」（トーナメント）という一種の〝スポーツ〟が生まれた。

今日、トーナメントといえば、あらゆるスポーツにおける勝ち抜きの試合形式をさすが、本来は、騎士の馬上試合をさす言葉だ。

馬上試合では、鎧・兜に身を固めた騎士たちが、槍を用いて相手を馬から突き落とし、最後まで残った者が勝者となる。

このイベントは、戦争もなく時間や体力をもてあましている騎士たちが、実践的な演習をかねて行ったものだが、活躍した騎士があこがれの女性から祝福を受けるなど、華やかな社交の場でもあった。未来の娘婿の戦いぶりを見にくる父親などもいて、観客も大いにヒートアップしたという。

マルコ・ポーロは中国語をどれくらい話せたのか？

マルコ・ポーロといえば、いわずと知れた『東方見聞録』の著者。日本を「黄金の国（ジパング）」としてヨーロッパに紹介したのも彼である。

もっとも、マルコ・ポーロ自身が日本を訪れたわけではなかった。中国でフビライ・ハンに仕えるうち、日本に関するいろいろな噂を耳にして、それをヨーロッパに伝えたのだった。

ところで、マルコ・ポーロは中国にどれくらい滞在していたのだろうか？

彼が父や叔父とともに、中央アジアを経由して元の大都（現在の北京）に着いたのは、一二七一年のこと。元の第一回日本遠征（一二七四、文永の役）の三年前だ。そして、一二八一年には、第二回の遠征（弘安の役）があったから、遠征の状況をくわしく知っていたにちがいない。

以後、マルコ・ポーロは二〇年という長いあいだ、フビライ・ハンに仕えた。またその間、中国と周辺の各地を旅して、ペルシア語やトルコ語など、数ヶ国語を覚えたという。

ただし、彼はなぜか中国語だけは話せるようにならなかった。それは、支配者であるモンゴル人が、中国文化より西方文化を重んじていたことと関係する。モンゴル人は、中国本土を征服する前から、西方の高度なイスラム文化やキリスト教文化に触れており、中国文化にとくべつな憧れをもっていなかった。

それどころか、「色目人」（さまざまな種族という意味で、目の色とは関係がない）と呼ばれるウイグル族、タングート族、イラン人ら西方の異民族を優遇して、中国人の支配に当たらせていた。宮廷でも公用語のモンゴル語のほかは、中国語ではなく、ペルシア語が使われていたという。

だから、マルコ・ポーロは中国語を話せなくても、困ることはなかったのだ。

「ペスト」はヨーロッパの社会をどう変えた？

ヨーロッパの古い街を歩いていると、広場などで、「ペスト記念塔」と称される塔を目にすることがある。それは、かつてヨーロッパで猛威をふるったペストの終息を願い、また多数の死者の霊をなぐさめるために建てられたモニュメントだ。

ペストが、ヨーロッパの歴史に及ぼした影響はひじょうに大きい。

とりわけ、一四世紀半ばの大流行のときには、地中海沿岸、フランスからドイツ、イギリス、北欧へと広がり、わずか四年間でヨーロッパ人口の三分の一以上の生命を奪ったとみられる。

ペストの恐怖におびえる人々のあいだでは、「メメント・モリ」（死を忘れるな）という言葉が流行し、墓地には、骸骨が踊る「死の舞踏」の絵が描かれ、あやしげな神秘主義が横行した。

また、南フランスやライン沿岸の都市では、ペストの流行をユダヤ人のしわざだとするデマが広がって、ユダヤ人の虐殺が行われた。ペストが人々の心に植えつけた不安や恐怖は、それほど大きなものだったのである。

ペストの大流行は、都市や農村の社会構造

まで変えた。都市は人口密度が高かったぶん、ペストの被害が大きく、フィレンツェでは人口の五分の三、ベネチアでは四分の三が失われたとみられている。その結果、がら空きになった街に多くのヨソ者が流れ込み、中世的な秩序がゆらぐことになった。

いっぽう、農村では、労働者の数が減ったことで、農民の待遇や労賃が改善されることになった。

それとともに、農民の立場が高まり、領主に対する農民一揆が増えた。百年戦争の前期、英仏で「ジャクリーの農民一揆」（一三五八）、「ワット＝タイラーの一揆」（一三八一）が起こったのも、そうした背景があったからのことだ。

そこから、中小の領主層や騎士層の経済的な基盤が崩れ、封建制は崩壊に向かっていく。

そうして、王権が強化された中央集権的な国家がヨーロッパにあらわれるのだ。

百年戦争はどうしてそんなにだらだら続いたのか？

ヨーロッパの歴史には、「〇年戦争」と呼ばれる戦争がいくつかある。宗教的な対立を背景に戦われた「三十年戦争」（一六一八～四八）、マリア・テレジアとフリードリッヒ大王が戦った「七年戦争」（一七五六～六三）などである。

こうした「〇年戦争」のなかでとりわけ長く続いたのが、ジャンヌ・ダルクの活躍でも知られる英仏の「百年戦争」。戦争が始まったのが一三三九年で、終結したのが一四五三年だから、戦いの期間は一〇〇年をゆうに越えている。

いったい両国は、一世紀以上もかけて、何をどう争ったのだろうか?

じつのところ、この戦争は、一〇〇年間ぶっとおしで戦われたわけではなかった。百年戦争は、大きく前半戦と後半戦にわかれ、そのあいだには長い休戦期間がある。

前半戦は、英仏両王朝間の戦いだった。そもそもの発端は、一三二八年、フランスのシャルル四世が亡くなってカペー朝がとだえ、従兄弟のフィリップ六世がヴァロア朝を興したこと。すると、イギリスのエドワード三世が、母親がカペー朝の出身だったことから、フランスの王位継承権もあると主張して、開戦にいたった。

エドワード三世の息子、黒太子の活躍などで、当初、イギリス軍の連戦連勝で進んだが、最終的な決着にはいたらなかった。


一四世紀半ばになると、ペストが大流行して、両国に大きなダメージを与え、両国ともに戦争どころではなくなり、戦いは一時、中断されることになる。

百年戦争の後半戦は、一五世紀初頭にはじまった。フランスの政治状況の混乱に乗じて、一四一五年、イギリス王ヘンリー五世がフランスに侵攻し、両国はふたたび戦闘状態に突入する。

この戦いでもフランスは劣勢に立たされていたが、瀕死のフランスは、ジャンヌ・ダルクという少女の登場で救われた。

一四二九年、イギリス軍はフランスを南下して要衝オルレアンを包囲するが、ジャンヌ・ダルクがわずかな兵を率いてイギリス軍を撃破。そこから、フランス軍の反撃がはじまり、一四五三年、カレー市をのぞくフランス全土

■百年戦争

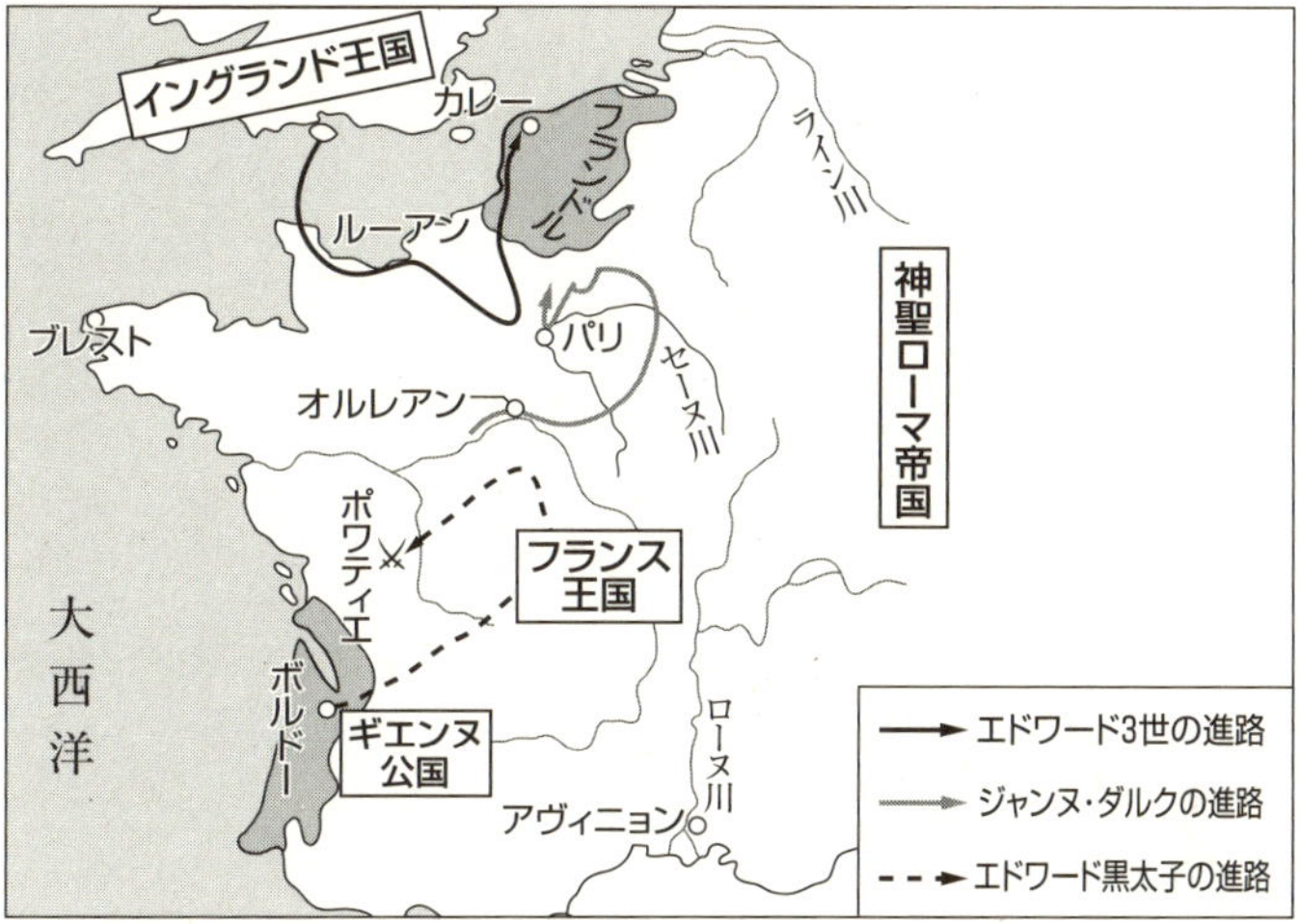

からイギリス軍を追い出すことに成功した。

長々と続いた百年戦争は、こうしてようやく幕を閉じたのである。

「魔女狩り」がはじまった理由は？

そもそも魔女狩りは、カトリックの異端者に対する「異端審問」とのかかわりの中で生まれたもの。異端審問とは、異端の疑いのある者を裁判にかける制度のことで、対象になったのは、あくまでキリスト教の異端者。「魔女」は、異端とは区別されていた。

魔女が異端として裁かれるようになったのは、一四世紀前半のことだ。しかし、そのときはまだ「呪術を使う者」が裁かれるのみで、魔女狩りの規模はそれほど大きくなかった。

ところが、一五世紀中ごろに、二人の異端

審問官が『魔女の鉄槌』という書物を発表すると、状況はおおきく変わった。この書によると、魔女とは「悪魔と契約した者」であるとされ、魔女の定義がよりあいまいになった。

この新しい魔女像とともに、当初犠牲になったのは、各地域の嫌われ者だった。人々は感情にまかせて魔女を告発するようになり、その対象は、男性関係にだらしのない女性、口うるさい嫁・姑、利害が対立する者（この場合、男性が「魔男」として告発されることが多かった）などにまで広がった。

しかも、魔女を処刑するさい、教会がその財産をすべて没収できることになっていたからたまらない。魔女狩りをすればするほどもうかるとあって、教会は「営利事業」としての魔女狩りをエスカレートさせた。

その結果、一六〜一七世紀にかけてのヨーロッパ（とくにイギリス、ドイツなどプロテスタントが優勢の国）で、魔女狩りの嵐が吹き荒れた。

その犠牲者は、最大で数百万人単位にのぼると推定されている。

ドラキュラ伯爵のモデルはどんな人物？

ヨーロッパの怪奇譚に出てくる魔物のうち、狼男、フランケンシュタイン、吸血鬼の〝三大スター〟は、日本でもよく知られている。

とくに吸血鬼は、一九世紀末に小説『ドラキュラ伯爵』が発表されて以来、各国語に翻訳され、映画にも登場して、ひじょうに有名になった。

もともと、中欧や東欧では、血を吸う魔物の話が各地に伝わっていた。それをアイルランド生まれの作家ブラム・ストーカーが、特定の人物をモデルにして『ドラキュラ伯爵』の話にまとめたのだ。

モデルとなったのは、一五世紀ルーマニアのワラキア公・ヴラド・ツェペシュである。

ヴラド・ツェペシュは、オスマン・トルコ帝国が襲来したとき、ゲリラ戦法で抵抗した英雄として知られている。そのいっぽう、対トルコ戦で捕らえた捕虜数百人を、串刺しにしてさらし者にしたことから、「ツェペシュ」(串刺し公)の異名をもつ。

もうひとつ、彼にはニックネームがあった。それが「ドラクール」である。

ドラクールというあだ名のルーツは、彼の父親が、神聖ローマ皇帝によって「龍(ドラゴン)騎士団」の騎士に任じられたことにある。

このニックネームは、ヴラド・ツェペシュ本人もお気に入りだったようで、本人筆と思われるサインにも「ヴラド・ドラキュラ」と書かれている。

小説『ドラキュラ伯爵』は、そのユニークなあだ名と、彼の血ぬられた暴君ぶりに着想を得て、書き上げられたものだった。

ただし、小説の主人公の名前がドラキュラである点と、その出身地がルーマニアである点をのぞけば、ドラキュラ伯爵にヴラド・ツェペシュと似たところはない。他の部分は、あくまでフィクションである。

5 近世

ハプスブルク家は、どうやってヨーロッパの半分を手に入れた？

ハプスブルク家は、近世・近代のヨーロッパを代表する超名門王家。ヨーロッパに「大帝国」を築いた華々しい歴史をもつ。

ところで、ハプスブルク家といえば、華麗な宮殿のあるオーストリアのウィーンが思い浮かぶが、発祥の地はじつはスイスの片田舎だった。

そんな田舎貴族がどうやってヨーロッパ屈指の名門になれたのだろうか。

チャンスは一三世紀後半に、思いがけなくめぐってきた。

当時のドイツでは、世襲で王が決まる他国とちがって、「選帝侯」という有力諸侯が「ドイツ王」を選び、そのドイツ王がローマ教皇に戴冠されて「神聖ローマ皇帝」の座につく

■ハプスブルク家系図

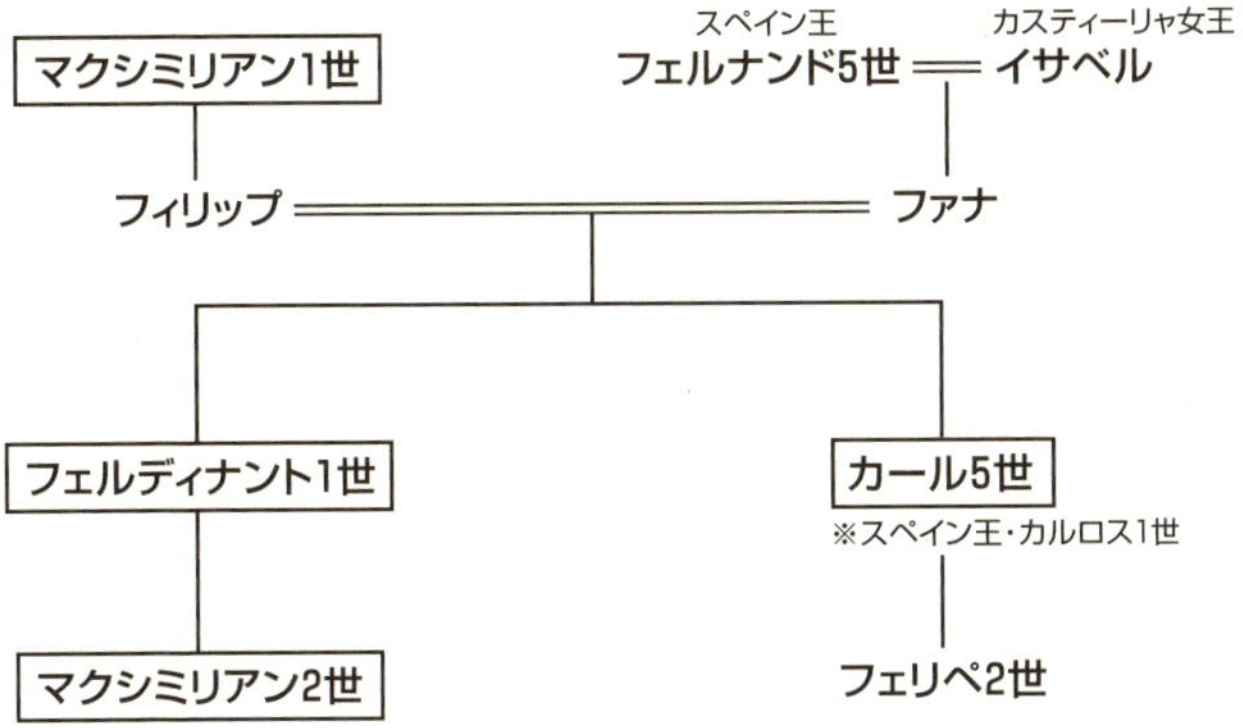

※ □内は神聖ローマ皇帝

システムになっていた。

地方の一領主にすぎないハプスブルク家の当主ルドルフがその座に選ばれたのは、有力選帝候たちが相争うなか、最も無難な存在とみられたからである。

ともあれ、こうしてハプスブルク家は、ヨーロッパ史の檜舞台に躍り出た。その後、同家からは有能な当主が次々に出て、勢力を着実に拡大。一三八六年には、本拠地をウィーンに移し、一四三八年にアルブレヒト二世がドイツ王になってからは、皇帝位を独占するようになった。

それと並行して、同家はたくみな政略結婚によって領土を拡大していく。同家中興の祖といわれる皇帝マクシミリアン一世（位一四九三～一五一九）は、毛織物で栄えていたブルゴーニュ公国の公女と結婚。

さらに、その息子は、スペインのフェルナンド王とイサベル女王の娘と結婚。生まれた子供がスペイン王カルロス一世として、スペインを継いだ。これがスペイン・ハプスブルク家の始まりである。

カルロス一世は、マクシミリアン一世が死ぬと、カール五世として神聖ローマ皇帝も兼ねることになる。

また、カール五世の弟フェルディナントも、ボヘミア・ハンガリー王家の王女と結婚し、一五二六年に王位を継いだ。カール五世のあとは、弟フェルディナントが神聖ローマ皇帝位を、息子フェリペ二世がスペイン王位を継ぐ。

こうして同家は、軍事力を使うことなく、政略結婚を最大の武器にして、巨大帝国を築き上げたのだ。

「ばら戦争」とばらの花ってどんな関係？

歴史上数ある戦争のなかでも、イギリスの「ばら戦争」（一四五五～八五）ほど、優雅な名前の戦いはないだろう。だが、戦争が優雅に行われるはずもない。「ばら戦争」は、断続的ながら三〇年以上にわたって続いた血で血を洗う戦いだった。

では、その戦争をなぜ「ばら戦争」と呼ぶのか？

この戦いでは、赤ばらの紋章を持つ「ランカスター家」と、白ばらの紋章を持つ「ヨーク家」が王位をめぐって戦った。戦場でも、赤白のばらをつけた戦士どうしが激突し合った。そこから、「ばら戦争」と呼ばれる。

ばら戦争の発端は、ランカスター朝のヘン

リー六世（百年戦争のときに、一時英仏両国の国王として即位した人）が、百年戦争の終結後まもなく、精神の病にかかったことである。

翌一四五四年、議会は最有力貴族であるヨーク公リチャードを摂政に任命したが、皮肉なことに、同年末、ヘンリー王は正気をとりもどした。それで、王位争奪戦がはじまることになった。

一四五五年、ヨーク公リチャードは、王位継承権を主張して挙兵し、ランカスター家と戦って勝利。リチャードは摂政に復帰し、国政を牛耳るようになる。

すると、腹の虫がおさまらないのはランカスター家だ。そこで、ヘンリー六世の妃マーガレットが、フランス王とスコットランド王の援助を得て、ヨーク家を討つ。

すると翌年、ヨーク家が反撃に出て王を捕虜にする。それに対して、またマーガレットが挙兵と、一進一退の戦いが続いた。

おおむね、戦況はヨーク派が優勢で、リチャードの戦死後、その子エドワード四世が「ヨーク朝」を開く（一四六一）。

だが、ヨーク朝は先王ヘンリー六世を殺害したことで世論の支持を失い、さらに一四八三年のエドワード四世の死後に、その弟リチャード三世がエドワード四世の実子を殺して王位についたため、人々の反感はつのった。

新王を見限った貴族たちは、ランカスター家の血をひき、しかもヨーク家エドワード四世の娘を妻とするヘンリー・チューダーを王位につけ、両家を和解させようとした。ヘンリーはその期待にこたえて、リチャード三世との戦いに勝利し、一四八五年チューダー朝を開いた。この王朝が、エリザベス一世の代の一六〇三年まで続くことになった。

「ルネサンス」はどうしてイタリアではじまった？

『最後の晩餐』のレオナルド・ダ・ヴィンチ、『最後の審判』のミケランジェロ、『君主論』のマキャヴェリら、一四～一六世紀のイタリアには、今日なお世界的に知られる芸術家や思想家が、次から次へ現われた。このイタリアを発信地とする「ルネサンス」は、やがてヨーロッパ各国へ広がり、文化の一大ムーブメントとなる。

それにしても、この時代に、まるで群れをなすように天才的な芸術家が現われたのはなぜなのか？　また、イタリアで始まったのは、なぜだろうか？

ルネサンス（＝再生）とは、人々がキリスト教の教義に縛られていた時代、「宗教もいいけど、もっと今を楽しんでもいいのじゃないか」という気運が高まって生まれたものといえる。その結果、キリスト教に縛られる前のギリシア・ローマ文化が注目を集め、個人の自由や価値が自覚され、人々の精神は解放された――これが、ルネサンスというムーブメントの基本的な流れだ。

では、なぜイタリアがその発信地になったかというと、ひとつには、そこに古代ローマの文化遺産があったからだ。

また、イタリア諸都市は、東方貿易を通じて異文化と触れる機会が多く、ビザンツやイスラム世界に伝わっていたギリシア・ローマの古典文化や先端の技術をいち早く導入できた。

■ルネサンス時代

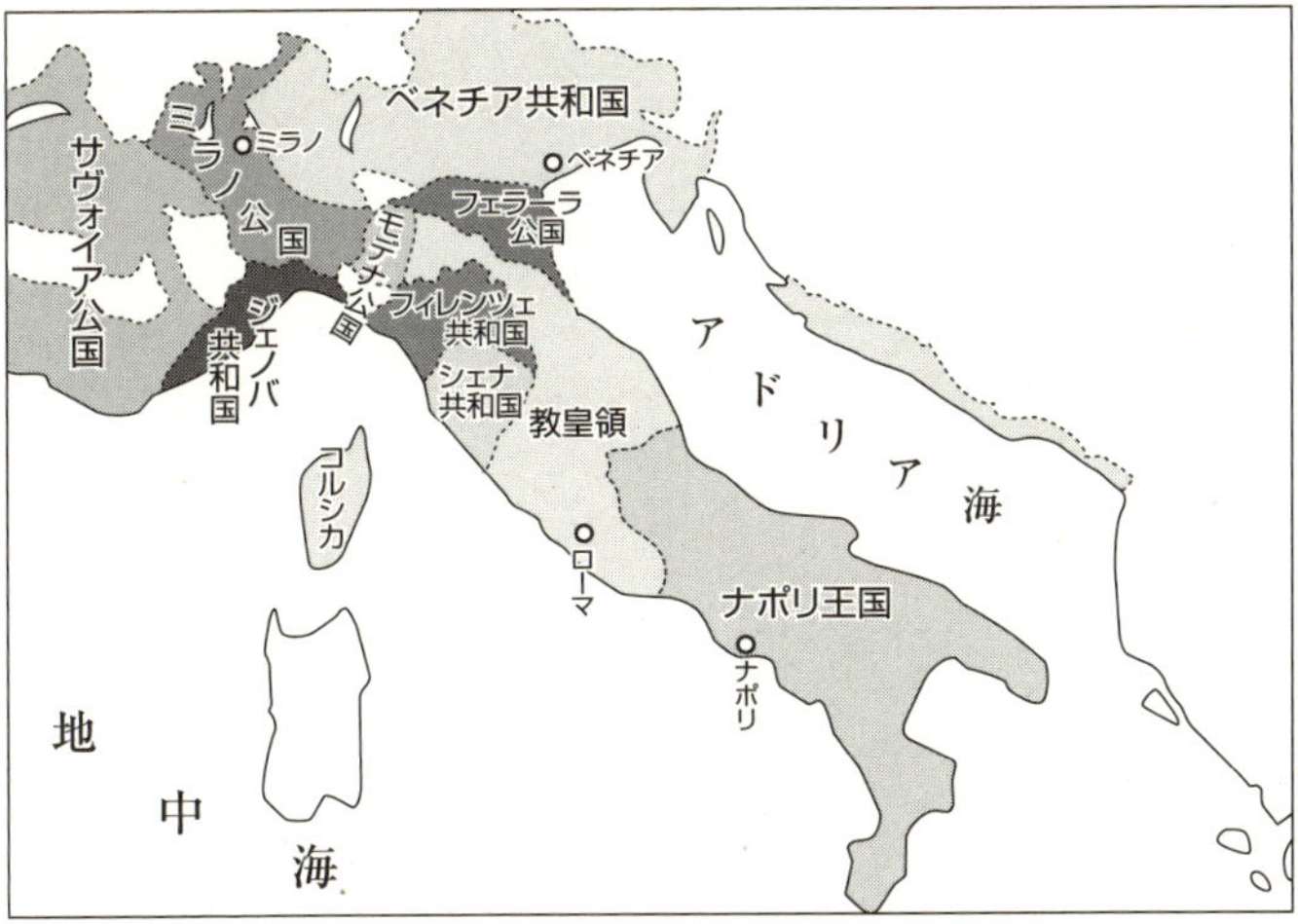

ビザンツ帝国の滅亡後には、イタリアに亡命した学者らによって、古典文化が逆輸入されることにもなった。

さらに、当時のイタリアは、多くの都市国家に分裂していて、教会の権力に対抗しようとする気運があった。

しかも、各都市には、交易などで得た豊富な財力があった。

そうした条件がそろって、ルネサンスはイタリアでいち早く花開いたのだ。

誰が「大航海時代」の幕を開けたのか？

一五世紀末から一六世紀にかけての「大航海時代」は、その後の世界地図や歴史をぬりかえた重要な時代である。

大航海時代の幕を開けたのは、ヨーロッパ

の小国ポルトガルだった。

　当時のヨーロッパでは、アジアからもたらされる香辛料が必需品になっていたが、オスマン帝国に東西貿易をおさえられていたため、アジアでは安価な香辛料がヨーロッパでは驚くほどの高値で取引されていた。

　そこで、ヨーロッパ人は、直接アジアと交易するための新航路を求めるようになる。

　その先駆けとなったのがポルトガルで、香辛料貿易の独占をねらうようになる。

　そのためには、とにもかくにも、アジアへの新航路を発見しなければならない。そこで、ポルトガルがまず行ったのは、航海術や天文学の研究、および船乗りを育てるための航海学校の建設だった。その一大プロジェクトを指揮したのは、のちに「航海王子」と呼ばれるポルトガル初代国王ジョアン一世の子・エンリケ王子だった。

　一四一八年、エンリケが派遣した最初の探検隊は、アフリカ西沖のマデイラ諸島に到達。その後、南下を続け、一四四五年には、アフリカ大陸西端のベルデ岬を越える。

　この世界に先駆けた探検航海によって、ポルトガルはまずはアフリカの諸部族と交易、金や砂糖などによる莫大な利益がころがりこむようになる。

　ポルトガルの大躍進は、一四六〇年のエンリケ死後も続く。

　一四八八年には、バルトロメウ・ディアスがアフリカ南端の「喜望峰」に到達。さらに一四九八年には、ヴァスコ・ダ・ガマが喜望峰を回って、悲願のインド到達をはたした。

　人口わずか一五〇万ほどの小国は、こうして大航海時代前半の覇者になるのである。

コロンブスは、なぜアメリカをアジアだと思い込んだ？

イタリア・ジェノバ生まれのクリストファー・コロンブス（一四五一～一五〇六）は、アメリカ大陸にいち早く到達した大航海時代のヒーローである。

しかし、彼自身は、自分が発見した土地が「新大陸」だとは考えもしなかった。アメリカ大陸の先住民が「インディアン」「インディオ」と呼ばれてきたことからもわかる通り、コロンブスは、自分が見つけた地を「インド」と信じて疑わなかったのである。

では、コロンブスのまちがった確信は、どこから生まれたのだろうか？

まちがいのもとは、彼が愛読していた『イマゴ・ムンディ（世界の像）』という本と、ト

■コロンブスのアメリカ到達

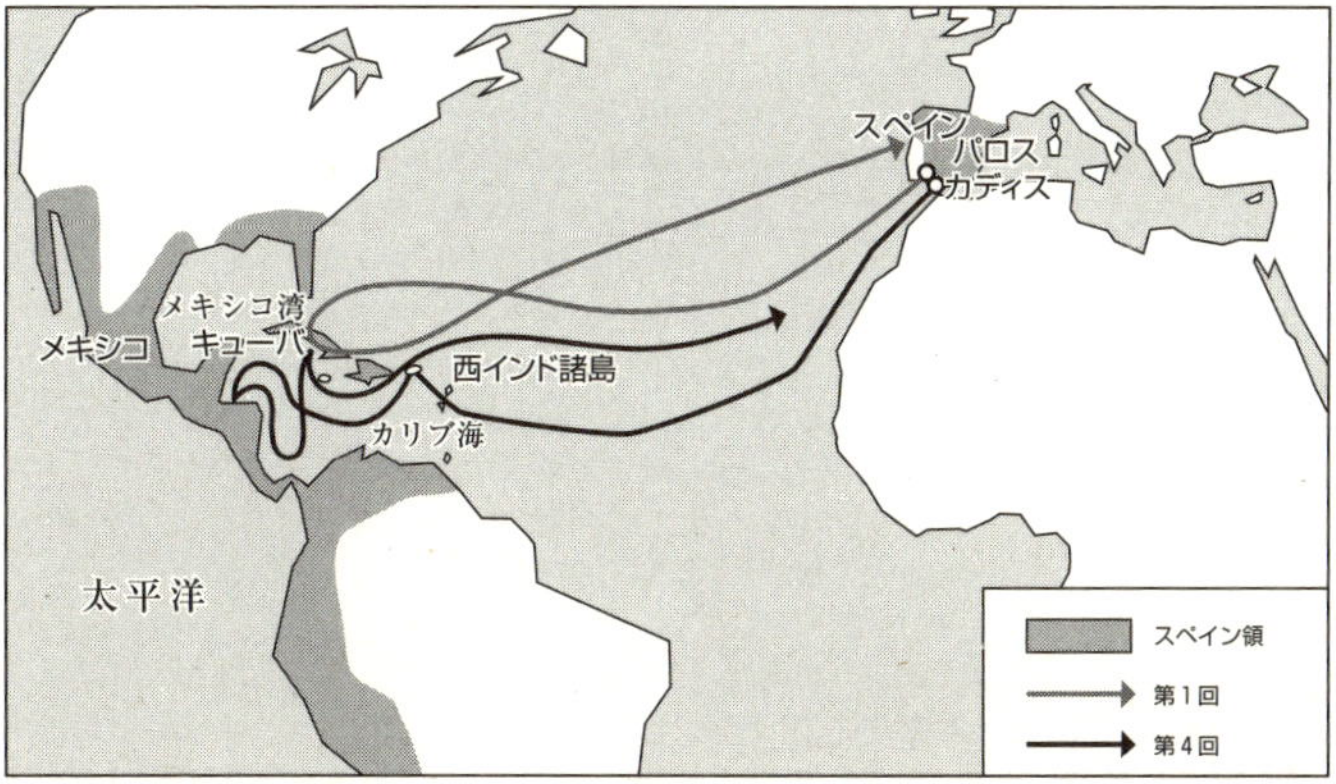

スカネリが作成した地図にあった。

『イマゴ・ムンディ』は、地球球体説を唱えたフランスの地理学者ピエール・ダイイ（一三五〇～一四二〇）が著した本で、九世紀アラブの学者が唱えた「地球の周囲は二万四〇〇〇ミリア」とする説が紹介されていた。

コロンブスは、この「ミリア」という単位を、イタリア人が通常使うように、一四七七・五メートルだと判断していたが、アラブにおける「ミリア」は、一九七三・五メートルだったことが、彼の誤解のはじまりだった。

「アラブ・ミリア」で計算すると、アラブの学者の説による地球の周囲は、現代の地理常識とほぼ同じ四万二六〇キロになるのだが、コロンブスの誤った計算では、地球の周囲は実際の四分の三の距離になってしまった。だから、彼は地球を現実のサイズよりも小さいものと思い込み、大西洋の先には、アジアがあるはずと考えていたのである。

また、コロンブスが影響を受けたイタリアの数学者トスカネリの地図でも、大西洋のすぐ先にアジアが横たわっていた。

イサベル女王は、どうしてコロンブスの航海を支援した？

個人で大航海を企画したコロンブスにとって、いちばん大変だったのは、スポンサー探し。彼ははじめ、ポルトガルの王に、西周りでアジアに到達する計画を持ち込んだが、けんもほろろに断られてしまう。

そこで、コロンブスは、狙いをイサベル女王支配下のスペインに移した。当時、ポルトガルが大航海でめざましい成功をおさめていたのに対し、スペインが得ていた領土はカナリア諸島だけ。隣国に水をあけられた格好だった。

だから、一四八六年にコロンブスという外国人が現れたとき、スペイン王室では、その話にいちおうは耳を傾けてみる気になったのである。

ただ、当時のスペインは、南部を占拠するイスラム勢力との対決で手いっぱいだった。財政は乏しく、女王は大忙し。ほとんど成功不可能に思えるコロンブスの計画が、すぐにいい返事をもらえるはずもなかった。

だが、コロンブスはあきらめなかった。六年にわたって女王の行く先々に向かって、粘り強くスポンサー交渉を続行。ようやく、一四九二年、スペインがグラナダ奪回をはたし、コロンブスにチャンスがめぐってきた。

スペイン王室の援助をとりつけたコロンブスは、同年八月、三隻の帆船と九〇人の乗組員とともに、スペインのパロス港を出航したのだった。

世界一周の途中のマゼランが殺された理由は？

フェルディナンド・マゼランは、よく知られているように、初めて世界一周を達成した人物だ。

ただし、正確にいうと、彼は航海の途上で亡くなっているので、彼自身がその航海で地球をぐるりと一周したわけではない。

それにしても、マゼランはなぜ、航海の途中で命を落とすことになったのだろうか？

これは、彼が率いたスペイン艦隊におごりや油断があったからだといえる。マゼラン一行は、一五二一年四月、太平洋を越えて、フイリピン諸島のセブ島に上陸した。スペイン人らは、セブ王に対してマゼラン提督への服従とキリスト教への改宗を迫り、強引にこれを認めさせた。

ところが、セブ島の隣にあるマクタン島の王ラプ・ラプは、スペインの要求を断固として受け入れない。マゼランはこれに怒り、両者は戦闘に突入した。

マゼランの手勢は六〇人という少数だったが、大砲や火縄銃などの近代的な武器を装備していた。マゼランは、それで十分に勝てると考えたのだろう。

だが、その考えは甘かった。戦闘の当日、マクタン島の周りは引き潮のために遠浅になっていて、大砲を積んだボートを近づけることができなかった。やむなく膝まで水につかりながら、歩いて岸に近づかなければならなかった。

敵側はそれを見逃さなかった。マクタン島のラプ・ラプ王は、一五〇〇人の兵を率いて、スペイン軍と白兵戦を開始。スペイン兵が足に防具をつけていないことに狙いをつけ、足めがけて矢や槍をいっせいに打ち込んだ。

マゼラン勢は火縄銃で対抗したが、遠すぎて効果がない。近づくと足もとを狙われる。激闘のなか、マゼラン自身も左足を切られて転倒し、槍と刀で突き刺されて絶命する。

多数の負傷者を出したスペイン側は、船のいかりを上げてセブ島を脱出。そして、三隻の船のうち一隻がアフリカの喜望峰をまわって、一五二二年九月、スペインへの帰港をはたした。マゼラン自身が故郷の土を踏むことはなかったが、彼の世界一周の夢は、部下たちによって達成されたのである。

たった一八〇人のスペイン軍にインカ帝国が滅ぼされたのはなぜ？

インカ帝国は、南米のアンデス山中に栄えた帝国で、一四～一五世紀にかけて領土を拡大、一六世紀には六〇〇～八〇〇万の人口を抱えて隆盛を誇った。

だが、それだけの大帝国を、スペインのピサロは、一五三二年にあっさりと滅ぼしてしまう。ピサロが大軍を率いていたのかというと、そうではない。

大軍どころか、彼はわずか一八〇人の歩兵と二七頭の馬でインカ大帝国にのり込んだのだった。

では、その少数の軍隊が、どうやって大帝国を滅ぼしたのだろうか？

ピサロ一行がインカ帝国に入ったとき、ちょうど帝国は内紛の直後で、新しく帝位についた皇帝アタワルパは、帝都クスコの近くに数万の軍勢とともに陣どっていた。

アタワルパは、ピサロが軍を率いてやってきたことを知るが、敵兵の数を知ってすっかり油断した。

それで、友好関係を結びたいというピサロの申し出を聞き入れ、広場での会見に悠然と登場したのである。

だが、それはピサロの狙い通りだった。広場では、ピサロの合図でスペイン軍の急襲が始まり、不意をつかれたインカ軍は、わずか三〇分の戦闘で数千人の兵を殺された。大混乱の中、アタワルパ王はあっけなく捕らえられてしまう。

その後、皇帝アタワルパは処刑され、インカ帝国は五〇〇年余りの歴史の幕を閉じた。

ポルトガルはどんな目的で日本までやって来た？

一六世紀半ば、ポルトガル人が種子島に鉄砲を伝えたことで、日本史の流れは大きく変わった。鉄砲が戦場における主力兵器になり、それを駆使した織田信長によって、戦いのステージは群雄割拠の時代から天下統一へと進んでいくのである。

いっぽう、鉄砲を伝えたポルトガル人はというと、その後、毎年のように九州各地の港にやってくるようになった。彼らの目的は、日本産の銀にあった。

当時の日本は、世界屈指の銀の産出国。一五二六年に石見《いわみ》銀山（現在の島根県）で銀が掘り当てられて以来、生野（兵庫県）や佐渡（新潟県）などに次々と銀山が開かれた。ポルトガル人は、その銀にいち早く目をつけた。

一方、日本側が欲しがったのは、中国産の絹織物や生糸だった。ポルトガル人は、生糸や絹織物を中国で安く買って日本に運び、銀と交換するようになった。その結果、ポルトガル商人が得た利益は、ヨーロッパに香辛料を運んで得る利益より、はるかに大きいものになったのである。

しかも、この貿易は、日本にキリスト教を広めるうえでも好都合だった。イエズス会のフランシスコ・ザビエルが日本にやってきた（一五四九）のも、そうした流れの中での出来事である。

キリスト教はなぜ、「旧教」「新教」に分かれた？

「いごひとなやむ（以後人悩む）」の語呂合わ

せで暗記できる一五一七年という年は、ルターが「九十五箇条の論題」を発表して、宗教改革の口火を切った西洋史のターニングポイントだ。

「以後人悩む」とはよく言ったもので、宗教改革以後のヨーロッパ世界は、カトリック教会（旧教）と、プロテスタント（新教）に分かれて激しく対立しあうようになった。

それにしても、ルターの宗教改革は、なぜそれほど大きなムーブメントになったのだろうか。

それ以前にも、教会の腐敗や堕落に対する改革運動は何度もあったが、ルターの改革は、単なる教会内の改革運動にとどまらず、新しい教派を生むという大改革にいたった。

その原動力は、いったいどこにあったのだろうか。

それには、ルターの改革運動の舞台となったドイツの状況が大きく関係している。

当時のドイツは、三〇〇前後の封建国家、教会領、都市に分裂した状態にあり、イギリス、フランスなどと比べて王権が弱く、教会が強大な組織と権力をもっていた。

そのため、カトリック教会にとって、ドイツ国内は格好の金づるになっていた。カトリックがこの時期、ドイツで大量の贖宥状《しょくゆうじょう》（免罪符）を販売したのもそのためだ。

だが、そうした不合理な搾取に対し、ドイツの商工業者層や農民層は不満をつのらせていた。

また、カトリック教会を通じて権威を保とうとする神聖ローマ皇帝に対し、諸侯も反感を抱いていた。

そうした各層の不満が、ルターへの共感と

なって表面化したのが宗教改革である。一五一七年、ルターが「九十五箇条の論題」をかかげて贖宥状の販売を批判すると、ドイツ国内の諸侯や各層に支持する者が多数現れ、大きな運動に発展したのだった。

イギリスに独特のキリスト教会が誕生したいきさつは？

一六世紀におきた「宗教改革」は、カトリック教会の堕落や世俗化への不満から起きたものだった。政治・経済情勢の後押しがあったとはいえ、ドイツのルター、ジュネーブのカルヴァンの改革が、あくまで信仰上の問題を中心とする運動だったことはまちがいない。

だが、イギリスの宗教改革は、それらとはまったく事情がちがっていた。「イギリス国教会」の誕生は、信仰の問題とはまるで関係のない〝宗教改革〟だったのだ。

当時のイギリス王ヘンリー八世には、キャサリンという妻がいた。キャサリンはカスティリア王国のイサベル女王（コロンブスの航海を援助したことでも知られる）の末娘で、もともとはヘンリーの兄アーサーに嫁いでいた。

だが、アーサーが若死にしたため、ヘンリーが彼女と再婚することになった。イギリスは、なんとしてでも強国スペインとの友好関係を保ちたかったのだ。

しかし、カトリックには、兄弟の妻をめとるべからずという掟がある。二人の結婚は、ローマ教皇に頼み込んで、例外的に成立したものだった。

ところが、キャサリンが産んだ子は、女子メアリを除いてみな夭折してしまう。男子を

■チューダー王朝の系譜

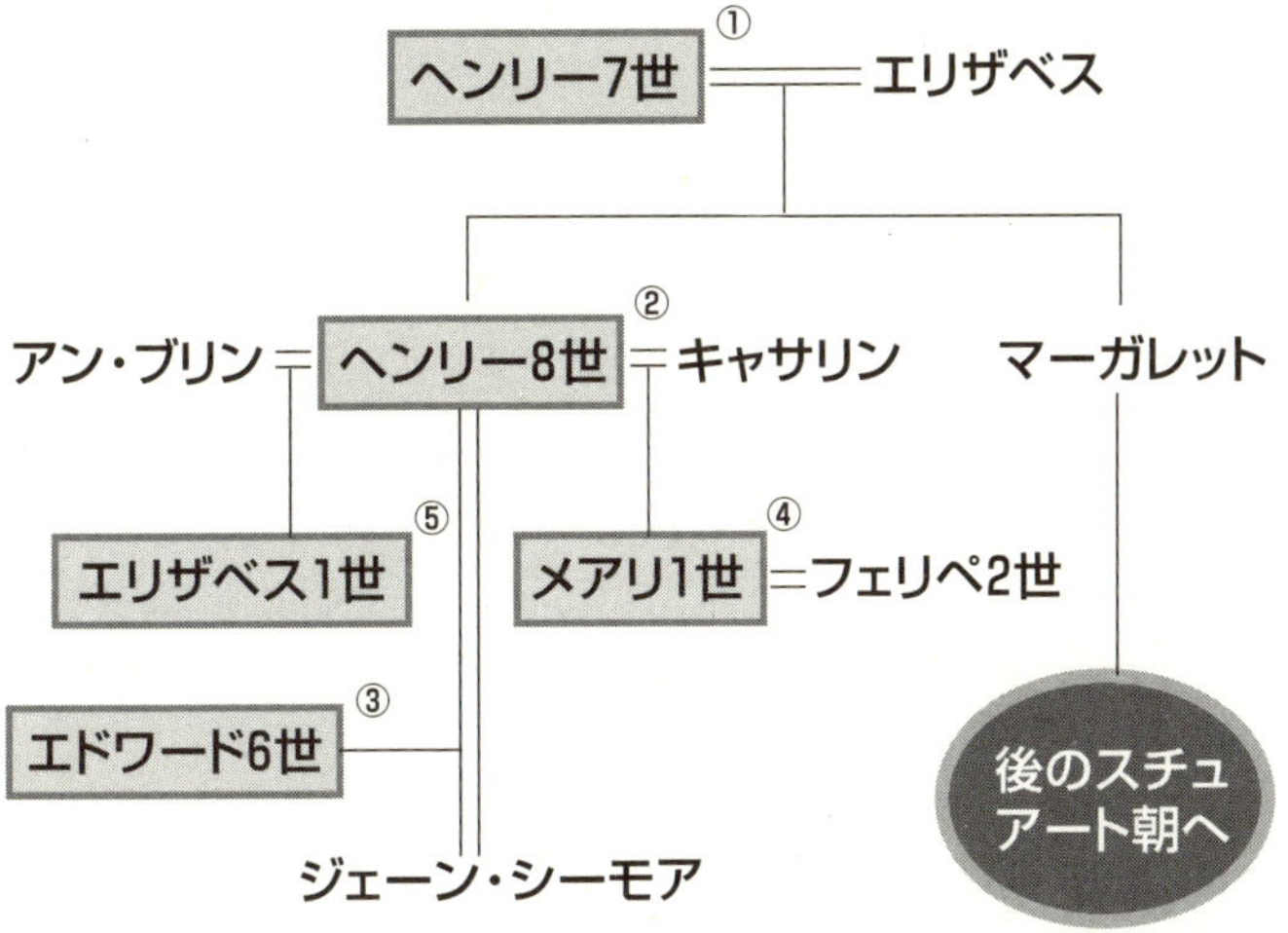

欲しがっていたヘンリー八世は失望し、若い侍女アン・ブリンにおぼれ、キャサリンと離婚し、アンと結婚したいと思いはじめる。

　だが、カトリックでは、神に誓って結婚した以上、離婚は許されない。そこで、王は離婚がだめなら結婚自体が無効だったことにしてもらおうと、ローマ教皇に使者を送った。しかし、この手前勝手な請願は却下されてしまう。怒った王は、イギリスのカンタベリー大司教に、強引に結婚無効を宣言させ、キャサリンとの離婚とアンとの結婚を成立させた。

　これに対して、ローマ教皇は、ヘンリー八世を破門。両者の対立は決定的になった。ついに一五三四年、「イギリス国王がイギリス国教会の唯一最高の首長である」とする「首長法」が議会を通過、イギリスはカトリック教会を離脱した。

ヘンリー八世は なぜ六回も結婚したのか？

ヘンリー八世はエリザベス一世の父親でもあるのだが、前項で紹介した女性を含め、生涯に六人もの女性と結婚・離婚をくり返した。

カスティリア王国のイサベル女王の娘、キャサリンとの結婚を無効にし、ローマ教会との縁を切ってまで、侍女のアン・ブリンと結婚するのだが、新妻アンもヘンリー八世の期待にこたえることができなかった。彼女は女児（エリザベス）を産んだことで王を失望させ、その三年後に、不義姦通の罪をでっちあげられて、処刑されてしまうのだ。

その処刑の一〇日後、王はジェーン・シーモアと結婚。彼女は待望の王子エドワードを産んだが、お産の直後に死んでしまった。続く第四妃は、魅力に乏しいという理由で半年後に離婚させられ、第五妃は一年足らずのうちに姦通罪で処刑された。

一五四三年、王は五二歳で六番目の妃を迎えるが、それが最後の結婚だった。四年後、ヘンリー八世は五七年の生涯を閉じる。

王位は、三番目の妻ジェーン・シーモアが生んだ息子エドワードが継いだが、彼は即位後六年で死亡。続いて、キャサリンの子メアリ、次にアン・ブリンの子エリザベス一世が継いだが、彼女には跡継ぎがなく、チューダー王朝は断絶した。

エリザベス一世は なぜ生涯独身をつらぬいたのか？

ヘンリー八世の娘女王エリザベス一世は、父と違ってイギリス史上屈指の名君といわれる。

エリザベスが即位する前のイギリスは、けっして大国ではなく、二流国の地位に甘んじていた。

そこにエリザベス一世が登場して、たくみな内外政策を打ち出し、大国としての基礎を築くのである。

彼女は「私は国家と結婚しているのです」というセリフで知られ、生涯独身を貫いたが、これも彼女ならではの外交戦略の一貫とみられる。

ふつうの女王なら、強国と同盟を結ぶため、政略結婚したはずだ。ところが、エリザベスがその常識的な道を選ばなかったのは、二流国のイギリスが政略結婚で強国と結んだところで、結局は夫の国のいいなりになってしまうことを承知していたからだ。

彼女のもとには、当時絶大な勢力を誇っていたスペイン、神聖ローマ帝国、フランスなどをはじめ、各国の王子・貴族からの求婚が殺到していたが、エリザベスはそれらを手玉にとりながら、返事をはぐらかし続けた。

おかげで、おおぜいの有力候補者たちは、イギリスとエリザベスに対して、やさしく振る舞わなければならなくなった。エリザベスは独身を貫くことで、結婚という〝外交カード〟を最大限に利用したのだ。

もうひとつ、彼女が結婚しなかった理由としてあげられる説がある。エリザベスには、寵臣ロバート・ダドリー卿とのロマンスの噂がささやかれていた。そんななか、結婚を望む二人がダドリーの妻の暗殺計画を立てている、という噂が宮廷内に広まった。そして噂どおり、ダドリーの妻は、階段から落ちて急死してしまったのだ。

それが他殺だったかどうかは謎のままだが、噂が流れていただけに、かえって二人は結婚しにくくなった。結婚すれば、暗殺説の真実味が増すからだ。

結局、二人は生涯むすばれることはなかった。それでも、エリザベスが知り合った男性のなかでは、このダドリー卿が彼女の一番の理解者だったとみられている。

スペインの無敵艦隊は本当に無敵だったのか？

一六世紀、世界中に植民地をもち、ヨーロッパでも絶大な勢力を誇っていたスペインは、「無敵艦隊」と呼ばれる大艦隊を擁していた。

無敵艦隊は、スペイン王フェリペ二世が編成した艦隊で、一五八八年、イギリス海軍とドーバー海峡で激突した。それが「アルマダの海戦」である。

戦争の背景には、エリザベス一世が英国海賊によるスペイン船襲撃を黙認していたこと、カトリックの盟主を自認していたフェリペ二世にとって、勝手にイギリス国教会を設けた英国が許しがたい存在だったこと、などがある。

リスボンからイギリス上陸をめざした「無敵艦隊」は、一三〇の艦船と三万の兵、砲二〇〇〇門という堂々たる編成だった。それに対し、イギリス艦隊はわずか八〇隻。戦力的には、スペインが圧倒的に優位に立っていた。

ところが、大方の予想に反して、〝無敵〟であるはずのスペイン艦隊は、イギリス海軍に敗れてしまう。勝敗を分けたのは機動力の差だった。

スペイン艦隊は一〇〇〇トン級の大型船で、射程の短い重砲を装備していた。スペイン軍は、敵船に接舷して、陸兵を斬り込ませる白兵戦を主戦法としていた。大量の陸兵を乗船させていたのもそのためで、そのぶん機動力はおろそかになった。

対するイギリス艦隊は、小型だが機動性にすぐれた船をそろえ、射程距離の長い軽砲を主力にした。艦隊を指揮したのは、海賊上がりのフランシス・ドレイクらである。

結果、戦いはスペインの大敗に終わった。イギリス側の戦死者が一〇〇人ほどだったのに対し、スペイン側は四〇〇〇人。スペインに帰り着いた船は、わずか五四隻にすぎなかった。

この敗戦で、スペインの国力・権威は一気にゆらぎ、衰退の道を歩みはじめる。

いっぽう、戦いに勝利したイギリスは、制海権を握り、海洋帝国への礎を築くことになった。

「太陽が沈まない国」スペインが没落した原因は？

一六世紀のスペインは、ヨーロッパ最強を誇る強国だった。その領土は、アメリカ大陸、フィリピン、ネーデルランド、ナポリ、シチリアにまで拡大し、一五八〇年には血統の絶えたポルトガルも併合した。

こうして、スペインは「太陽の沈まない国」――世界中に存在するスペイン領のどこかで必ず太陽が昇っている――といわれる世界帝国を築いた。

しかし、絶頂期にあったスペインは、ほどなくして衰退の道を歩みはじめる。その大きな要因となったのが、フェリペ二世の宗教政策だ。

カトリックの盟主を自負し、反宗教改革を推し進めていたフェリペ二世は、新大陸からもたらされた富の多くを宮殿や教会建築に費やした。そして、そのために生じた財力不足を、ネーデルランドへの重税で補おうとした。

当時のネーデルランドは、南部（ベルギー）の毛織物工業と、それを輸出する北部（オランダ）の経済活動で、富をたくわえていた。

フェリペ二世は、この地への課税を強化、さらにカルヴァン派の多いこの地にカトリックを強制したのである。

しかし、この政策は、ネーデルランドの不満をつのらせ、ネーデルランド独立戦争（一五六八～一六〇九）に発展した。激しい戦いの結果、一五八一年に北部七州が「ネーデルランド連邦共和国（オランダ）」として独立。その間、新教国のイギリスもオランダの独立を支援し、海賊にスペイン船を襲撃させるなどした。

さらに一五八八年には、前項で述べたように、フェリペ二世が誇った無敵艦隊は、エリザベス女王率いるイギリス海軍にあっけなく敗れてしまう。

この敗戦以降、「日の沈むことのない国」スペインは、落日を見ることになるのである。

小国オランダがあっという間に経済覇権を握ったのは？

オランダはスペインと戦い、一五八一年に「ネーデルランド連邦共和国」として独立、その後驚異的な経済成長を遂げて、黄金時代をむかえた。小国オランダが、一七世紀には世界経済の覇者へとのしあがったのである。

わずか七州で独立した小国がなぜ、という疑問はもっともだが、そこにはさまざまな理由があった。

まず、当時北ヨーロッパ経済の中心地だったネーデルランド南部の都市アントワープ（現ベルギー）が戦争で荒廃し、大商人が北部へ移ってきたこと。これによって、アムステルダムが空前の経済発展をとげることになる。

さらに、オランダは、ポルトガルとスペインが独占していたアジア進出にも乗りだす。

当時のアジア貿易は、フィリピンのマニラに拠点をおくスペインと、マレー半島のマラッカに拠点をおくポルトガルに独占されていたが、オランダはそこに割り込むことに成功した。背景には、一五八八年にスペインの無敵艦隊がイギリスに敗れ、スペインの圧力がやわらいでいたという事情がある。

オランダは、一五九七年から一六〇一年にかけて、船団一五、計六五隻をジャワ島に送り込んだ。目的は香辛料貿易だ。この時期、日本にも到着している。

一六〇二年には、オランダ企業どうしの争いを避けるために、それらを統合した「オランダ東インド会社」を設立。同社には、商業活動の権利だけでなく、条約の締結権や軍隊の交戦権といった特権が与えられ、資本力でも諸国を圧倒した。こうして、オランダは、香辛料の一大産地・モルッカ諸島をめぐって争っていたポルトガルの追い出しに成功する。

また、オランダと同じころ、イギリスもジャワ島とモルッカに進出していたが、一六二三年の「アンボイナ事件」で、現地のイギリス人商館員をすべて虐殺し、モルッカ諸島からイギリス勢力も一掃した。さらに、ポルトガルからマラッカ（一六四一）も奪いとり、香料貿易をほぼ完全に独占する。

　こうしてオランダは、新興国から大躍進して、世界経済の覇権をにぎることになったのだ。

オランダは日本との貿易でもうかっていたのか？

　日本語には、コップ、ビール、ポンプ、ガラス、ランドセルなど、オランダ語に由来する言葉が多くある。

　東京駅近くの八重洲という地名も、オランダ人ヤン・ヨーステンの名にちなんだものだし、「ポン酢」も、オランダ語の「ポンス」に由来する。

　これらの言葉は、対オランダ貿易を通じて、日本に入ってきたものである。

　日本とオランダとの交易は、一六〇〇年、オランダ船リーフデ号が日本に漂着したことをきっかけに始まり、いわゆる鎖国時代に続けられた。

　当時の日本には、すでにポルトガル、スペインが来航しており、遅れてイギリスもやってきたが、この中で、オランダだけが鎖国下の日本でも貿易を続けられたのは、スペイン、ポルトガルとちがって、キリスト教の伝道に執着しなかったからだ。

　では、この日蘭貿易で、オランダはもうかったのだろうか？

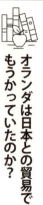

　初めのうちは、かなりもうかっていたといえる。
　一六三九年にポルトガル船の来航が禁じられてからは、オランダが独占的に中国産の生

糸・絹織物を日本に持ち込むようになり、一六四〇年のオランダ船による輸入総額は、それまでで最大の規模に達している。

いっぽう、その代価として日本から持ち出されたのは、ほとんどが金銀銅などの貴金属だった。

しかし、オランダが有利な条件で自由に貿易できた期間は、そう長くはなかった。日本の大幅な輸入超過によって、金銀が大量に海外に流出するようになると、一六八五年、幕府は貿易額を一定額までとする貿易統制を行うようになる。

それにより、オランダは金五万両までしか認められなくなり、長崎貿易はふるわなくなった。

だが、その一方で密貿易は盛んに行われた。幕府の管理は厳しかったが、オランダ人乗組員のなかには、密輸品を隠し持ち、こっそり日本国内で売る者がいた。密輸品は、琥珀、珊瑚、サフランなど。小さくて高価なものが主だった。

オランダ本国で日本との貿易を廃止しようとする声が何度か上がったにもかかわらず、日蘭貿易が二五〇年にもわたって続いたのは、ひとつにはこの密貿易のうまみがあったからなのだ。

カリブ海で海賊船が活躍していたのはいつ頃の話？

ジャマイカやハイチ（エスパニョーラ島）などの島々が浮かぶカリブ海は、昔は、海賊がのさばる危険な海として悪名高かった。その海賊たちが、ディズニーランドのアトラクションでおなじみの「カリブの海賊」たちである。

カリブ海で海賊が暴れまわったのは、一七世紀から一八世紀にかけてのことだ。その時代、海賊がのさばったのは、彼らに国家的な後ろだてがあったからだ。

今では、海賊を歓迎する国などどこにもないが、その時代は事情がちがった。

各国が植民地争奪戦を繰り広げていた当時、イギリスをはじめとするいくつかの国は、カリブ海のスペイン領攻略をねらって、海賊によるスペイン領やスペイン船襲撃を黙認していたのだ。場合によっては、「私掠特許状」という許可状を発行して、海賊行為を公認すらした。

このように、国家を後ろだてにしながらスペイン船を襲う海賊は、私的に略奪を行う「パイレーツ」とは別に、「バッカニア」と呼ばれた。

バッカニアの一大拠点になっていたのは、「ポート・ロイヤル」という町。ジャマイカの首都キングストンの南約五キロに位置するその町は、当時、カリブ海ルートの要衝だった。

もとはスペイン領だったが、一七世紀半ば、イギリスが攻略すると、賭博場、売春宿、安ホテルがたち並ぶ一大歓楽街となる。町には、海賊や人殺し、酔っ払いなどのアウトローがあふれたが、イギリスの役人は彼らを取り締まらなかった。彼らにスペイン領を襲わせて、その略奪品の一部をふところに入れていたからである。

ところが、一六九二年、巨大地震がこの町を襲い、大津波がおし寄せた。すると、町の大半は海水にのみこまれ、跡形もなくなってしまった。

まるで聖書に出てくる話のようだが、じっさいにあった出来事である。以来、海賊で栄えた街は海底に没したままになっている。

豪華なルーブル宮殿の建設費は、どうやって集められた？

フランスが世界に誇るパリのルーブル美術館は、もともとフランス王の王宮として建てられた建物。

造営者は、フランス・ルネサンス期を代表する国王フランソワ一世（在位一五一五～四七）だ。

彼は、派手好き、戦争好き、建築好きの王様で、好きなことには惜しみなく資金をつぎこんだ。たとえば、晩年のレオナルド・ダ・ヴィンチをフランスに招いたのも彼。イタリア人のダ・ヴィンチの『モナ・リザ』がフランスのルーブル美術館にあるのも、ダ・ヴィンチの死後、フランス王家に渡ったことがきっかけになっている。

また、この戦争好きの王は、繰り返しイタリア遠征を試みた。ところが、一五二五年、生涯のライバルであった神聖ローマ皇帝カール五世（＝スペイン王カルロス一世）に大敗し、捕虜としてマドリードに幽閉されてしまう。

そのとき、パリ市民が保釈金を集め、王は釈放されたのだが、人々はその見返りとして王にパリに住むように要求した。

なぜそんな要求をしたのかというと、じつはこの時代、歴代の王が都のパリにあまり滞在していなかったからだ。

王たちは地方の統治に忙しく、おもにロワール川流域に点在する城を居城にしていたのである。

だから、パリに住むことを求められても、パリには王にふさわしい住まいがなかった。

そこで王は、それまで武器庫や文書庫として使われていた要塞を、宮殿に改築することにした。

ただ、問題だったのは、長年の戦争で国庫が底をついていたことである。

フランソワ一世は何かいいアイデアはないかと思案をめぐらせ、市民にも歓迎されるやり方で資金を集める方法をあみだした……。

その方法は、「LOTERIE（ロトリー）」、略して「LOTO（ロト）」。数字あての宝くじである。

世界初の試みとなったこの国営の宝くじは、「少ない金額で大金持ちになれる」とパリ市民に大いにうけ、王は宮廷建設費を捻出することができた。

このロトくじは、今でもフランスで人気があり、街のあちこちに「LOTO」の看板がある。立派なルーブル宮殿に今日おめにかかれるのは、このくじのおかげなのである。

ヨーロッパ人はなぜカツラをつけていたのか？

昔のヨーロッパ人の肖像画を見ると、ふさふさした巻き毛をたれ下げたルイ一四世。長い巻き毛をリボンで後ろに結んだルイ一五世。白髪をくるくるにカールさせているバッハやヘンデルなど、特徴のあるカツラをつけているものが多い。

じっさい、ヨーロッパには、紳士の身だしなみにかつらが欠かせないという時代があった。

かつらがヨーロッパで〝市民権〟を得たの

は、一六世紀以降のこと。とくにフランスでは、ブルボン王朝下でカツラ文化が花開いた。

流行のはじまりは一六二〇年代。ルイ一三世がカツラをつけはじめたことがきっかけになったようだ。

次のルイ一四世は無類のカツラ愛好家で、さまざまなデザインのカツラを時と場合に応じてかぶり分けていた。

ルイ一五世のロココ時代になると、カツラ文化は頂点に達する。

当時の流行は、前頭部をくるくる巻きにし、後ろ髪を優雅にリボンで結ぶスタイル。また、宮廷音楽家がサロンに出入りするときにも、カツラは必需品だった。男性のカツラは、エレガンスの象徴だったのである。

そうしたカツラ文化は、一九世紀に急速にすたれていくが、現在までその名残りをとどめている場面もある。

イギリスの上下議院の議長や、高級裁判所の裁判官などは、ふさふさした巻き毛のカツラを権威のしるしとして、議場や法廷で今もかぶり続けている。

英語が世界の〝共通語〟になったきっかけは？

世界にはたくさんの言語があるが、現在、事実上の世界共通語になっているのは英語である。

歴史をふり返ると、こうした英語の〝独走状態〟を生んだ原因は、一八世紀半ばの「七年戦争」（一七五六〜六三）に求められる。

七年戦争とは、プロイセンのフリードリヒ大王と、オーストリアのマリア・テレジアが中心になって戦った戦争で、プロイセンにはイギリスが、オーストリアにはフランスとロシアが味方した。最終的に勝ったのは、プロイセン側である。

この戦争は、英仏による植民地争奪戦と並行して戦われていた。北米での「フレンチ・インディアン戦争」やインドでの「カルナータカ戦争」がそれだ。

戦いの結果、負けたフランスは、ケベックをイギリスに割譲し、北米から撤退。インドからも事実上撤退した。

各地の植民地を失ったフランスでは国家財政が傾き、やがてフランス革命に至ることになる。

いっぽう、勝ったイギリスは、世界に広大な植民地帝国をもつことになった。そして、そこで得た莫大な利益をもとに、産業革命を推進していったのである。


産業革命前、人口わずか七〇〇万だったイギリスは、こうして世界に君臨する大国にのし上がった。

一九世紀末から二〇世紀初めにかけての最盛期には、世界の地上面積の五分の二と、四億から五億の人口を支配するまでにいたる。それが、のちのちまで影響をおよぼしていて、現在のような英語のひとり勝ち状態をつくったのだ。

6 アジアII

サルタンの夜のお相手はどうやって決まった？

イスラム世界屈指の大帝国を築いたオスマン帝国（一二九九〜一九二二）では、最盛期には一〇〇〇人を超える女性たちがハーレムに囲われていた。

彼女たちは、宦官によって監督されながら、礼儀作法、料理、アラビア文字の読み書きや文学にいたるまで、さまざまな教養を身につけ、宮殿のハーレムに移される。

といっても、サルタンはたった一人だから、夜の相手に選ばれるチャンスはほとんどめぐってこない。

サルタンのお相手に選ばれるには、まずサルタンの前に母后のおめがねにかなわなければならなかった。母后は、ハーレムの女主人として高い尊敬を払われる存在で、彼女に気に入られた者だけが、サルタンに選ばれる資格をもつ。資格をえた女性はサルタンの前にズラリ並べられ、幸運なものだけがサルタンの「お手つき」となった。

以来、その女性は、イクバル（幸運な者）、あるいはギョズデ（お目をかけられた者）と呼ばれ、豪華な個室を与えられて、サルタンの夜のお相手をつとめた。

いっぽう、幸運に恵まれなかった侍女たちは、サルタンから重臣に下賜されることもあったが、基本的にはハーレムの片隅でさびしく一生を終えることになった。

なぜ、仏教は本場インドで衰退したのか？

仏教は、いうまでもなく、前六世紀にブッダがインドで創始した宗教。ところが現在、インドの仏教徒の数は約七〇〇万人で、人口の1パーセントにも満たない。

いったいなぜ、本家本元のインドで仏教は衰退してしまったのだろうか？

仏教の衰退は、じつは八世紀前後から、誰の目にもはっきりしていた。そのころすでに、仏教は各地の王朝の保護を失い、ヒンズー教の波にのみこまれようとしていた。

その理由はいくつか考えられるが、仏教が世俗感覚から離れていったことが大きく影響したといえる。

仏教は、本質的に、個人の悟りや倫理的な生き方を追求する教えである。だから、宗教は宗教でも、死者儀礼や祖先崇拝儀礼や結婚式などの俗事には、いっさいタッチしなかった。日本では葬式と仏教が密接に結びついているが、それは本来のインド仏教の姿ではな

■仏教の伝播

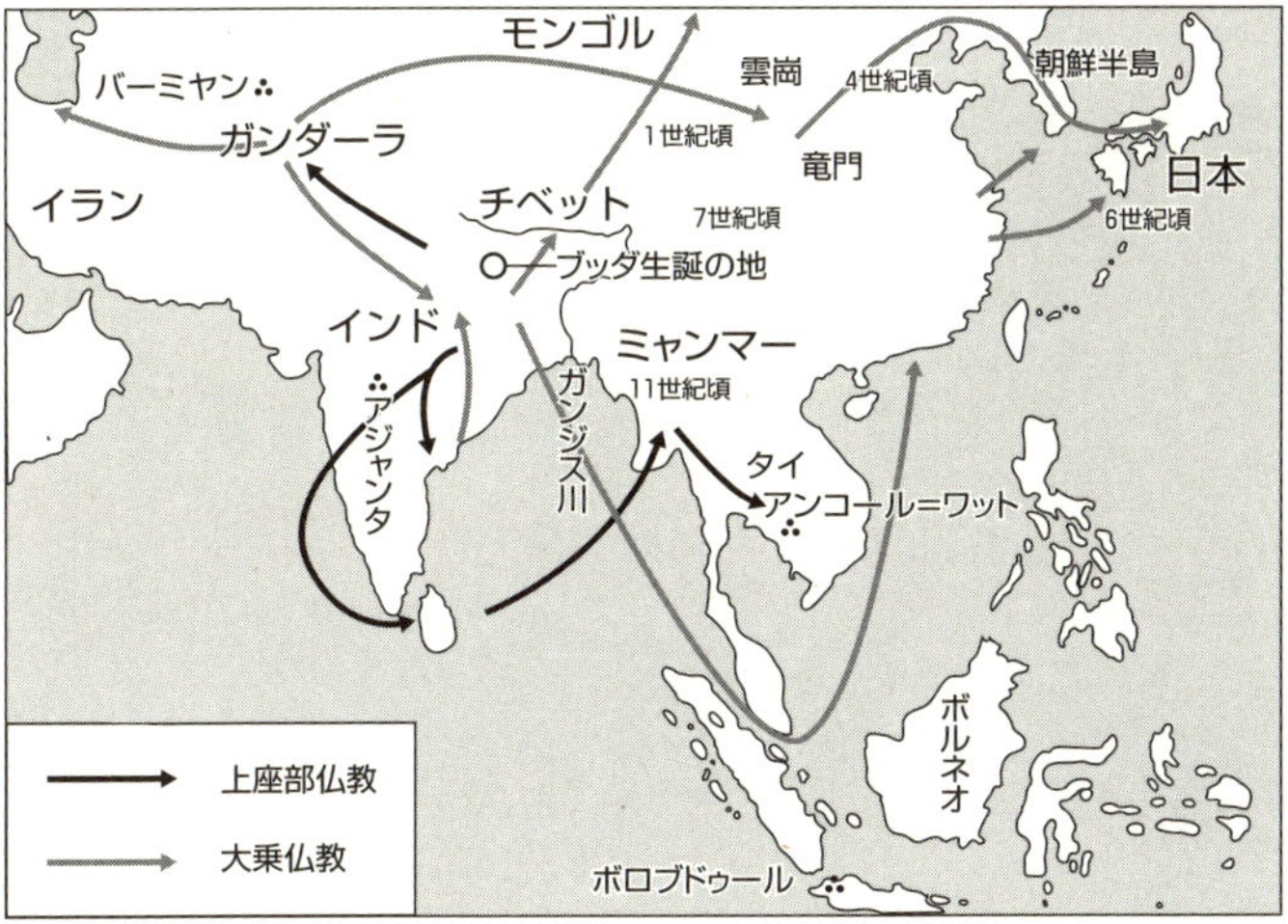

く、日本流の仏教の姿だ。

いっぽう、インドの民族宗教であるヒンズー教は、大昔からの土着信仰や習俗をとりこんで成立した宗教で、祀りごとをとくに重視する。インドの仏教は、結局そのヒンズー教にのみこまれてしまう。

素朴な民間信仰をすくいあげられなかったことや、教団の組織化や社会化をおこたったツケがまわったといえる。

さらに、一〇世紀末頃からインドにイスラム勢力が侵入してきたことが、仏教の衰退を決定的にした。彼らは、偶像である仏像や、それを祀る寺院を徹底的に破壊した。

一二〇三年、教団の拠点だった寺院が破壊されると、僧侶たちがいっせいに国外に避難。こうして、インドの仏教は、歴史の表舞台からほぼ姿を消した。

アンコール・ワットをつくったのはどんな人たち？

カンボジアのアンコール・ワットは、一二世紀はじめ、アンコール朝のスールヤヴァルマン二世（在位一一一三頃～五〇頃）の治世に築かれた石造寺院だ。

アンコール朝は、クメール人の王国で、最盛期には東南アジア全土を制するほどの規模だった。

しかし、それだけ大きな国だったにもかかわらず、それを築いたクメール人がどのような人々だったのかは、よくわかっていない。彼らが史書を残さなかったからだ。

現地に残る神話や伝承によると、クメール人はアーリア・デッカという謎の王国から移住してきた民族だという。アーリア・デッカは、ヒマラヤ周辺に存在したと伝えられているものの、他の国の史書にはまったく登場しない正体不明の国だ。

クメール人は、その王国を離れたあと、一世紀末頃、ほぼ現在のカンボジアの位置に「扶南」を、六世紀に「真臘」を建てた。これらの存在は中国の歴史書で確認できる。

その後、九世紀にアンコール朝が始まるわけだが、この王朝を開いたジャヤヴァルマン二世という人物の出自も、まったくわかっていない。どうやら国外からアンコールの地に入った人物らしいが、どこで生まれ、どのようにして権力を奪取したかも不明だ。

アンコール朝は、その後五〇〇年の歴史をへて、一四三一年、タイのアユタヤ朝の侵攻により滅亡した。ひとっこ一人いなくなった王都は荒れ果て、寺院は密林に埋もれていった。それが一八六〇年、フランス人の学者によって発見され、ふたたび脚光を浴びるようになったのである。

モンゴル軍の強さの秘密はどこにある？

チンギス・ハンは、一三世紀にモンゴル帝国を建国し、やがて世界地図をぬりかえた英雄。じつは、彼の大征服事業のかげには、トルキスタン地方のウイグル人やイスラム商人たちの活躍があった。

彼らは、モンゴル帝国が出現する前から、シルクロードを通って東西を行き来しており、中国やモンゴルとの交易で利益をあげていた。ただし、彼らには悩ましい問題があった。東西交易路の治安の悪さである。

モンゴルが台頭するまえの一二世紀のアジアには、金、西夏、ウイグル、ホラズム王国、アッバース朝、アイユーブ朝などの国々が並びたっていた。その紛争もあって、東西の交易路地帯の治安は悪く、しかも各国を通るたびに通行税をとられた。

そんなわけで、シルクロード商人たちは、この地域をひとつにまとめあげてくれる大国の出現を歓迎したのだ。

いっぽう、チンギス・ハンにとっても、彼らの存在はなくてはならないものだった。彼らは遊牧民に生活物資を運んでくるだけでなく、関税によって利益をもたらす存在でもある。そのうえ彼らは、各地の情勢の貴重な情報源でもあった。

彼ら商人は、ユーラシア大陸をまたにかけて活動していたので、各地域の政治・経済情勢、文化や習俗、有力者の人柄、人間関係などを知りつくしていた。その情報をチンギス・ハンはいちはやく仕入れて、攻め込むチャンスをうかがうことができたのだ。

とくに、モンゴル軍が、西トルキスタン・イランを支配するホラズム朝へ大遠征したときには、交易商人たちが経済・情報面で全面的にバックアップした。モンゴル軍の連戦連勝は、シルクロード商人たちの情報網に支えられ、もたらされたものだった。

なぜモンゴル軍はヨーロッパを征服しなかったのか？

モンゴル帝国の創始者チンギス・ハンは一二二七年に息を引きとるが、その後も、モンゴルの嵐は世界中で吹き荒れた。その猛威はアジアにとどまらず、ヨーロッパにもおよぶようになる。

一二三六年、チンギス・ハンの孫バトゥは、第2代皇帝オゴタイにヨーロッパ遠征をまかされ、数万の兵とともに草原の道を西へ向かった。

遠征軍の向かうところ、敵はなく、ヴォルガ河畔からロシアに侵入したバトゥは、キエフ公国を壊滅させ、ロシアの主要都市を次々と攻略。当時のロシア全域を征服した。

一二四一年には、ワールシュタットの戦いで、ポーランド・ドイツの諸侯連合軍を破り、その二日後にはハンガリーに侵攻して、全土を支配・破壊した。

はっきりいって、モンゴル軍にとってヨーロッパの軍は敵ではなかった。軍事力や戦術が格段にちがっていたのである。

モンゴル軍は、厳格な指揮系統をそなえた「千戸隊」を組織して、集団で攻め込んだ。対

■モンゴル帝国の領域

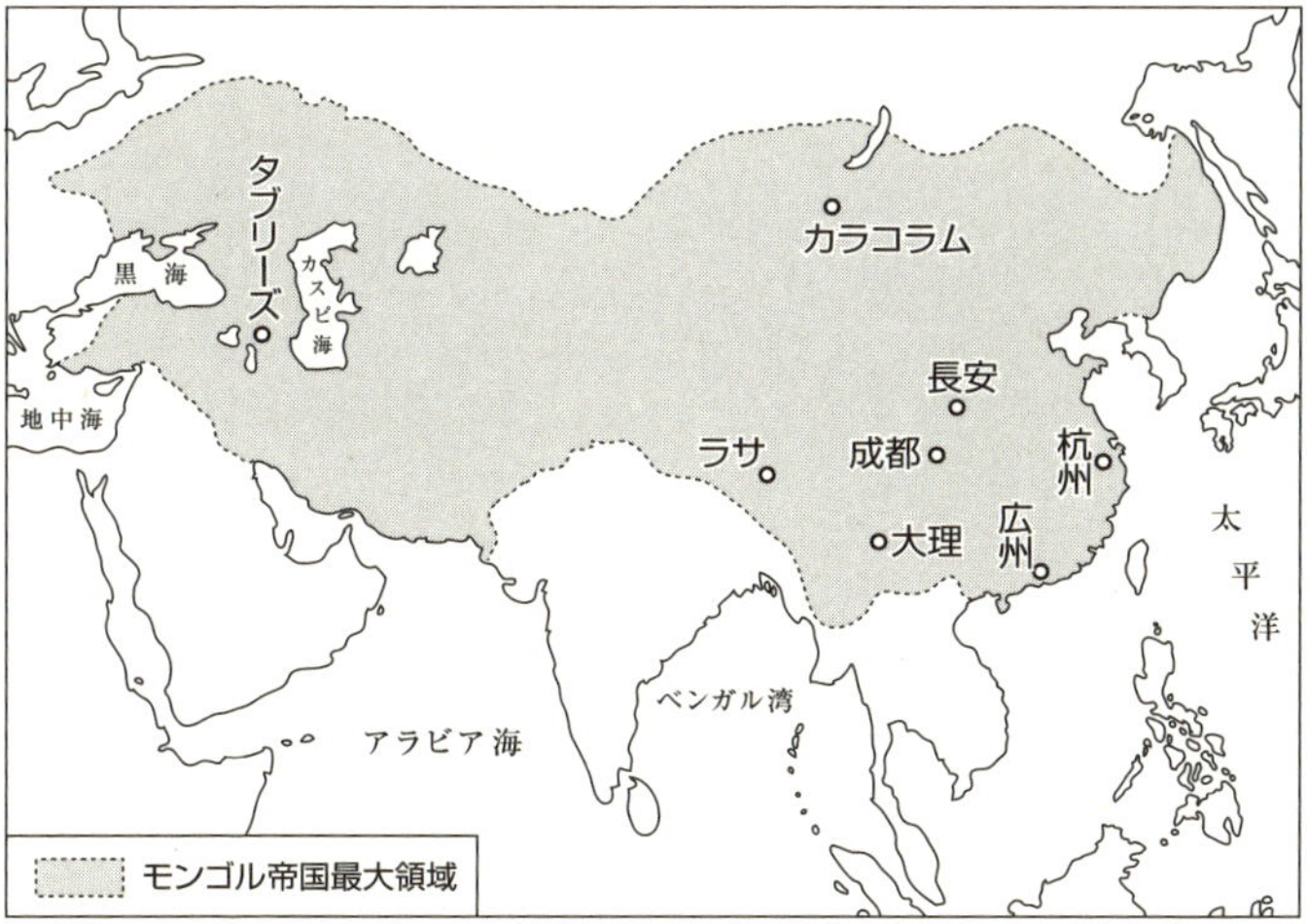

するヨーロッパ軍は、名誉を重んじる騎士の集まりだから、集団戦をしない。そのうえ、三〇キロもの重い甲冑を身につけ、「我こそはどこそこの領主である」などという前口上を述べてから、ようやく戦いに入った。

そんなことで、機動力と組織力を身上とするモンゴル軍に勝てるわけがない。だから、モンゴルの侵攻がそのまま続いていたら、ヨーロッパもモンゴル帝国の一部になっていた可能性が高い。だが、歴史はそうならなかった。

一二四二年、モンゴル本国から「オゴタイ・ハンが死んだ」という連絡が入り、バトゥは次のハンを決める「クリルタイ」（族長会議）に参加するために、引き返さなければならなくなった。歴史には何があるかわからない、とはこのことである。おかげで、ヨーロッパは間一髪のところで救われたのだった。

明の艦隊がアフリカまで進出したのはなぜか？

ヨーロッパの大航海時代には、コロンブスをはじめ、偉大な航海者がいたことが知られるが、アジアにも、彼らにけっしてひけをとらない航海者がいた。明の鄭和（一三七一～一四三四）である。

鄭和は、雲南省のイスラム教徒の家に生まれ、宦官として明の永楽帝に仕えていた。

永楽帝は外交政策を積極的に行った皇帝で、自らモンゴル遠征を行ったほか、南海の国々（東南アジア）にも使節を派遣して、情勢を探らせていた。そして、その報告をもとに、鄭和に大規模な南海遠征を行わせたのだ。

永楽帝の目的は、遠征地の征服ではなく、明の力を世界に示し、朝貢を求めることだった。

中国では「中華思想」にもとづき、周辺国の君主を臣下（王）として認めたうえで、貢ぎ物を持って来させ、それに返礼をするという「朝貢」を行ってきた。朝貢は政治的な儀礼であると同時に、重要な貿易活動でもある。

一四〇五年、鄭和の指揮する大船団が、総勢二万八〇〇〇人もの人員を乗せて、上海近くの港を出発した。鄭和が指揮官に選ばれたのは、永楽帝の信頼を得ていたことはもちろん、彼がイスラム教徒だったためでもある。

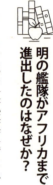

南海の国々にはイスラム教徒が多く、彼らと交渉するには、鄭和は有利な人材だったのだ。

鄭和は、その期待にこたえて、一四〇五～三一年のあいだに、七回もの大航海を成功させた。一回目の航海では、チャンパー（ベトナム）、スマトラ、マラッカ、セイロンという航路をたどって、一四〇七年の初めにインドのカリカットに到着した。

二回目以降は、さらに足をのばして、ペルシア湾岸やアラビア半島はもちろん、最も遠い地点ではアフリカ東海岸（現ケニア）にまで到達している。

遠征の結果、明には三〇以上の国が朝貢することになった。

少数民族の清が広大な中国を支配できたのは？

満州の女真族が建てた清王朝は、少数民族による一種の〝征服王朝〟である。一七世紀初頭に成立した同王朝は、二〇世紀初頭のラストエンペラーの時代まで、三世紀にわたって中国を支配した。

なぜ少数民族が、それほど長いあいだ、数の上で圧倒的に多数を占める漢民族を支配できたのだろうか？

これは、「アメとムチ」の巧みな政策によるところが大きい。まず、「アメ」の政策として、清では「満漢同数官制」といって、政府の省庁に、満州人と同じ数のポストを漢民族用に用意した。これは、政府の要職をモンゴル人が独占した元朝とはあきらかにちがう手法だ。

また、官吏登用法に科挙を採用して、漢人でも高い地位に出世できるようにし、漢人の学者を動員して、大がかりな文献編纂事業を行わせた。こうして、清が中国文化の保護者であることをアピールしたのである。

しかし、漢人におもねるだけでは、征服者

としての威厳を保つことはできない。清は「ムチ」の政策として、風俗を厳しく取り締まり、思想を弾圧することをおこたらなかった。

インドを支配した ムガール帝国って、どんな国？

一六世紀のはじめ、インドに成立したムガール帝国（一五二六～一八五八）は、じつはモンゴルとゆかりのある国である。「ムガール」という国名も「モンゴル」がなまったものだ。

モンゴルとムガールにどんな関係があるのかというと、ムガール帝国を建国したバーブル（位一五二六～三〇）が、モンゴルの血を引いていたのだ。

バーブルは、ティムール帝国（一三七〇～一五〇七）の始祖・ティムールの直系の子孫だった。

ティムールの一族はモンゴル貴族の出身で、その祖先はチンギス・ハンだというから、バーブルもチンギス・ハンの末裔だったことになる。彼はこの点を強調し、「自分の国はモンゴル帝国の正統な後継者だ」と主張した。

ところで、このムガール帝国の文化でとりわけ有名なものといえば、世界遺産にも登録されている「タージ・マハル廟」だろう。タージ・マハル廟は、ムガール帝国の五代皇帝シャー・ジャハーンが妃の死を悼んで建てた墓で、白い大理石の外観と、大きなドームやミナレット（尖塔）に特徴がある。

この建築に代表される文化を「インド・イスラム文化」という。

本来、イスラム文化とインド土着のヒンズー文化は異質なものだが、イスラム国家であるムガール帝国がインドを支配するようになると、さまざまな面で融合するようになった。とくに、三代皇帝アクバルは、インドの民の多数を占めるヒンズー教徒との融和をはかるために、さまざまな努力をした。

ジズヤ（人頭税）の廃止はその一例だ。ジズヤは、イスラム教の支配下にある非イスラム教徒に課される税金で、初期イスラムの時代からある税制だった。だから、これを廃止するということは、伝統からははずれることを意味する。

だが、アクバルはあえてそれを実行した。彼は、最終的にイスラムでもヒンズーでもない新しい宗教をつくって、インドを統合しようとしていたとみられる。

結局それは夢に終わったが、壮麗なインド・イスラム建築や、ペルシアの細密画の手法を用いたムガール絵画が流行したのは、その努力の美しい成果といえる。

香港がイギリス領になっていた理由は？

香港がイギリスから中国に返還されたのは一九九七年のこと。それ以前はというと、一世紀半以上ものあいだ、イギリス領になっていた。

香港がイギリスの手にわたったのは、中国が戦争で負けたからだ。

一八世紀後半、イギリスは、ポルトガル、オランダなどを圧倒して、中国貿易を独占していた。

だが、清朝では朝貢貿易以外の貿易を認めておらず、貿易窓口も広州一港のみ。「公行」と呼ばれる指定の商人組合と交易できるだけだった。清朝には、「目下の国に恩恵を与えてやろう」ぐらいの意識しかなかったのである。

しかも、中国には貿易で必要とするものはとくになかったから、もっぱらイギリスが茶を輸入し、代価として銀を支払う格好になった。だが、これではイギリスが一方的に貿易赤字（入超）をかかえこむことになる。

そこで、イギリス商人たちは、中国で売れる商品はないかと知恵をしぼり、インド産のアヘンを中国に密輸入することにした。

この秘策はズバリ的中。中国社会にアヘンが蔓延し、やがて、アヘンの輸入額が茶の輸出額を上回り、清朝の国庫にたまりつづけていた銀が流出しはじめた。

これに危機を感じた清朝は、一八三九年、アヘン二万箱を没収して焼却したうえ、アヘン貿易をやめなければ他の貿易も停止するという強攻策にふみきった。

すると、イギリスは遠征軍を派遣して、「アヘン戦争」（一八四〇～四二）を引き起こした。だれがどう考えてもイギリスに非があるこの戦争では、イギリス国内からも反対の声があがったが、非があろうとなんだろうと、勝者が敗者を従わせることができることに変わりはない。

イギリスの圧勝に終わったこの戦争は、一八四二年の「南京条約」で終結し、香港島の割譲、広州をはじめとする五港の開港、公行の廃止、賠償金の支払いなどが取り決められたのだった。

7 近現代

後進国のプロイセンが、ヨーロッパの強国になれたのはなぜ？

プロイセンが、神聖ローマ皇帝から王号を授かって、王国として歩みはじめたのは、一七〇一年のこと。どのヨーロッパ列強に比べても歴史は浅く、三流国以外のなにものでもなかった。

ところが、プロイセンは、「兵隊王」とあだ名されたフリードリヒ・ヴィルヘルム一世（一六八八～一七四〇）の時代に、強大な常備軍を作って絶対王政を確立。その息子フリードリヒ二世（大王、一七一二～八六）のもとで大きく飛躍する。

プロイセンをヨーロッパ列強と肩を並べるまでに押し上げたのは、「オーストリア継承戦争」（一七四〇～四八）に勝利したことである。

フリードリヒ大王がプロイセン王に即位し

た一七四〇年、神聖ローマ皇帝カール六世が没して、オーストリア・ハプスブルク家の男子後継者がとだえた。そのため、女性であるマリア・テレジアが、同家の男系長子相続の慣習を破って、家督を継いだ。

これにもっとも強く反対したのが、フリードリヒ大王。同年、彼は当時オーストリア領だったシュレジエン地方の相続権を主張して占領した。

以後、各国入り乱れて、ハプスブルク領を奪い合った戦争をオーストリア継承戦争という。この戦争の結果、プロイセンは、オーストリアでもっとも資源豊かなシュレジエン地方の獲得に成功し、国力を飛躍的にのばした。

フリードリヒ大王は、その後、マリア・テレジア率いるオーストリア、フランス、ロシアといった強国と「七年戦争」（一七五六〜六三）で対決するが、苦しい戦況を強力な軍事組織で耐え抜き、シュレジエンの領有を確定させた。

こうして、プロイセンはヨーロッパにおいて列強の一角を占めるようになったのである。

産業革命は、なぜイギリスではじまったのか？

産業革命が一八世紀後半のイギリスではじまったのは、偶然ではない。まず、イギリスは一七世紀以来、オランダ、フランスとの植民地争奪戦に次々と勝ち、世界各地に広大な植民地を築いていた。これらの植民地は、イギリスに莫大な利益をもたらし、それが産業革命の資金源になったのだ。

産業革命の原動力になったものとして、もうひとつあげられるのが、インド産の綿布だ。

■産業革命の流れ

背景
①広大な海外市場
②マニュファクチュアの普及
③農民が都市へ流入し、工業労働者に

⬅

綿工業の発達

⬅

蒸気機関の改良

⬅

交通・運輸の発達

⬅

イギリスで、資本主義体制が確立「世界の工場」へ

「キャラコ」と呼ばれたインド産の綿織物は、17世紀後半に、イギリス東インド会社によってイギリスに持ち込まれると、たちまち大ブームを呼ぶ。やわらかく、吸湿性に富み、何度でも洗濯できるところが、その人気の秘密だった。

いっぽう、品質がよく値段も安いキャラコの登場で、イギリスの伝統産業である毛織物はさっぱり売れなくなった。そこで、イギリス議会は、一七〇〇年にインド産綿布の国内輸入を禁止。以降、キャラコはもっぱら輸出用となり、西アフリカで大量に売られて、黒人奴隷と交換された。また、その人気はヨーロッパ市場にも広がり、各国で需要が高まった。

そうなると、イギリスの業者は、国内で綿布を製造できないものかと考えるようになる。

しかし、インドの労賃はイギリスの三分の一以下。しかも、長い伝統をもつインドのキャラコは品質面でもすぐれている……。

そんな不利な条件を克服すべく登場したのが、綿花を紡いで糸にする紡績機や、糸から織物を作る力織機などの発明品だ。

さいわい、イギリスには、新しく機械を導入できるだけの資金力があった。こうして、イギリスは、綿糸と綿布の大量生産体制を築き、品質でも価格でもインド製品を圧倒するようになった。

これが、のちに世界に伝播する産業革命の幕開けである。

どうしてアメリカは大英帝国に刃向かった？

アメリカ合衆国の歴史は、もともとネイティブ・アメリカンが住んでいた土地に、一六〇〇年代、イギリス人が移住、次々と植民地を建設したことに始まる。

一八世紀前半には、一三の植民地が成立して人口は百万を越えたが、あくまで本国イギリスが主人で、植民地はその従者。一八世紀半ばになると、イギリス政府はその立場を利用して、植民地への課税を強化するようになった。

とうぜん、植民地側はその政策に不満をもつ。植民地に移ってきた人々は、もともと独立心旺盛であり、早くから植民地会議の設置や、大学の建設、新聞の発行などに熱心だった。本国の都合で決まってしまった課税にも、たちまち反対の声があがった。

とくに、一七六五年に「印紙法」が出たときには、「代表なくして課税なし」（本国議会に代表を出していないから、課税もされない）をスローガンに、大規模な反対運動が起きた。しかし、本国はその声に耳を貸そうともしなかった。

　こうして、本国と植民地側との緊張は年々高まり、一七七三年の「茶法」でピークに達する。茶法は、過剰な紅茶の買い付けで経営危機に陥った東インド会社を救うために、同社の茶を無税で植民地に販売できるという法律だった。

　むろん、植民地の商人にとって、安価な茶を独占的に売る業者の登場がうれしいわけがない。同年一二月、ボストンに住む急進派が、紅茶を満載して入港した東インド会社の商船三隻を襲撃。三四二箱の紅茶を海に投げ捨てた。これが、有名な「ボストン茶会事件」である。

　この事件をきっかけに、本国はボストン港を閉鎖、植民地の自治を制限するなどの実力行使に出た。こうして、両陣営の対立は激化、「独立戦争」につながっていくのだ。

　ちなみに、現在でも、イギリス人に紅茶党が多く、アメリカ人にコーヒー党が多い遠因には、この植民地時代の紅茶ボイコット事件がある。

少数のワシントン軍はなぜイギリスの大軍に勝てた？

　植民地一三州が立ち上がった独立戦争だったが、その時点で、植民地は正規の軍隊をもっていなかった。それでも、独立を目指す彼らの士気は旺盛だった。やがて彼らは、「ミニットマン」と呼ばれるようになる。ふだんは、おのおの仕事をもっているが、いざというとき〝1分間〟（ワン・ミニット）で兵士に早変わりしたことから、こう呼ばれたのだ。

一七七五年四月、このミニットマンとイギリス軍が、ついに武力衝突にいたった。翌月、フィラデルフィアでの大陸会議で、大陸軍が組織されることになり、ジョージ・ワシントンが最高司令官に任命された。

そのとき、組織されたワシントン軍は一万二〇〇〇人。対するイギリス軍は三万人である。

数でも圧倒的な差をつけられているうえ、ワシントン軍は、自前の銃を持って集まった農民や商人たちの集団。対するイギリス軍は、世界最強を誇る正規軍である。戦いは、イギリスが勝って当たり前のはずだった。

じっさい、ワシントンは一七七六年、ニューヨークで大敗。翌一七七七年九月には、フィラデルフィアの奪還に失敗。その後、野営地での生活が六ヶ月間続くが、厳冬のなかでのテント生活は惨憺たるもので、六ヶ月間でなんと三〇〇〇人もの兵士を失ってしまった。

しかし、この試練を耐えた兵士たちの士気は弱まるどころか、むしろ高まった。彼らの独立への思いは本物だったし、敗戦から学ぶ力をもっていた。

しかも、彼らの勇戦ぶりを見たフランスが七八年に、スペインが七九年に、オランダが八〇年にアメリカ側と同盟し、義勇兵も数多くかけつけるようになったのだ。

いっぽう、イギリス軍は正規軍とはいえ、実態はドイツから雇い入れた傭兵がその多くを占めていた。士気はさほど高くはなかったのだ。

士気を高く保ち続けたワシントン軍は、一

七八一年、フランス軍と共同して、ヨークタウンのイギリス軍を包囲・降伏させた。

　こうして、植民地側の勝利は不動のものとなり、一七八三年に結ばれたパリ条約で、独立を達成したのだった。

オーストラリア大陸がイギリスの流刑植民地になったのは？

　一七七〇年四月、現在オーストラリアとして知られる南半球の大陸に、イギリス人の探検家ジェームズ・クックが上陸した。

　そこは、現在のシドニー郊外の湾で、さまざまな見なれない植物を採取できたことから、ボタニー（Botany 植物）湾と名づけられた。

　その一五年後の一七八五年。今度はその新大陸に向けて、フランスの調査隊が動き出す。七二年にクックの報告書がフランス語で出版されると、ルイ一六世が太平洋に大いに関心をもつようになり、本格的な探索を計画したのだ。

　しかし、このフランスの動きをイギリスは警戒。同年、イギリス政府はクックが上陸したニュー・サウス・ウェールズ（現在シドニーを州都とする）の領有宣言を公表し、一七八八年、一一隻の船団をポーツマス港から送り出した。

　一行がボタニー湾に上陸したのは、一七八九年一月二六日のこと。この日は、今日でも「オーストラリア・デー」として祝日になっている。

　そのとき、イギリス船団は、オーストラリア大陸を流刑地にするつもりでやってきていた。アメリカが独立してしまったので、代わりの流刑地が必要になったのだ。

初期移民団の中には、七〇〇人あまりの流刑囚が、刑期が終われば自由人になれるという条件で連れてこられていた。その後、約八〇年間に約一六万人の流刑囚がオーストラリア大陸に渡った。

どうして フランスの人々は革命を起こす気になった？

独立戦争でアメリカが独立を勝ちとったころ、その独立を支援したフランスのブルボン朝は、いつ革命が起きてもおかしくない危機的な状態にあった。

まず、アメリカの独立戦争に二〇億ルーブルという莫大な援助をした結果、国庫が火の車状態に陥った。フランスの財政は、ヴェルサイユ宮殿を建設したルイ一四世の時代からすでに傾き始めていたが、それにオーストリア継承戦争（一七四〇〜四八）、七年戦争（一七五六〜六三）、アメリカ独立戦争（一七七八〜八三）と続いた戦争の出費が重くのしかかったのだ。

また、旧体制（アンシャン・レジーム）に対する市民の不満もつのっていた。そんなときに、アメリカの独立戦争で「自由・平等」が宣言されたとなると、フランス国民もだまっていられなくなる。国民の不満は、一七八八年の凶作でパンが値上がりしたときにピークに達した。

翌一七八九年、税収アップをねらうルイ一六世は、特権身分者にも課税しようと、長く開かれていなかった「三部会」（三つの身分の代表者で構成される）の召集を決めた。

しかし、特権身分者たちが自分たちに有利な議決方法を要求したことから、第三身分は単独で「国民議会」を結成。この動きを政府が武力弾圧しようとしたため、市民の怒りはさらにヒートアップして、バスチーユ監獄の襲撃（七月一四日）におよんだ。

　その後も、市民の熱狂はおさまらず、一〇月には主婦ら数千人が、王が避難していたヴェルサイユに行進し、王をパリに連れ戻した。王妃マリー・アントワネットが「パンがないのなら、ケーキを食べればよいのに」と語ったとされるのは、このときのことだ。

　一七九一年には、国王一家が国外逃亡をはかるが失敗。

　こうして、国民をすっかり失望させた王と王妃は、ギロチンにかけられた。革命が当初、立憲王政の方向に進んでいたにもかかわらず、その方向に進まず、激化したのは、王と王妃の不誠実な対応が、民衆を憤激させたからだったのだ。

ルイ一六世が国外逃亡に失敗した原因は？

フランス革命期、革命の先行きに不安をもった国王一家は国外逃亡をはかるも、国境近くで捕まってしまう。

　それが「ヴァレンヌ逃亡事件」（一七九一）だ。

　この逃亡が失敗に終わったのは、国王夫妻がよく言えばお気楽、悪くいえば判断力がまったくなかったからだ。

　国王一家は、一七九一年六月二〇日の深夜、荷物をまとめ、軟禁状態にあったパリのテュイルリー宮殿を馬車であとにした。むかう先は、王妃マリー・アントワネットの祖国オーストリアである。

だが、じつのところ、この脱出は予定日よりすでに一ヶ月もズレこんでいた。というのは、王妃が脱出用の馬車のサイズや内装を特注していたからである。

脱出の当日、国王一家が乗り込んだ大型の馬車には、銀食器やワインの樽、その他もろもろの品が積まれていた。そのうしろには、女官二人を乗せた小型馬車、まえには騎馬の先導が二人。これでは、自ら正体をばらしているようなものだ。

荷物の積みすぎのため、馬車はスピードを出せなかった。一行がパリ市門を出たときは、すでに予定より二時間遅れていた。

その間、国王が王宮にいないことを知った議会が、追っ手を送り出していた。身軽な彼らは、国王の馬車にどんどん近づいた。

いっぽう、ルイ一六世一行といえば、パリを離れると、馬車を止めさせて子どもを遊ばせるなど、じつにのんびりしたものだった。

結局、一行は予定より四時間も遅れてヴァレンヌに着いた。この遅れは、事前に打ち合わせていた憲兵との行き違いを生じさせる。王の到着を待たずに、彼らは解散していたのだ。

しかも、その事情を国王一行が地元の人にたずね歩いたものだから、たちまち正体がバレてしまう。

結局、国王一行は追っ手に捕らえられて、パリに連れ戻される。事件を知った国民は、国王への不信をさらにつのらせた。その結果、それまで国王擁護の立場をとっていた人々さえも急進化し、王と王妃はギロチン台に近づくことになったのである。

なぜ、外国の古代彫刻が大英博物館にそろっている？

世界最大を誇るロンドンの大英博物館には、「エルギン・マーブル」と呼ばれる古代ギリシアの彫刻群を展示した一角がある。

エルギン・マーブルは、アテネのパルテノン神殿を飾っていた大理石のレリーフや彫刻のコレクションで、大英博物館の超目玉展示物。このコレクションを「エルギン・マーブル」（マーブルは大理石のこと）と呼ぶのは、今から約二〇〇年前、これらをアテネからイギリスに持ち込んだのが、エルギン伯（一七六六～一八四二）だったからだ。

エルギン伯は、大英帝国の在トルコ大使をつとめていたとき、当時オスマン・トルコの支配下にあったギリシアを訪れて、パルテノン神殿を目のあたりにした。

パルテノン神殿は、オスマン帝国の弾薬庫として利用されていた関係で、ヴェネチア軍の砲撃を受けて大破していたが、それでもその美しさは失われていなかった。

エルギン伯は、たちまちその建築に魅了され、トルコ政府の許可を得て、神殿の周囲にある大理石の彫像やレリーフの模造品を作った。さらに、一八〇一年、エルギン伯は、トルコ政府要人との人脈を使って「アクロポリスでの測量、調査、発掘、さらに彫刻や碑文の持ち出しを認める」という勅許状を手にし、模造品を作るためといって彫像を掘り起こし、壁面をはぎとった。

そして、それらを強引にイギリスまで運んでしまったのだ。

彼のやったことは泥棒同然の行為だったが、

トルコ政府は、異民族・異教徒のギリシア文化を重視していなかったため、この略奪行為を黙認した。

しかし、イギリスで「他国の重要な文化遺産を盗むとはけしからん」という声が高まり、エルギン伯はついに議会で非難されるにいたった。

結局、彼は議会に命じられるままに、コレクションを大英博物館に売却せざるをえなくなった。買取価格は、わずか三万五〇〇〇ポンド。大英博物館は、ずいぶんおトクな買い物をしたことになる。

ちなみに、大英博物館には、このコレクションのほかにも、エジプトのミイラやロゼッタストーンなど、旧植民地から持ち帰ったものを多数所蔵している。

スイスが「永世中立国」になった経緯は？

スイスの歴史をふり返ると、かつては戦争の危険にさらされ続けた国だったといえる。ドイツ、フランス、イタリアといった強国に囲まれ、昔はいつ攻め込まれてもおかしくない状態にあったのだ。

もちろん、スイスは、天然の砦、アルプス山脈に囲まれている。ところが、その地形は他国にとっても魅力的なものだった。その地を手中におさめれば、他国との戦争を有利に進められる。だから、この地域は、古くから諸国間の紛争が起きやすい場所だったのだ。

スイスの人々もそのことをよく知っており、早くも一七世紀（一六七四）には、外交的に「武装中立」の立場を明確に宣言し、他国どうしの戦いには参加せず、他国の軍隊が領土を通過することも認めないという立場をとるようになった。

その立場は、ナポレオン後のヨーロッパ体制について話し合われた「ウィーン会議」（一八一五）で国際的に認められた。

こうしてスイスは「永世中立国」となり、その体制が、第一次、第二次世界大戦を経た現在まで続いているわけだ。

ただし、スイスが戦争を放棄している国と考えるのは、まちがいである。

現在、スイスには、近代的で高度な装備を誇る軍隊があり、国民には兵役の義務が課されている。なお、スイスは永世中立国の立場から、戦後ずっと国連に加盟してこなかったが、二〇〇二年、国民投票にもとづいて一九〇番目の加盟国になっている。

ナポレオンの連戦連勝の秘訣はどこにあった？

ナポレオン（一七六九～一八二一）といえば、とにかく強いというイメージがある。貧乏貴族から軍事センスひとつで出世を重ね、ついには皇帝としてヨーロッパの大半を手中におさめた男。

それにしても、なぜナポレオンはあれほど強かったのだろうか？

これには、いくつかの理由がある。もちろん、彼個人の軍事センスやカリスマ性は見逃せないが、ナポレオンの連戦連勝の秘密は、むしろ彼が率いた軍の精強さにあったといえるのだ。

フランス革命後のナポレオン戦争では、多くのフランス人が、革命によって手に入れた土地を失いたくない、という気持ちのもとに結束し、士気を高く保って戦った。

もし、ナポレオンが負ければ、フランスに王政が復活し、亡命貴族たちが戻ってきて、せっかく手に入れた土地を取りあげられてしまう。それが嫌なら、必死で戦うしかなかったのだ。

また、フランス軍が高い機動力を発揮できた背景には、もうひとつ、物資を現地調達できたという事情があった。

ナポレオンは、自由・平等というフランス革命の精神をかかげて敵地にのりこみ、現地の人々の心をつかんだ。フランス以外の国々では、農民や市民は、貴族・領主に抑圧されたままだった。だから、「圧制から民衆を解放しよう」というナポレオンに、本来は敵であるはずの人々も協力的だったのである。

ワーテルローの戦いのナポレオンの敗因は？

ロシア遠征の失敗でエルバ島に追われていたナポレオンは、一八一五年三月、島を脱出してパリに入り、皇帝の座に返り咲いた。「百日天下」の始まりである。

ナポレオンの復活にヨーロッパ諸国は驚き、ただちにイギリス、プロイセンなどからなる対仏連合軍が結成された。ナポレオン最後の戦いである「ワーテルローの戦い」に事態はすすむことになる。

フランス人のあいだでは、ナポレオンは相変わらずの人気で、兵士の士気も高かった。だが、ナポレオンはこの戦いで負け、歴史の表舞台から完全に姿を消すことになる。

敗因はさまざまあるが、最初に戦ったプロ

■ナポレオン時代のフランス

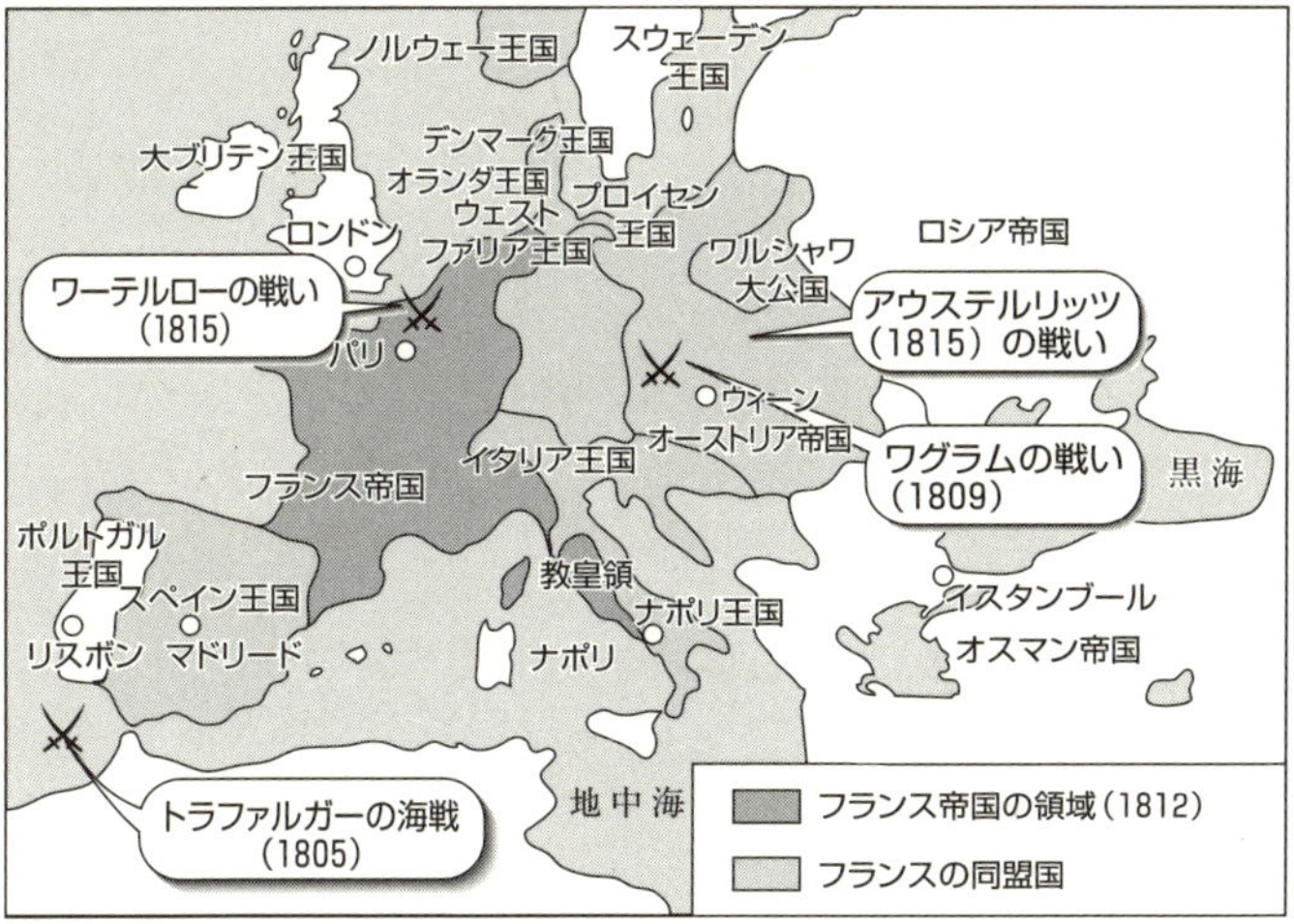

イセン軍を徹底的に叩けなかったことが大きい。

ワーテルローの戦いの二日前、ナポレオンは連合軍が集結しないうちにと、まずプロイセン軍と戦った。

ナポレオンは、退却するプロイセン軍を三万の兵で追撃したが、ふり切られてしまう。

そして、六月一八日の決戦の日。前日からの雨で地面がぬかるみ、ナポレオンお得意の砲兵隊を思うように使えない。そこで彼は、部下の意見を退けて、戦闘開始を昼までのばすことにした。

しかし、これはフランス軍の命取りになる重大な判断ミスだった。劣勢に立っていたイギリス軍は、プロイセン軍の到着を今か今かと待っていたからである。

正午過ぎ、ようやく戦闘がはじまるが、や

はり砲兵隊の動きはにぶかった。ナポレオンは、よりぬきの騎兵に左翼からの突撃を命じたが、この作戦も失敗に終わる。イギリス軍が、フランス軍の動きを読んで、前線に落とし穴を作っていたからだ。フランスの騎兵は、この単純な作戦にまんまと引っかかって、次々と大穴に落ち込んだ。ナポレオンは、それでも粘り強く軍を指揮しつづけた。

だが、夕方になって、ワーテルローにプロイセン軍が到着すると、勝敗は決まった。イギリス軍との戦闘で疲れきっていたフランス軍は、新たな敵を見て総崩れになってしまったのだ。

負けたナポレオンは、大西洋の絶海の孤島セント・ヘレナに流され、再びヨーロッパの地を踏むこともなく、同地で生涯を終えた。

一九世紀の始めに、中南米の植民地が次々独立できたのは？

大航海時代以来、長くヨーロッパの植民地だったラテンアメリカでは、一九世紀になって、独立運動がにわかに活発になった。これは、フランス革命とナポレオン戦争で育った自由と平等の考えが、中南米にも広まった結果である。

最初に独立をはたしたのは、カリブ海のフランス領ハイチ。「黒いジャコバン」と呼ばれたトゥサン・ルーヴェルチュールが指導者になって、一八〇四年に独立を勝ちとり、ラテンアメリカ最初の共和国になった。

これに続くように、南アメリカのスペイン領植民地で独立運動が盛んになる。

先頭に立ったのは、北部ではシモン・ボリ

バルであり、南部ではサン・マルティンだ。

シモン・ボリバルは、独立を達成するには、クリオーリョ（現地生まれの白人）の協力だけでなく、メスティーソ（先住民と白人との混血）やムラート（白人と黒人との混血）の支持が必要だと考え、奴隷解放運動にのりだした。そして、一八三〇年までにベネズエラ、コロンビア、ボリビア（ボリバルの名にちなむ）、エクアドルの独立を達成する。

いっぽう、サン・マルティンが指導する南部でも、アルゼンチン、チリ、ペルーが次々に独立した。さらに一八一九年にはメキシコが、一八二二年はポルトガル領ブラジルが独立をはたした。

このように、ラテンアメリカ諸国が相次いで独立できたのは、国際情勢が独立運動に有利に展開したことが大きかった。

ウィーン体制を維持したいオーストリアの宰相メッテルニヒは、五国同盟（英露墺普仏）を動かして一連の運動に干渉していたが、一八二二年、イギリスの外相カニングが同盟を脱退してしまう。ラテンアメリカを新市場として狙っていたイギリスにとってはスペインの支配がおよばないほうが都合がよかったのだ。

また一八二三年には、ヨーロッパの動きを警戒していたアメリカ合衆国が「モンロー宣言」を発表して、ヨーロッパとアメリカ大陸との相互不干渉を唱えた。こうした列強の思惑が、中南米諸国独立の助けになったのだ。

「七月革命」「二月革命」って いったいどんな革命？

ナポレオン戦争が終わったあとのフランス

は、王政が復活し、ルイ一八世（在位一八一四～二四）とシャルル一〇世（在位一八二四～三〇）による反動政治が推し進められた。市民の選挙権が大きく制限され、革命中に土地を没収された亡命貴族には多額の賠償金が支払われた。

しかし、フランスの人々のあいだには、すでに自由や平等の思想が根づいていて、議会ではブルジョワジー（有産市民）を中心とする反政府派が勢力を増していた。

一八三〇年七月、国民の不満をそらすためにアルジェリア出兵を行った王は、反対派が多数を占める議会を強引に解散した。だが、これは火に油を注ぐ結果になり、二七日、民衆はついに決起して、パリの街頭にバリケードを築き始めた。

そして「栄光の三日間」といわれる戦闘のすえ、国王軍を破った。

これを「七月革命」といい、議会は自由主義者であるオルレアン公ルイ・フィリップを新国王にむかえた。

七月革命ののち、都市の裕福な商人たちの不満は急速に解消されたが、あいかわらず選挙権のない労働者や農民のあいだでは、いぜん不満がたまっていた。

以後、革命はブルジョワを主体とする「市民革命」（ブルジョワ革命）から、労働者を主体とする一種の階級闘争へとかわっていく。

一八四八年二月二二日、パリで行われていた普通選挙を求める集会「革命宴会」が武力弾圧されると、ついに労働者、農民、学生の怒りが爆発して、デモ、ストライキ、武装蜂起へと発展した。

事態の沈静化に失敗したルイ・フィリップ

はイギリスへ亡命し、共和政による臨時政府が発足した。これを「二月革命」という。

二月革命の影響は、ドイツやオーストリアなどにも飛び火し（三月革命）、ナポレオン戦争後に築かれた保守反動の「ウィーン体制」は崩壊することになった。これらの動きは、一八四八年の春にたて続けに起こったことから、総称して「諸国民の春」と呼ばれている。

ゴールドラッシュで一番もうかったのは誰？

一八四八年一月、カリフォルニアの農場の雇われ人だったジェイムズ・マーシャルが、まったくの偶然から、川で砂金を発見した。

金が採れるという噂は、この年の暮れまでに各地に広まっていき、一攫千金を夢見る人々がカリフォルニアに殺到しはじめた。

とくに、翌四九年に駆けつけた人が多かったことから、彼らはforty-niners（フォーティナイナーズ）と呼ばれる。

現在、サンフランシスコ市に本拠地をおく同名のアメフトチームの名は、これに由来している。

ゴールドラッシュの結果、カリフォルニアの人口は、一八五二年には二〇万人にまで達するほどになり、かつて無人の野に近かったのがうそのように開発が進んでいった。

しかし、彼らの一攫千金の夢は、一部の幸運な人間をのぞけば、かなわないままに終わった。

わずか二、三年のうちに、地表の金はすべて採りつくされ、個人の力では、どうにもならなくなったのである。

大もうけしたのは、むしろ「フォーティナ

イナーズを相手に商売を始めた人」のほうだった。たとえば、街の酒場や宿屋の経営者や、金だらいやザルのような砂金とりに必要な道具をあつかった商人たちである。

もっとも、彼らもやがて同業者との競争にさらされるようになったので、本当に大金持ちになれたのは、ほんのひと握りでしかない。

日用品を売って大成功をおさめた商工業者の代表格は、ジーンズの生みの親リーバイ・ストラウスだろう。

今では「LEVI'S」（リーバイス）というジーンズ・メーカーは世界中で知られているが、ジーンズというはきもの自体、このリーバイ・ストラウスが発明したものだった。

ジーンズのルーツは、彼が金鉱掘りの男たちのために作った丈夫なズボンなのである。

それがいまや、老若男女をとわず世界中ではかれているのだから、ジーンズこそ、ゴールドラッシュ期の最大の発明品といっていいかもしれない。

血で血を洗う「南北戦争」はどうして起きた？

一九世紀半ばの「アメリカ南北戦争」（一八六一～一八六五）は、アメリカという国を二つに分けていたかもしれない悲惨な内乱だった。

死傷者一〇〇万人というのは、アメリカ史上最悪の数字で、しかもそれは、同国民どうしが血で血を洗う戦いの結果だった。もし、戦争の勝敗がちがっていたら、アメリカの歴史は、今とはまったくちがうものになっていただろう。

南北戦争の根本的な原因は、すでにアメリ

■南北戦争

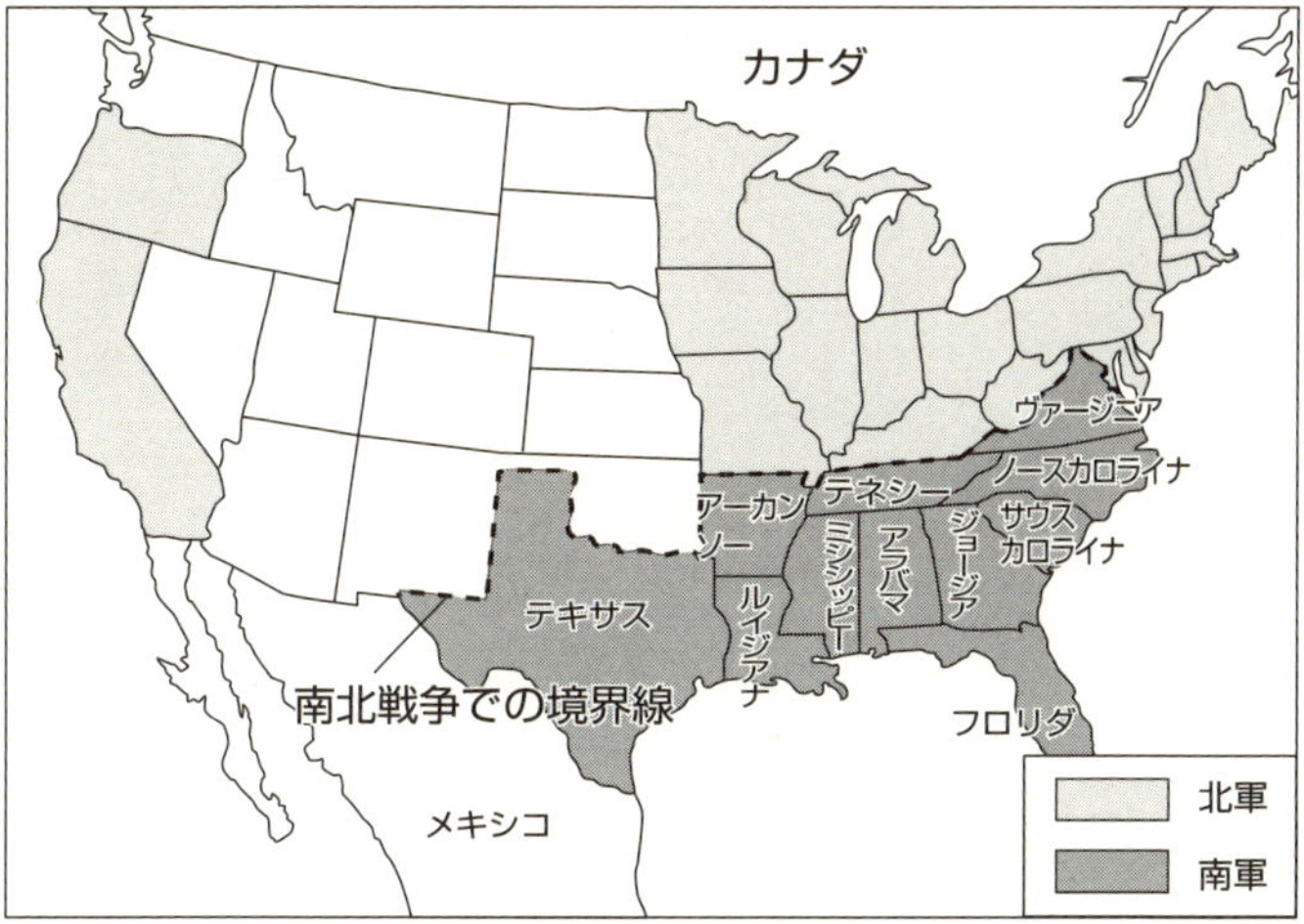

カへの植民が始まったときから内在されていたといえる。

ヴァージニアをはじめとする南部諸州は、気候と土壌に恵まれ、大農場経営に向いていた。

そこで生産された綿花は、イギリスの綿工業を支え、南部は北部よりもイギリスとの結びつきを強めた。

いっぽう、気候や土壌に恵まれない北部では、商工業が発達し、イギリスの工業と競合関係にあった。つまり、北部と南部の経済構造は、なかば対立するものだったのだ。

奴隷制に対する考え方も、北部と南部ではまったくちがっていた。

南部は、大農場を経営するために奴隷労働力を必要としていたが、北部では雇用の面からも人道の面からも、奴隷制は否定された。

それで、連邦に新たな州が加わるたびに、そこが「自由州」になるか「奴隷州」になるかで激しくもめるようになったのである。

この問題は、一八二〇年に成立した「ミズーリ協定」（北緯三六度三〇分以北の州を自由州、以南の州を奴隷州にするというもの）によって、一応は解決したかにみえた。しかし、一八五四年、奴隷制の可否は住民投票で決めることができるとする「カンザス・ネブラスカ法」が成立し、その約束は破棄されてしまう。

一八六〇年、奴隷制問題を最大の争点とする大統領選挙で、奴隷制拡大を阻止する立場のリンカーンが当選した。しかし、それを受け入れられない南部諸州は、彼の着任と同時に「アメリカ連合国」を結成して、連邦から抜けてしまう。

こうして、真っ二つに分かれたアメリカは、一八六一年四月、南北戦争に突入する。

リンカーンの「奴隷解放宣言」で、内外の支持を集めた北部が最終的に勝利し、アメリカは辛くも分裂の危機をのりこえたのである。

列強が植民地拡大に走らざるをえなかった理由は？

一九世紀後半、次々に植民地を獲得し、帝国主義の先頭を走ったのはイギリスだった。イギリスを植民地政策に駆り立てたのは、二〇年以上も続いていた先の見えない不況だった。

一九世紀後半、ヨーロッパを不況が襲った。スエズ運河の開通、鉄道網の整備、冷蔵・冷凍技術の発達などによって、アメリカ大陸、ロシア、インドなどの安価な農産物が大量に市場に流れ込むと、ヨーロッパの農業は大打撃を受ける。

さらに、産業革命によって工業生産力が飛躍的に高まったのはいいが、やがて工業製品が市場に余るようになってしまった。不況の到来である。

しかし、そもそも一八世紀末からの産業革命で、世界経済をリードしたのは、イギリスだった。先駆者ほど、状況が変わったときに、変化への対応が遅れるのは、歴史が教えるところ。イギリスも、かつての〝成功モデル〟に足をとられ、改革の時代に乗り遅れてしまったのだ。

不況とはいえ、かつての栄光の余慶で資本力はある。しかし、国内の産業は疲弊してしまって、投資する先がない。そこで、目を向けられたのが海外だった。石油ゴム、銅、錫などの新たな天然資源、安価な労働力、そして未開拓の市場。長期の不況を抜け出すために、イギリスはいっそうの植民地獲得に活路を見いださざるを得なかったのだ。

そうなると、他国も黙ってみているわけがない。すぐにフランス、ドイツ、イタリア、ロシア、日本が後を追う。一九世紀後半から、二〇世紀前半にかけて、世界は列強の陣取りゲームの舞台になっていった。

まず、イギリスとフランスがアフリカ大陸を奪い合い、東南アジア諸国をイギリス、フランスとオランダが奪い合い、サモアやハワイにアメリカが手を伸ばし、中国をロシアやイギリス、そして日本が奪い合った。

こうして、世界中の地図を塗り替えた帝国主義時代だったが、二十世紀前半、二つの世界大戦でヨーロッパ諸国が疲れ果てると、かつての植民地は次々と独立することになった。

ロシアはどうやって あんなに広い国になった？

一九九一年、ソビエト連邦が崩壊した。一五の共和国の連邦だったものが、ロシアをはじめとする各独立国に分かれたのだ。

ソビエト時代の国土面積は、約二二〇〇万平方キロメートル。これは、世界の陸地の約六分の一に相当した。

人口約二億五〇〇〇万人、民族の数約一〇〇。そもそも、これだけの範囲を一国が支配することと自体にムリがあったという見方もなくもない。そもそもは、面積わずか八万平方キロメートル（日本の国土の約二〇％）のモスクワ公国から始まった国なのだ。

一四八〇年、モスクワ公国は、モンゴル人勢力であるキプチャク・ハン国から独立する。当時のモスクワ大公イヴァン三世は、東ローマ帝国の滅亡に乗じて、最後の皇帝の姪と結婚して、ローマ皇帝の後継者を名乗ったり、東ローマ教会をモスクワに移し、その保護者の立場を得るなど、着実に勢力を強めていた。

イヴァン三世の孫イヴァン四世の時代になると、正式に「ツァーリ（皇帝）」という称号を用いるようになり、「全ロシアのツァーリ」を自認するようになる。しかし、ヨーロッパの東方への関心は、同じ頃、勢力を拡大していたオスマン帝国に向けられ、東の小国、ロシア帝国のことなど、誰も相手にしていなかった。

そこで、イヴァン四世は東へ勢力を伸ばす作戦に出た。カザン・ハン国、アストラハン・ハン、キプチャク・ハンなどのモンゴル勢力から、シベリアの領土を次々と奪い取っていったのだ。

しかし、それにしても、なぜそんなにロシアは領土拡大を急いだのか。それはロシアが貧しかったからだ。当時ロシアでは、農奴制を敷いていて、ほとんどの農民が土地を持たない農奴としてこき使われていた。つまり、購買力がまったくなかったので、市場を確保するには、あらたな領土が必要だったのだ。

国内市場と生産力を確保すると、今度は、対外交易のための不凍港を求めて、黒海に進出する。こうして、ロシアは東へ南へと、軍事力によって国土を拡大していく。

そして、二〇世紀のロシア革命後、ロシア帝国の領土を引き継いだソ連が、さらに国土を拡大。ついに世界の陸地の六分の一を占めるにいたったのだ。

第一次世界大戦は、そもそもどうして起きたのか？

冷戦終結後の世界では、民族紛争が続発してきたが、これは何も今に始まったことではない。もとはといえば、あの第一次世界大戦の引き金を引いたのも、民族紛争だった。

ところはバルカン半島。近年も民族紛争が火花を散らしたボスニア・ヘルツェゴビナの中心地サラエボだった。

もともと、そこはセルビア人が支配的な土地。ところが、当時は、オーストリア＝ハンガリー帝国の支配下にあって、セルビア人たちの間では、セルビア人の国であるセルビア・モンテネグロに属してしかるべき、という感情が渦巻いていた。

そんな不穏な情勢の中、オーストリア皇太

子夫妻がサラエボを訪れる。そのとき、事件は起きた。ガブリエル・プリンチプというセルビア人青年が、拳銃を持って皇太子の車に歩み寄ると、フェルディナンド皇太子と妻ゾフィーに発砲、射殺したのだ。この「サラエボ事件」が引き金となって、人類史上初の世界戦争に突入していくことになる。

では、第一次世界大戦は、一人のセルビア人青年によって引き起こされたのかというと、それは違う。

当時、ヨーロッパでは、列強が二つの勢力に別れて対立していた。一方は、イギリス、ロシア、フランスを中心とする旧勢力、もう一方は、ドイツ、オーストリア、イタリア中心の新興勢力だ。この勢力争いに、巻き込まれたのがバルカン半島だ。今もそうだが、この地域は多数の民族が複雑に入り組んでいる。

そこへ、ロシアがスラブ民族を支援するという建前で勢力を伸ばそうとし、それを牽制するため、ドイツとオーストリアがゲルマン主義を掲げて乗り込んでくる。そうした新旧勢力争いの舞台となって、バルカン半島は「死の十字路」と化していた。

そういう状況下で、一発の銃声が鳴り響いた。単なる民族紛争、二国間の争い事で終わるわけがなく、大戦突入は避けられない事態となったのだ。

ロシア革命は、そもそもどうして起きたのか？

一九一七年当時のロシアでは、戦争（第一次世界大戦）を続けるかどうかについて国民の意見が割れていた。といっても、戦争放棄、平和主義などの人道的な理由ではなく、むしろそれ以前の問題、つまり「パンがない！」という切実な理由からだった。

当時、ロシアでは、ロマノフ朝専制（ツァーリズム）のもとで近代化が遅れていた。一八一六年、形式的には農奴解放が行われたものの、農民の暮らしはいっこうによくならない。そこへきて、第一次大戦が勃発。多くの農民が戦場に送られ、農業生産力が低下。生活必需物資も不足して、物価は高騰。大戦勃発以降の三年間で、パンの値段は五倍にも跳ね上がっていた。

そうした状況に、民衆はデモとストライキで抗議した。首都ペトログラードでは、二〇万人もの民衆が「戦争反対」「パンをよこせ」のスローガンを掲げ、ストライキに参加。やがて、労働者と兵士の評議会「ソヴィエト」がペトログラードの支配権を掌握して、三〇〇年にわたるロマノフ朝支配に終止符を打つ。これが、三月革命だ。

事態はさらに進行する。革命後、立憲民主党が中心となって臨時政府を樹立すると、ソヴィエトとともに二重政権状態になる。臨時政府は戦争継続を支持したので、民衆の生活は、いっこうに改善されなかった。

そこで、スイスに亡命していたボリシェヴィキの指導者レーニンが、「四月テーゼ」を掲げて武装蜂起。一九一七年一一月には臨時政府を倒して、社会主義政権を樹立。これが一一月革命だ。新政府は、戦争の停戦、銀行・重要産業の国有化、土地改革、外債の破棄などの政策を強硬に進めた。

通常、この三月革命、一一月革命を含めた流れを「ロシア革命」と呼ぶが、後者の社会主義政権樹立だけをロシア革命と呼ぶ場合もある。いずれにせよ、史上初の社会主義国家は、「パンをよこせ！」という民衆の声から生まれたものだ。

突然の世界恐慌で世の中はどう変わった？

それは、一九二九年一〇月二四日に始まった。ニューヨーク・ウォール街の証券取引所で、ゼネラルモーターズ社の株価が急落したことをキッカケに、次々に株価が暴落、大混乱に陥った。これが、有名な「暗黒の木曜日」である。

その原因はいくつかあった。一九二〇年代のアメリカは、空前の好景気に沸いていた。第一次世界大戦で大打撃を受けたヨーロッパへ、農産物や工業製品などを輸出し、一人勝ちの状態にあったのだ。企業業績は急進し、株価は高騰、誰もが株で一儲けしようと、株を買いあさっていた。

ところが、次第にヨーロッパの生産力が持ち直してくると、思うように輸出が伸びなくなり、生産過剰状態に陥る。さらに、ソビエトが社会主義化して国際市場から離脱したことも大きな打撃となった。異常気象による農作物の不作もあった。そして「暗黒の木曜日」が到来、ついにバブルの崩壊が始まった。

株価は一ヶ月で四〇%も暴落し、以後三年間、下落を続けた。多くの企業が倒産して、失業者が続出。消費は縮小して、不況の悪循環が始まる。

アメリカ発のバブル崩壊は、たちまち世界中の資本主義国へと連鎖し、世界恐慌へと発展する。

不景気のピークは一九三二～三三年で、こ

の頃アメリカでは、五〇〇〇以上の銀行が倒産し、失業率は二五％。イギリスでも同様に失業率二五％。ドイツではさらに深刻で、失業率は四〇％にも達した。

　結局、この恐慌への対応策として、各国が頼ったのは植民地だった。植民地をもつ国々（イギリス、フランス）は、関税を引き上げてブロック経済化で切り抜けようとし、第一次世界大戦に敗れて植民地を失った国々（ドイツ、イタリア）は、軍事力を増強して新たな植民地を獲得しようとした。

　その結果、国際紛争の火種が増え、またファシズムの台頭を許して、歴史は第二次世界大戦へと突入していくことになる。ちなみに、アメリカ経済が本当に景気回復するのは、第二次世界大戦が始まって戦争特需が生じてからのことである。

ガンジーの非暴力・不服従運動には、どんな効果があった？

　二〇世紀初頭、マハトマ・ガンジーは、イギリスからの独立運動を推進していた国民会議派に参加し、運動を指導。徹底したサティアグラハ（非暴力抵抗）闘争で、インドを独立に導き、「インド独立の父」として讃えられるようになる。

　ガンジーの非暴力思想は、もともとヒンズーの教えに基づく。だからこそガンジーの呼びかけは、多くの国民を動かすことができたともいえる。

　たとえば、ハルタールという作戦は、なにも仕事をしない、要するにストライキ。最初はタカをくくっていた当局も、ほとんどの市民がハルタールに参加し、交通、商業、学校、行政、立法などの都市機能が麻痺するに及んで、あわてて弾圧に乗り出す。

しかし、非暴力を貫く民衆は、警棒で殴られようと、逮捕されようと、決して抵抗しようとしなかった。これがかえって、当局をおそれさせることになった。

このサティアグラハ闘争は、ガンジーの主導で二度にわたって展開されたが、いずれも、最後にはガンジー自身が停止命令を発して終わらせている。歯止めのきかなくなった民衆が、暴力的手段に訴えようとしたからだ。ガンジーの非暴力思想は、徹底していたのだ。

しかし一方で、ガンジーの思想にも、今では少しばかり疑問の声が挙がっているのも事実である。たとえば、今日でも問題になっているインドのカースト制度に対して、ガンジーは、インドの伝統として容認し、階級闘争を財産に対する暴力と解釈して否定した。サティアグラハ闘争にしても、結局、インドの独立を直接勝ち取ったわけではない。

しかし、そうした声を考慮しても、ガンジーがインド独立の父であり、二〇世紀を代表する偉人であることにはかわりはない。

とりわけ、テロとその報復が繰り返される現代社会では。

ヒトラーが権力を掌握できたのはなぜ？

人類史上〝最も悪名高い人物であるヒトラーの率いた「ナチ党」は、じつはヒトラーが創設したものではない。一九一九年九月、ナチ党の前身である「ドイツ労働者党」の集会を、ヒトラーは聴衆の一人として聞いていた。ヒトラーはその頃、軍の情報関係の仕事をしていた。軍からの命令で、集会を監視するために派遣されていたのだ。

　ところが、よほど演説者の話がつまらなかったのか、ヒトラーは飛び入りして、その演説者をやりこめてしまう。

　これが、党議長の目にとまり、四日後には入党。党員わずか五〇名程度のささやかな政党だった。

　その頃、ヒトラーの演説の才能には、軍もすでに注目し、プロパガンダの講習を受けさせてもいた。しかし、ヒトラーは党の理念に深く共感すると、軍を辞めて党務に専念するようになる。

　ヒトラーは、弁舌の才能に磨きをかけ、集会で演壇に立っては党員を増やし、やがては党のトップに躍り出る。そして党名を「国民社会主義ドイツ労働者党」（ナチ党）と改めた。


それから後のことは、よく知られているとおりだ。

　二〇世紀前半までの歴史で、ヒトラーほど、プロパガンダの技術に長け、またその重要性を熟知していた政治家はいなかった。

　選挙戦でも、独裁者になってからのＰＲでも、その才能を十分に発揮した。たとえば、この独裁者が、大衆に親近感を与えるため、子供や動物といっしょに写真に写ることが多かったのは有名な話だ。

パレスチナが〝世界の火種〟になったのは、どうして？

　パレスチナ問題を生んだのは、イギリスの無責任な「三枚舌外交」である。

　話は、第一次世界大戦までさかのぼる。その頃、この付近一帯はオスマントルコ帝国が支配していた。オスマントルコと戦っていたイギリスは、アラブ勢力を味方にひきいれるため、「戦後、アラブ国家の独立を認める」と約束する。これが一九一五年の「フサイン・マクマホン協定」だ。

その一方で、イギリスのバルフォア外相は、戦費調達のため、ユダヤ資本であるロスチャイルド家の協力を得ようと、「パレスチナにユダヤ人のナショナル・ホームを設立する」と約束する。これが、一九一七年のバルフォア宣言。

こうした二枚舌をつかって、双方に違う約束をしたうえで、戦後この地域の支配権をイギリスとフランスで分け合う、という秘密協定も結んでいたことが、後に暴露される。

これが、一九一六年の「サイクス・ピコ協定」だ。

こうしたイギリスの三枚舌外交が、パレスチナ問題のそもそもの発端になっているのだ。

とくに、長い間、キリスト教社会で迫害されてきたユダヤ人は、戦後、国際世論の同情論にも後押しされて、イギリスが建国を約束したイスラエルに次々と移住してくる。第二次世界大戦後は、ますますその人数が増える。

ところが、そこはもとからアラブ人たちが住むアラブ人の土地だ。紛争にならないわけがない。

手に負えなくなったイギリスは、一九四七年、パレスチナ問題を国連の手にゆだねる。国連による「パレスチナ分割」が行われ、イスラエルは分け与えられた土地で建国を宣言する。しかし、これを認めないアラブ諸国との間で、その後の長期にわたる中東紛争が始まった、というわけだ。

特集1

その世界史常識にはウラがある！

帝王切開の「帝王」は、ジュリアス・シーザーというのは根拠がない

シェイクスピアの『マクベス』では、ジュリアス・シーザー（カエサル）は、「月足らずで、おふくろの腹を裂いて出てきた」、つまり帝王切開で生まれたとされている。そして、この説が、洋の東西を問わず広く信じられ、「帝王切開」の「帝王」は、シーザーに由来するとされてきた。

しかし、シーザーが帝王切開で生まれたというのは、伝説にすぎない。というのも、シーザーの時代、帝王切開は、妊婦が妊娠末期に死亡してしまったときに行われる手術だったからである。ところが、シーザーの母親は、彼を産んでからも長く生きていたと伝えられている。

いまでは、帝王切開の語源は、ローマ法の「レクス・カエサレア」にあると考えられている。

レクスは「法律」で、カエサレアは「切る」という意味。この法律は、不幸にも妊婦が亡くなった場合、切開手術によって胎児を取り出して別々に葬ることと定めていた。このカエサレアという言葉がカエサルと似ていたところから、シーザーと結びつけられ、「帝王切開」という誤訳を生んだようだ。

暴君ネロがローマに放火したというのは噂話

「暴君」といえば、ローマ帝政時代のネロを思い浮かべるという人が多いのではないだろうか。

ネロをめぐっては、母・養父・妻・弟殺し、キリスト教徒の迫害者、サディストなど、無数の悪行が伝えられているが、そのなかにローマ市中に火を放ったとされる一件がある。だが、ネロが火をつけたというのは噂にすぎない。たしかに、紀元六四年、ローマでは大火があったが、その大火でもっとも大きな損害を受けたのは、ネロ自身だった。

宮殿や多数の美術コレクションを失ったうえ、復興のために多額の出費をしいられたため、ネロの資産は底をついたといわれている。さらに、当時の記録によれば、出火のあった日、ネロは八〇キロ離れた別荘にいたが、すぐに駆けつけ、消火に全力をつくしたとされている。

ただし、ネロが、大火の原因をキリスト教徒に押し付け、スケープゴートにしたのは事実であり、多くのキリスト教徒を処刑もしている。

そのために、後世、ネロの悪評は、キリスト教の迫害者としても決定的なものになってしまった。

サーロインステーキと名付けたのはヘンリー八世ではない

英語で牛は「カウ」なのに、牛肉になると「ビーフ」になる。また、英語で「ピッグ」の豚は、豚肉になると「ポーク」となる。

これは、その昔、イギリスの上流貴族の料理を、フランス人の料理人が作っていたことに由来する。

そのビーフを使うステーキの一種に、「サーロインステーキ」と呼ばれるものがある。一般に、この呼び名は、グルメで有名だったイギリス国王ヘンリー八世がつけたということになっている。

あるとき、ステーキがとてもおいしかったので、ヘンリー八世が「牛のどの部分の肉なのか」と尋ねた。すると、料理長は「ロイン（腰肉）」と答え、感心した国王が、「貴族の称号（サー）を与えよう」ということで、「サー・ロイン」と呼ぶようになったという。

しかし、この説は、イギリス人らしいジョークである。

もともと、サーロインの語源は、フランス語の「シュールロンジュ」。シュールは上という意味で、ロンジュは背肉のこと。この「シュールロンジュ」が徐々に変化して「サーロイン」となり、英語化したというのが真相である。

初めて物体落下実験を行ったのはガリレオというのは間違い

一五九〇年、ガリレオは、ピサの斜塔の七階から、重さ一ポンドと一〇ポンドの二つの金属球を落とし、それらが同時に着地するのを確認し、その考えの正しさを証明したとされている。

しかし、この物体の落下実験を初めて行ったのは、ガリレオではなく、シモン・ステヴィンという物理学者だった。

ガリレオの実験より五年も早い一五八五年、ステヴィンが出版した本に、彼による実験の様子が書かれている。

それによると、重さの違う鉛の玉を三〇フィートの高さから同時に落とした場合、ほとんど同時に地面に落ちたという。

ちなみに、たとえば、ビルの七階から野球のボールとB5の画用紙を同時に落としても、同時に着陸はしない。

空気抵抗によって、画用紙のほうが地面に着くのは遅くなる。

空気抵抗を考えれば、必ずしも、同時に落とした二つの物体が、同時に着陸するとは限らない。物体落下の法則が完全に成立するのは、空気抵抗のない真空中である。

ギロチンの発明者は、ギロチンではない

人の首を一瞬にして斬り落とす処刑台を「ギロチン」という。その呼び名は、発明者であるフランスのジョセフ・イギナス・ギロチンという外科医の名前に由来するとされている。

言い伝えによると、一七八九年からのフランス革命初期、犯罪者などの処刑方法は、斧で首を叩き斬るというものだった。しかし、その処刑法が、あまりにも残酷だと非難され、議会でも問題になった。

そこで、外科医のギロチンがこの処刑台を発明して採用される。そして、その三年後、ペルチェという追いはぎに対して初めて使われ、発明者の名前をとって「ギロチン」と名づけられたということになっている。

しかし、この説は真っ赤なウソ。発明者はギロチンではなく、外科医のギロチンは、単にその処刑台を使ってはどうかと議会に進言したにすぎなかった。

もともと、この形の処刑台が開発されたのはイタリアで、実際に処刑に使われていた。それをヒントにしてフランスで改良を加えたのは、ルイーズという医者。だから、最初のうち、この処刑台は「ルイーズ」と呼ばれていたのだが、いつしか推薦者の名をとって、

「ギロチン」と呼ばれるようになった。

ワシントン大統領は、少年時代、桜の木を切り倒していなかった

アメリカの初代大統領は、少年時代、桜の木を斧で切り倒したことを正直に告白してほめられたという。しかし、このエピソードは後世の作り話である。

ワシントン大統領の死の翌年の一八〇〇年、『ジョージ・ワシントンの生涯』という伝記が出版されているが、同書には桜の木のエピソードは登場しないし、そもそも少年時代についてもほとんど触れられていなかった。そこに、後世の作家が、フィクションを挿入するスキがあった。

その後、ワシントンの生活に関する本が出版されるにつれ、子供のころのエピソードが付け加えられていく。そして、ワシントン家と親しかった老婦人の話として、桜の木の話が登場するのである。

しかし、それを書いたウィームズという作家は、エピソードをデッチ上げるので有名な人物だった。

ウィームズ自身が、桜の木の話はフィクションと告白したわけではないが、現在では、作り話というのが通説となっている。

ナポレオンのロシア遠征が失敗したのは、冬将軍のせいではない

フランス皇帝として、飛ぶ鳥を落とす勢いだったナポレオンは、一八一二年の秋から冬にかけてモスクワを目指す。

しかし、行く手を猛烈な寒さと雪にはばまれて、結局、撤退を余儀なくされ、大敗を喫する。

のちに、ナポレオンは「われわれの破滅は冬だった。われわれは気候の犠牲になったのだ」というセリフを残している。

しかし、ナポレオンの「われわれは、気候の犠牲になったのだ」というセリフは、単なる言いわけにすぎない。

なぜなら、フランス軍に甚大な被害が出たのは、けっして寒さのためばかりではなかったからである。

そもそも、その年の一一月は、まだ寒さもそれほど厳しくなかった。

フランス軍が敗れた大きな原因は、じつは計画のズサンさにあった。たとえば、出発するさい、フランス軍は、わずか一週間分の飼い葉しか用意していなかった。馬がバタバタと倒れたのは、寒さのせいではなく、エサ不足が原因だった。

進化論を最初に唱えたのは、ダーウィンであるとはいえない

一八五九年、『種の起源』を出版したダーウィンは、「進化論の父」と呼ばれている。それもあって、「進化論」はダーウィンが最初に唱えた説と思っている人は少なくないだろう。

しかし、それ以前から、種は不変ではなく、変化するという説は、多くの人によって主張されていた。

すでに、古代ギリシア時代から、適応の理論に気づいていた哲学者がいたし、ニュートンやライプニッツなども、同じような説を明らかにしていた。さらに、『種の起源』の一年前に、同じような理論の論文を書いていたイギリスのアルフレッド・ラッセル・ウォレスという博物学者もいた。

日露戦争の日本海海戦で、バルチック艦隊は全滅しなかった

「日本、日露戦争でロシアに完勝」というニュースは、世界中を驚かせた。アジアの無名の弱小国が、超大国の帝政ロシアを打ち負かしたからである。

この日露戦争の勝敗を決したのが、一九〇五年（明治三八）の日本海海戦である。ロシアが派遣したバルチック艦隊をみごと粉砕。ロシアが誇る世界最新鋭の戦艦を打ちのめしたことで、日本は日露戦争の勝利を決定的にした。

しかし、正確にいえば、ロシアの三八隻の主力艦を全滅させたわけではない。撃沈二一隻、降伏・拿捕《だほ》七隻、中立国に逃げ込んで武装解除されたもの七隻、そして、残り三隻は目的地のウラジオストックまでたどりついている。大勝利であったことは間違いないが、すべての船を沈めたわけではない。

禁酒法の時代、アメリカでは酒は飲めなかったというのはウソ

アメリカでは、一九二〇年から約一四年間、「禁酒法」が施行されていた。そのため、シカゴを根城とするアル・カポネなどのギャングが、密造酒を製造して莫大な利益をあげたことで知られている。

一般に「禁酒法」といえば、酒を飲むことが禁じられていたというイメージがあるが、禁酒法といっても〝飲酒〟そのものは禁止されていたわけではない。酒を飲んでも、逮捕されることはなかったのである。

禁止されていたのは、「製造」「販売」「輸送」に限られていた。つまり、法律で取り締

まられたのは、酒の製造、販売にかかわる業者だけだったのである。

したがって、個人で酒を「所有」することは法律に違反せず、家族や来客の人と飲むのも許されていた。実際、買いだめしておいたり、カナダなどの外国で購入した酒を飲む人は大勢いた。

「ツタンカーメン王の呪い」は事実とは違う

ツタンカーメン王の〝呪い〟が話題になったのは、王の墓が発見された一九二三年のこと。

まず、発掘作業のスポンサーだったカーナーヴォン卿が、発熱のため五七歳という若さで亡くなった。その臨終のときには、「ファラオが迎えに来る」と叫んだといわれ、また、そのときにはカイロ中が原因不明の停電によって真っ暗となったという。

これをきっかけに、「ツタンカーメンの呪いではないか」という噂が、世界をかけめぐる。発掘隊の責任者だったイギリスのハワード・カーター博士は、懸命に否定したが、今度は、カーターの協力者である考古学者が死去。噂はさらに広まっていった。

さらに、カーターの助手の父親や取材にあたった新聞記者、ミイラを調べたレントゲン技師などの関係者が、次々と死んでいった。怪死者は、合わせて二〇人以上となったという。

この噂は、第二次世界大戦後までくすぶり続けるが、やがて消えていった。調査によって、それぞれの死亡には、きちんとした原因があることが明らかにされたからだった。

何より、発掘の責任者だったカーター博士は何の呪いも受けず、六六歳まで生きたのが、呪いのなかったことの証拠。ほかにも、発掘にかかわりながら、長生きした人は大勢いたのだ。

第二部

日本史の裏話

1 原始・古代

複雑なつくりの「縄文土器」は使いにくかったのでは？

「縄文土器」といえば、複雑な模様が施された手の込んだ土器をイメージする人が多いだろう。じっさい、博物館に陳列されている縄文土器には、大きな取っ手のついた土器や、コップを二つくっつけたような双口の土器、口辺部に人面をつけた土器、さらに、赤色の顔料や漆《うるし》で美しく彩色した土器など、手の込んだ「精製土器」が多い。

しかし、縄文時代の土器が、すべて「精製土器」だったわけではない。むしろ、その多くは、簡単なつくりの「粗製土器」だった。本来、土器の用途は、ものを煮たり、液体を入れておくこと。現在の調理器具を考えてもわかるように、飾りのあるものは、道具としてはかえって使いにくいものだ。

縄文時代も、当初は、あっさりした形の砲弾形の深鉢が中心だった。そうした単純な土器は、時代を通じてつくり続けられるが、一方、縄文時代前期を過ぎた頃から複雑な土器も作られるようになる。それらは「神」に捧げるための器だったと考えられている。

縄文人は、木や石に神が宿ると考え、日常の祈りや季節ごとの祈りを捧げていた。そうした宗教儀礼の場で、複雑な形の精製土器を飾ったのではないかという。

神に捧げる器だからこそ、当時の最高技術が駆使され、実用性を問わない手の込んだ土器が作られたというわけだ。

どうして古代では、女性より男性が装身具を身につけていた？

弥生時代の墳墓や住居跡からは、多数の装身具が見つかっている。

大陸との交流によって工芸技術が発達、さまざまなタイプの装身具を作れるようになったのである。

髪飾り、首飾り、胸飾り、腕輪、指輪、耳飾り、カンザシなどが見つかっているが、それらの装身具をつけたのは、女性ではなく男性たちだった。

古代の装身具は、オシャレ用具ではなく、その多くは魔よけ用の道具と考えられていた。古代の人々は、動物や貝の精霊が身を守ってくれると信じていたので、一家を支える男性が装身具を身につけていたのだ。一方、女性たちは、夫や父の無事を祈って、そうした装身具を作るのが役割だった。

また、宝石や青銅、ガラス製の装身具は、大きな効験があるとされ、おもに支配者層が用いた。なかでも、とくに価値があるとされていたのは、多くの素材を必要とする首飾りで、ヒモを通してガラス玉を連ねた全長一・四メートルの首飾りも発掘されている。それを三重巻きにして、首に巻いていたと考えられている。

また、南海の大きな貝を輪切りにして作った腕輪も見つかっている。福岡県飯塚市の立岩遺跡の甕棺墓《かめかんぼ》に葬られた人物の右腕には一七個、左腕には一〇個の貝を連ねた腕輪がはめられていた。

ただし、弥生時代も後期になると、大きな権力が成立し、装身具は単なる呪術の道具ではなく、権力者の地位を表すものになっていく。よりゼイタクな装身具をつけることで、支配者が自分の権力を誇示するようになったのだ。

ヴェールに覆われた邪馬台国の女王・卑弥呼の実像とは？

邪馬台国の女王「卑弥呼」の名は、現代でもよく知られているが、どんな人物だったかについては、ほとんどわかっていない。卑弥呼に関する記述は、中国の『魏志』倭人伝にしか残されておらず、しかも詳しいことが書かれていないからである。

『魏志』倭人伝によれば、卑弥呼は一八〇年頃、王に推され、鬼道につかえたという。この鬼道は一種のシャーマニズムと考えられ、卑弥呼はシャーマンだったとみられる。国政は、弟が補佐していたと書かれているが、卑弥呼がどのように政治に関わっていたか、具体的なことは書き残されていない。

また、『魏志』倭人伝には、すでに年齢は

高いが、夫はいないと書かれている。その記述は、「高齢に達した現在、夫はいない（かつては結婚もしていた）」とも読めるが、一般には、卑弥呼は生涯独身を通したのではないかと考えられている。城柵に囲まれた宮殿に一人で住み、たった一人だけ出入りの許された男子によって食事の世話をしてもらっていたと書かれているからである。

つまり、シャーマンである卑弥呼は、霊力を衰えさせないように、人々から隔離された生活をしていた。そして結婚することはなく、人と接することを極力避ける生活を送っていたと考えられている。

巨大な石棺を作り上げた古代人の〝建築技術〟とは？

現在は火葬にされることが多いので、棺の大半は木製だが、古代には、木製の他、焼物の陶棺《とうかん》と石棺《せっかん》があった。

とくに、古墳時代には石棺が多数作られ、西日本を中心に一〇〇〇個近くが発掘されている。

その石棺には、板石を組み合わせたものと、巨岩をくり抜いた刳抜式《くりぬきしき》があった。そのうち、刳抜式の石棺の産地は、讃岐地方だったと考えられている。もともと、瀬戸内東部では、銅鐸《どうたく》の鋳型が作られていたので、その技術が石棺作りに転用されたとみられている。

その後、讃岐の工人が畿内へ移住。各地で産出される良質の石材を使い、盛んに石棺を生産するようになった。

たとえば、『播磨国風土記』には、竜山《たつやま》（兵庫県高砂市）の工人は讃岐から移住してきたという記述がのこっている。竜山の石は六世紀からよく使われるようになり、現在の兵庫県内だけで三〇〇個もの石棺がのこっている。

　その他の石棺材の産地としては、現在の大阪と奈良の境の二上山《ふたかみやま》、香川県高松市、福井市の足羽山《あすわやま》、島根県安来《やすぎ》市、岡山県井原市などがあった。

　こうした地域にも、讃岐の工人が移住し、その技術が代々受け継がれたのではないかとみられている。

古代人はどのくらい時間に正確だった？

『日本書紀』には、日本で初めて時計を作らせたのは、中大兄皇子だったと記録されている。

　斉明天皇の時代、中国や朝鮮の先進知識を学んだ中大兄皇子が、水時計（漏刻《ろうこく》）を作らせたという。


　それ以前、聖徳太子の定めた十七条憲法は、役人は朝早く出勤して夕暮れまで働くようにと、大ざっぱな勤務時間を指示しているにすぎなかった。

　中大兄皇子が水時計を作らせるまでは、宮中にも時計がなかったようで、皇子は、中国をまねて律令法による官僚制度を導入するため、水時計とともに正確な時間の概念を導入して、役人を律しようとしたとみられる。奈良県明日香村で発掘された水落《みずおち》遺跡は、その漏刻台ではなかったかとみられている。

　じっさい、八世紀になって律令制度が完成すると、陰陽寮という役所に、漏刻博士《ろうこくはかせ》二名と守辰丁《しゅしんちょう》二〇名が配置され、時が計られるようになった。一日を一二支に分割し、それを「一辰刻《しんこく》」と呼び、「一辰刻」はさらに四刻《こく》に分けられていた。子と午の時には九つ、丑と

■古代の時刻

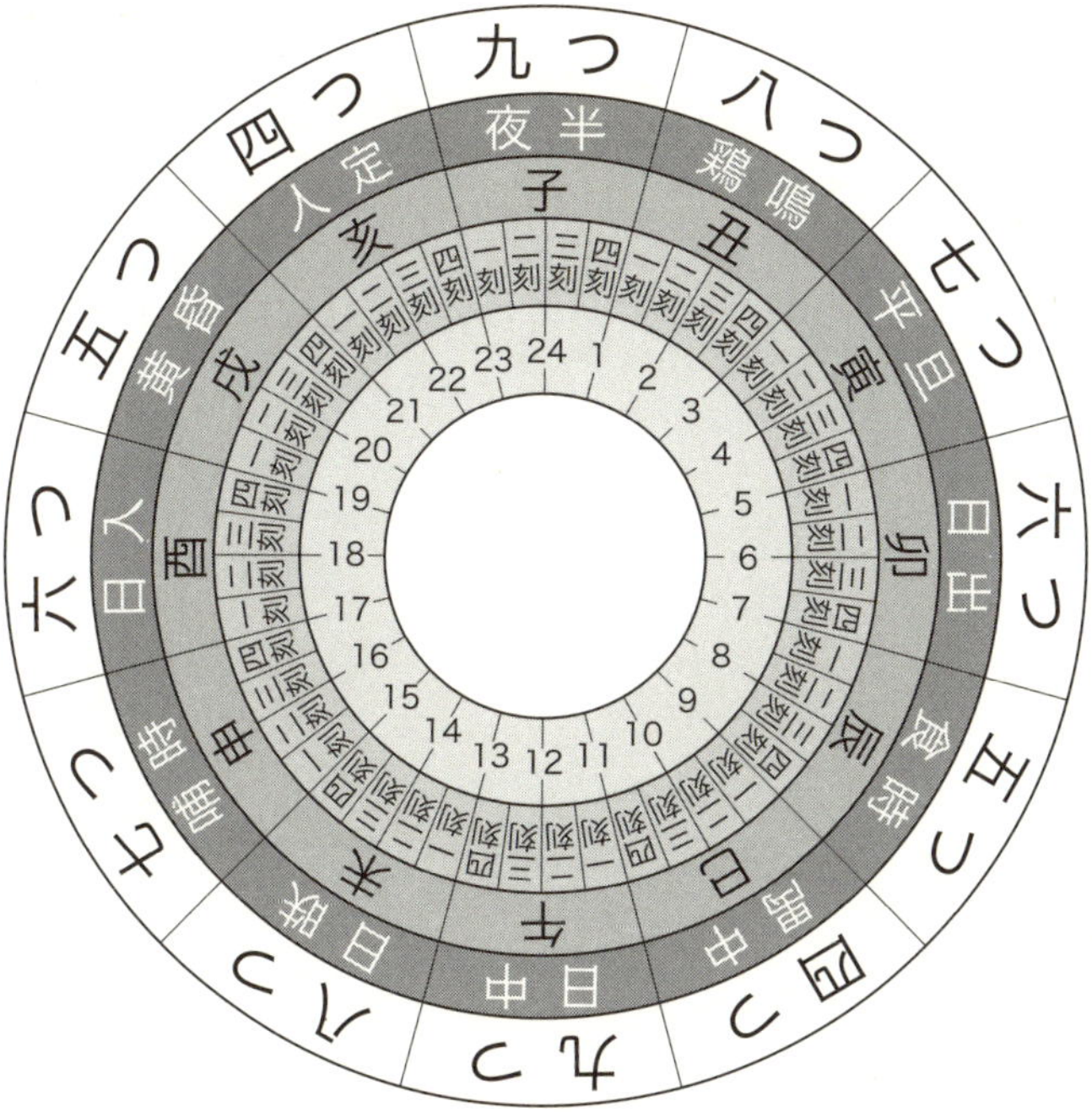

8 世紀頃には、一日の昼夜を通して等分に分けた定時法が使われていた。
夜半を子《ね》として一日を一二辰刻に分け、一辰刻はさらに、四刻に分割されていた。

末の時には八つ、寅と申の時には七つというように、時刻によってそれぞれの回数、太鼓が打たれ、宮中などに時刻が伝えられたのだ。

その時期には、少なくとも平城京の人々には、時間の観念がかなり浸透していたとみられる。

たとえば、平城京から出土した木簡には、裏面に「巳刻・未時」などと記されていた。それは、文書を受け渡した時刻を記したものと考えられている。

古代、石棺の中を赤く塗ったのはなんのため？

弥生時代から古墳時代の墳墓から発見された木棺や石棺には、内部が赤く塗られているものが少なくない。たとえば、吉野ヶ里遺跡（佐賀県）から出土した甕棺には赤い色が残っているし、藤ノ木《ふじのき》古墳（奈良県）の石棺内部はみごとな朱に塗られていた。その他の遺跡から発掘された棺も、内部を赤く塗ったものが目立つ。

これは、棺内部を血の色と同じ赤にすることで、死者を蘇らせようと願ったのではないかと考えられている。

存命中、人間の血は鮮やかな赤色をしているが、死者の血はドス黒く変色していく。そこで、棺内部を鮮血の色に染めることで、死者が生命の象徴である鮮やかな血の色を取り戻し、生き返ってほしいと願ったとみられるのだ。

赤い塗料の原料は、多くの場合、水銀朱である。水銀朱は、水銀と硫黄をまぜることで作られ、鮮やかな朱色をしている。

また、弥生時代の墓地からは、ふつうの土

器よりも赤い色をした土器が発見されることがある。酸化鉄を塗って、赤く発色するように焼き上げられたものである。

　そうした赤い土器は、遺体を納めた甕棺のそばから発見されるため、これにも同様に死者が鮮血を取り戻して、蘇ってほしいという願いが込められていたと考えられている。

聖徳太子とキリストの誕生説話がやけに似ているのは？

『日本書紀』には、聖徳太子が宮中の厩《うまや》で誕生し、それにちなんで「厩戸皇子《うまやどのみこ》」と名づけられたと記されている。その話は、キリスト誕生の説話とよく似ているところから、それを模倣したものではないかという意見もある。

　もともと、聖徳太子誕生の話は、推古《すいこ》天皇によって、厩戸豊聡耳《うまやどのとよとみみ》皇子が摂政に取り立てられたという箇所に出てくる。それによると、母親の穴穂部間人皇女《あなほべのはしひとのおうじょ》は懐妊中、禁中を巡回し、諸役人を視察しながら監督していた。馬官のところに着いたとき、厩戸で聖徳太子を労せず産んだという。だが、この話には相当の無理がある。

　聖徳太子は、敏達《びだつ》天皇時代の五七四年に誕生したが、父親は敏達天皇の異母弟で、のちの用明《ようめい》天皇。ただ、聖徳太子は、誕生した当時、皇位継承の候補に挙がることもなく、まったくの傍系の立場にあった。そこから考えると、一皇族の妻にすぎない穴穂部間人皇女が禁中を巡回して、諸役人を監督するとは考えられないのだ。

　そんなこともあって、『日本書紀』の厩戸皇子誕生をめぐる話には創作の疑いが生じ、聖書を模倣したという説が語られるようになったのだ。たしかに、『日本書紀』が書かれた頃には、唐の長安に学んだ留学生が現地でキリスト教（ネストリウス派）に接する機会があったし、彼らには、帰国後、政界の中枢を担った者が少なくない。そこから、聖徳太子誕生の逸話は、キリスト教のエピソードを知っていた者が、厩戸皇子という名にちなんで、模倣した創作だと考える研究者もいるのである。

近頃、「大化の改新」を「乙巳の変」と呼ぶのは？

かつて日本史の教科書で「大化の改新」といえば、六四五年に始まったとされる古代における重要な政治改革を指していた。その年の六月一二日、飛鳥板蓋宮《いたぶきのみや》で、中大兄皇子や中臣鎌足《なかとみのかまたり》らが、当時の最高実力者蘇我入鹿を暗殺。翌日、父親の蝦夷《えみし》も自邸に火を放って自殺したことで、蘇我氏の本流は滅亡。その後は、中大兄皇子が中心となって、隋や唐の律令制度を取り入れ、六四九年くらいまでに中央集権体制を定めたというものだ。

しかし、現在では、見方がずいぶん変化している。本格的な政治体制改革が行われたのは、もっと後のことだったと考えられるようになっているのだ。そして、六四五年の出来事は、当時二〇歳の中大兄皇子が、朝廷の実力者だった蘇我親子を自らの手で倒したというだけで、事件の呼び名も「大化の改新」ではなく、その年の干支にちなんで「乙巳《いっし》の変」と呼ばれるようになっている。

さらに、「乙巳の変」の首謀者は、従来、中大兄皇子と中臣鎌足とされてきたが、じつは、中大兄皇子の叔父にあたる軽皇子《かるのみこ》だったのではないかという説も出てきている。

この変後、確かに中大兄皇子は皇太子となり、中臣鎌足も内臣に昇進しているが、より大きな得をしたのは、じつは軽皇子だった。それ以前、当時五〇歳の軽皇子が天皇になるチャンスはないと思われていたのに、政変後、孝徳《こうとく》天皇として皇極《こうぎょく》天皇の後を継ぐことになったのだ。しかも、ただちに側近を重要ポストに就けているので、政変前から政権を担う準備を進めていたとみられる。

そこから、軽皇子が天皇の座に就く最後のチャンスと、中大兄皇子らを巻き込んで政変を仕組んだと見る研究者が増えているのだ。

興福寺の阿修羅像にはモデルがいたか？

阿修羅像といえば、通常は髪を逆立てたり、怒りで顔をこわばらせたり、牙をむいたりと激しい表情をしている。阿修羅とは、サンスクリット語で「非天」や「不端正」を意味する「アスラ」に由来し、本来は、激しい気性で戦いを好む古代インドの邪神のことである。仏教では、その阿修羅がブッダに帰依することで、ブッダと仏法を襲う邪気を払う守護神と位置づけられた。

ただ、古代の仏像の傑作、奈良興福寺の阿修羅像は、通常の阿修羅像とは、イメージがかなり違う。顔が三つ、腕が六本という異形でありながら、体の線がしなやかで、一見すると「女性？」と思わせるような柔らかさを感じさせるのだ。

じっさい、ある女性をモデルとして、製作されたからという説もある。

興福寺の阿修羅像は、七三四年（天平《てんぴょう》六）、聖武《しょうむ》天皇妃である光明《こうみょう》皇后が、亡き母県犬養《あがたいぬかい》三千代の追善のために造り、興福寺へ納めたもの。そのさい、皇后は、実娘で当時一五歳の阿倍皇女をモデルにしたのではないかという。

その頃、光明皇后は男の子に恵まれていなかったので、聖武天皇からの皇統を守るためには、阿倍皇女が即位するしかなかった。そういう運命も見すえて、阿修羅のモデルにしたのではないかと考えられている。

ちなみに、光明皇后は、その後、基王という男の子を産むが、夭折。阿倍皇女が孝謙《こうけん》天皇（称徳《しょうとく》天皇）として皇位を継承した。

埼玉県に〝高麗王〟の墓が残っているのは？

埼玉県日高市に「高麗《こま》の里」というハイキングに絶好な丘陵地がある。その一帯には高《こ》麗《ま》神社があり、高麗王若光《じゃっこう》の墓のある聖天院というお寺もある。奥武蔵に高麗王の墓があるのは、奈良時代の七一六年、関東各地に住んでいた高麗人を集めて、この地に住まわせたからである。

中国や朝鮮との交流は古くから行われていたが、日本海をわたって渡来する人々が急増したのは四世紀以降のこと。とくに、高句麗《こうくり》や百済《くだら》、新羅《しらぎ》、加羅《から》などの争いがつづいた五世紀には、戦火を逃れて日本へ移り住む人が多くなった。

渡来人は、高度な技術や先進文化を身につけていたので、重要なポジションでも活躍する一方、ヤマト政権は渡来人の一部を東国に住まわせ、未開地を開拓させた。

そんななか、奈良時代を迎えると、朝廷は、駿河、甲斐、相模、上総、下総、常陸などに散在していた高麗人一七九九人を武蔵国へ移し、高麗郡を設置。

　そのとき、首長となったのが、高麗王若光だった。そして、この高麗王の死後、建立されたのが、高麗神社である。後に、高麗神社は高麗郡の総鎮守となり、出世・開運の神様として信仰を集めてきた。

　また、高麗王若光の子が、高麗の僧・勝楽の冥福を祈って建立したのが聖天院《しょうでんいん》で、この寺院の中に設置された朝鮮式の石塔が、現在、高麗王若光の墓とされている。

どうして「三種の神器」は皇位の象徴とされるようになった？

「三種の神器」は、皇位のしるしとして、天皇に代々継承されてきた三種類の宝物。八咫鏡《やたのかがみ》、八尺瓊勾玉《やさかにのまがたま》、天叢雲剣《あめのむらくものつるぎ》の三器を指し、いずれも天孫降臨とともに、天照大神より授与されたと伝えられてきている。

　もともと、古代においては、天皇家以外の権力者も鏡、玉、剣を支配権の象徴として用いていた。それが天皇特有のしるしになったのは、七世紀頃のことと考えられる。剣は神の鎮座の象徴、鏡は太陽神の来臨を意味し、勾玉は月神の象徴とされ、新天皇がそれぞれ神の象徴である三種の神器を受け継ぐことによって、神聖体となったことを象徴するようになった。そして、太陽神のように陸を統治し、月神のように海を統治することができるとされ、律令にも、三種の神器が皇位継承のしるしであると明記されたのである。

　もっとも、三種の神器が、皇位継承のしるしとして、周囲の人々に強く意識されるようになったのは、一四世紀半ばの南北朝時代以降のことである。皇位の正当性が問題になった時代だけに、皇位継承のしるしを受け継いでいるかどうかが、大きな政治的争点になったのだ。

現在、八咫鏡は伊勢神宮の皇大《こうたい》神宮、八尺瓊勾玉は皇居吹上御殿、天叢雲剣は熱田《あつた》神宮に神体として奉斎されている。

筑前と筑後、上総と下総…旧国名の前後と上下は何が基準？

古代律令国家は、日本全土を六六国二島に分け、それぞれに国名をつけた。そして、それらの国名には、筑前《ちくぜん》と筑後《ちくご》（福岡県）、豊前《ぶぜん》と豊後《ぶんご》（福岡県と大分県）、あるいは、上野《こうずけ》と下野《しもつけ》（群馬県と栃木県）のように、「前後」や「上下」のついた名前が多数存在する。

当時の役人が、前や後、上や下をつけるさい、基準としたのは、都《みやこ》から放射状に地方へ伸びる官道だった。官道の道順にしたがい、都に近い方を前・上、遠い方が後・下としたのだ。

もともと、前後、上下に分けられた国々は、それ以前、ひとつの政治圏を構成していたが、律令制度の確立に伴い、分割された。たとえば、筑前と筑後は筑紫《つくし》の国が分割されたもので、豊前と豊後は豊《とよ》の国、備前《びぜん》と備中《びっちゅう》と備後《びんご》は吉備の国が、そして上野と下野は毛野《けぬ》の国が分割されたものだ。

一方、六六国は「五畿七道」と呼ばれる地域ブロックにも分けられていた。「五畿」（畿内）は山城、大和、摂津、河内、和泉で、現在の京都府、大阪府、奈良県にまたがる都周辺の特別行政府とされていた。また、「七道」

■五畿七道

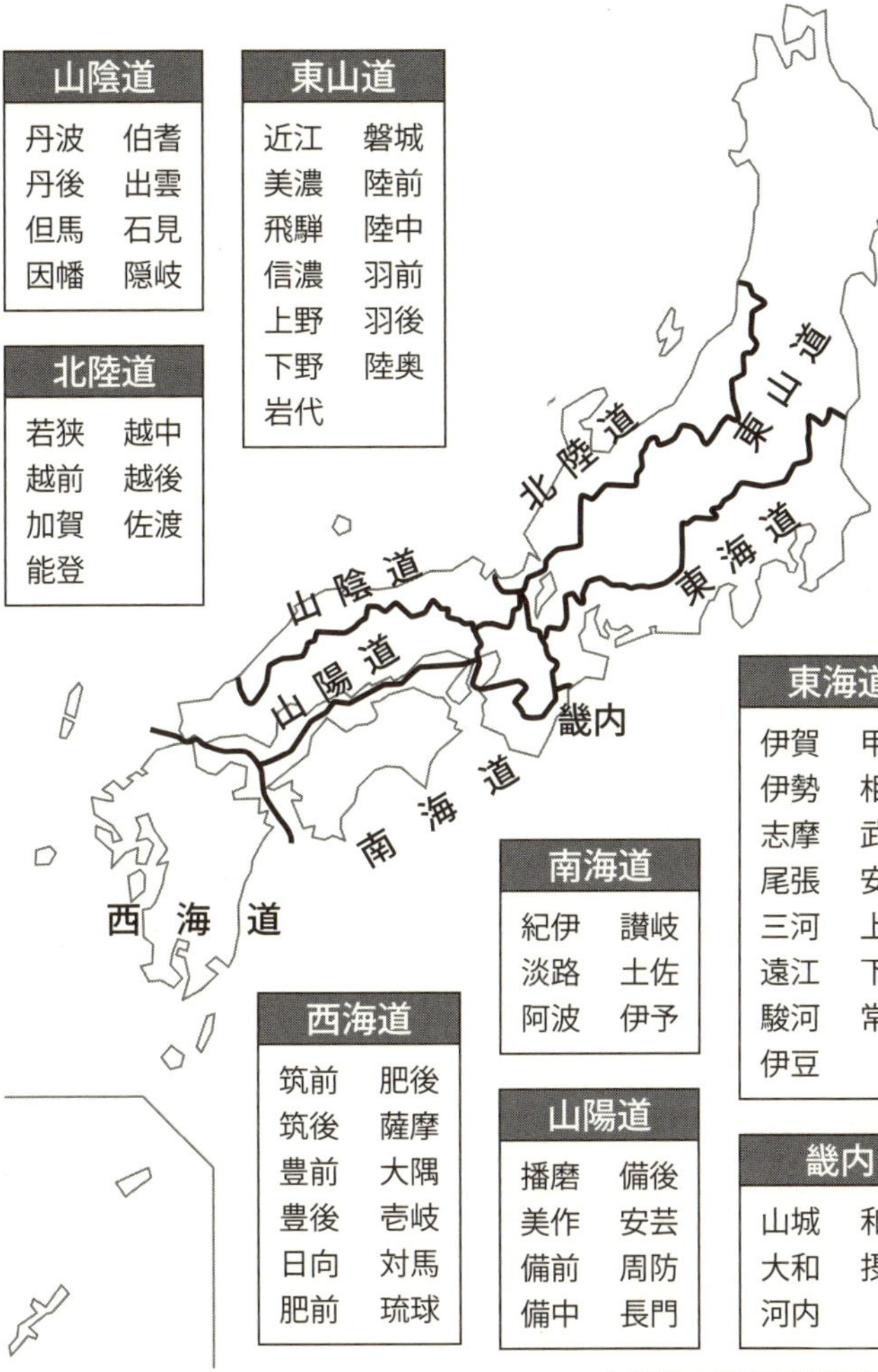

山陰道	
丹波	伯耆
丹後	出雲
但馬	石見
因幡	隠岐

東山道	
近江	磐城
美濃	陸前
飛騨	陸中
信濃	羽前
上野	羽後
下野	陸奥
岩代	

北陸道	
若狭	越中
越前	越後
加賀	佐渡
能登	

東海道	
伊賀	甲斐
伊勢	相模
志摩	武蔵
尾張	安房
三河	上総
遠江	下総
駿河	常陸
伊豆	

南海道	
紀伊	讃岐
淡路	土佐
阿波	伊予

西海道	
筑前	肥後
筑後	薩摩
豊前	大隅
豊後	壱岐
日向	対馬
肥前	琉球

山陽道	
播磨	備後
美作	安芸
備前	周防
備中	長門

畿内	
山城	和泉
大和	摂津
河内	

☆五畿…畿内五か所の総称
七道…各道の総称

とは、東海道、東山道《とうさんどう》、北陸道、山陽道、山陰道、南海道、西海道《さいかいどう》のことで、都の中央政府と地方国衙《こくが》とを結ぶ主要道路をもとに分けられたブロック圏だ。

そこで、もともとの政治圏を分割するとき、官道の道順に従い、都に近い地域に「前」「上」をつけ、遠い方に「後」「下」をつけたのである。

なぜ伊勢神宮は都から遠く離れた場所につくられた？

二〇一四年には一〇八六万人もの参拝客を集めた伊勢神宮には、天皇家の祖先とされる天照大神《あまてらすおおみかみ》が祀られている。伊勢神宮が、都から遠く離れた伊勢におかれているのは、五世紀頃、ヤマト政権が、この地に東国進出の拠点をおき、その施設が伊勢神宮のルーツになったからという説が有力視されている。

当時、ヤマト政権は東国へ勢力を伸ばそうとし、伊勢湾西岸に東国への出発点となる湊《みなと》をいくつか設けた。その施設のひとつとして神社の原型のようなものも設けられたとみられる。

その後、南伊勢の湊がひときわ重要視されるようになったのは、皇室内部の対立があったからである。六世紀初頭、安閑《あんかん》、宣化《せんか》帝と欽明《きんめい》帝の間で、皇位継承をめぐる争いがあった。安閑、宣化帝の母親は尾張の出身だったので、対立する欽明天皇は、陸路の尾張を避け、海上ルートを利用しようと南伊勢に拠点を設けたのだ。

その後、壬申《じんしん》の乱のとき、大海人皇子《おおあまのおうじ》が伊勢神宮を遥拝《ようはい》する。皇子は、のちに天武《てんむ》天皇（四〇代）となり、その天武系の天皇が、称徳天皇まで九代も続いた。そのため、伊勢神宮の権威はさらにアップ。しだいに国家神として崇められるようになった。

西を守る防人に、わざわざ東国の兵があてられたのは？

七世紀半ば、国際情勢が緊迫した時期、九州地方海岸部の防衛にあたったのは、「防人《さきもり》」と呼ばれる兵士たちだった。六六四年、百済救済のため、唐・新羅連合軍と戦って敗れた白《はく》村江《そんこう》の戦いの後に設けられた防衛システムだ。

むろん、九州といえば、日本列島の西端に位置するが、その防衛に派遣されたのは、なぜか東国出身の兵士たちだった。

当時の東国は、遠江《とおとうみ》（静岡県西部）と信濃（長野県）より東側という意味で、現在の中部地方と関東地方を指す。時代によっては、防《さき》人《もり》として、地元の九州出身者が派遣された時期もあったが、ほとんどは東国出身者が送られていた。これは、防人開設のきっかけとなった白村江の戦いで、西日本の兵士たちが大きな痛手を負っていたからである。

たとえば、『備中国風土記』は、「邇摩《にま》」という地名の由来として、次のようなエピソードを記録している。

斉明天皇が百済救済のため、筑紫へ向かう途中、繁栄した土地をみつけたので動員をかけてみたところ、二万もの優秀な兵士が集まったという。

そこから、「二万の郷」と呼ばれるようになったというのだ。

このエピソードが示すように、白村江の戦いには、西日本の兵士が動員されたが、多くの兵士が戦死し、あるいは捕虜となった。

そのため、防人の兵士として、西日本から新たに徴兵することは難しくなり、やむなく東国から動員されたのではないかとみられている。

また、白村江の戦いでは、西日本の水軍を中心に遠征軍が編成されたが、次の戦いは九州に上陸してくる唐・新羅連合軍を迎撃する地上戦になると予測されていた。それには対蝦夷戦で鍛えられた東国兵が適していることからも、東国兵士が派遣されたと考えられている。

日本初の大規模な都「藤原京」をたった一六年で捨てたのは？

六九四年、わが国初の本格的な都として、藤原京が造営された。持統《じとう》天皇が、飛鳥京の西北部（現在の橿原《かしはら》市）に、唐の都長安をモデルに造営した都だ。しかし、わずか一六年で、奈良の平城京へ遷《うつ》されてしまう。

わが国初の本格的な都城が、わずか一六年間でお役御免となったのは、一説に天皇の宮殿が都の中央にあったからとみられている。

風水によれば、都は東、西、北が山に囲まれ、南が開けている場所におくと、よいとされる。また、都の北辺に宮殿を建て、そこから南へ向かって開発を進めるのが理想とされた。さらに、南部に川が流れていると、より理想的といわれている。じっさい、唐の都は、都の北辺に宮殿が配置され、南へ向かって建物が広がっている。

ところが、藤原京は、都の中央に宮殿があり、宮殿の四方が他の建物に囲まれていた。風水では理想の都といえないことが、当時の人々には、不吉に感じられた。

また、藤原京は、海運の拠点だった難波津から遠いことや、たびたび川の氾濫《はんらん》が起こることもネックとなっていた。川が氾濫すると、当時は多くの死者を出す疫病が流行したからである。

そこで、大きな不幸が起きないうちに、平城京へ遷されたと見られている。

日本史に残る〝ワイロ第一号〟は？

日本史上、記録に残るワイロ事件第一号は、ヤマト政権の総理大臣クラスによる国際ワイロ事件だった。

五世紀末から六世紀半ばにかけての武烈《ぶれつ》、継体《けいたい》、安閑、宣化という四人の天皇の時代、大伴金村《おおとものかなむら》が「大連《おおむらじ》」という役職に就いていた。「大連」は、ヤマト政権の最高執政官で、現在の総理大臣クラスにあたる。

『日本書紀』には、この金村が百済からワイロを受け取ったという噂が流れたと記されているのだ。五四〇年には、この噂をめぐって、物部《もののべ》氏から攻撃された金村が失脚するという事件まで起きている。

五世紀後半、高句麗が朝鮮半島北部から南下して、南部の百済や新羅を圧迫し始めた。やがて、その圧力が、ヤマト政権が統治していた加羅におよぶことは明らかで、継体天皇は金村の進言に従って、加羅のうちの四か国について、百済の支配権を承認した（かつては任那《みまな》四県割譲と呼ばれた）。つまり、高句麗に領土の北部を奪われた百済を助けるため、領地を譲ったことになる。

当時の皇太子は、これに反対したが、金村は天皇の決断を楯に押し切った。自ら進言して天皇に決断を迫り、今度は天皇の決断を梄に自分の主張を通したわけであり、百済のためにそれほど頑張るのは、百済からワイロをもらったからに違いないと噂されたのである。

本当に、金村がワイロを受け取っていたかどうかは不明だが、日本史上、ワイロをめぐる話が登場するのは、この金村の一件が最初である。

僧兵があえて覆面をして戦ったのは？

僧侶本来の姿は、仏の道に生きることである。殺生をせず、善行を積み、慈悲を施す。戦いとはもっとも遠い存在といえる僧侶が、平安時代中期から、武器をとって人を殺《あや》めるようになる。しかも、戦う僧侶（僧兵）らはそろって覆面をしていた。むろん、身元を隠すためである。

平安時代の寺院は、朝廷と有力貴族によって支えられていた。そのため、国家財政が悪化したり、有力貴族の力が衰えると、寺院は、自らの所有地（荘園《しょうえん》）を拡張してやり繰りしていくしかなかった。

ところが、その時代には、地方の国司らも武力によって所有地を拡大させようとしていた。国司の攻撃に対し、寺院側も武器を取ることになった。つまり、生活の基盤である荘園を守るため、僧侶も武器を手に戦うことになったのだ。

ただ、僧侶の本分を考えれば、殺生ははばかられる。そこで、戦いに参加する僧侶は、身元を隠すため、覆面をするようになったのだ。

また、寺院では、しばしば集会が開かれ、

寺院としての総意を決定した。そのときも、僧侶たちは顔がわからないように、覆面をして参加し、それによって、集会での発言や議決の公正さを保障していた。そのため、発言するときには、覆面の上から鼻を押さえ、声を変えるのが作法とされていた。

佐渡へ島流しされた一番の〝大物〟は？

佐渡ヶ島に初めて犯罪人が流されたのは、奈良時代の七二三年（養老六《ようろう》）のことである。式部大輔だった穂積朝臣老《ほづみのあそみおい》が、この島へ流されている。その二年後、佐渡は、伊豆、安房、常陸、隠岐、土佐とともに、正式に「遠流《おんる》の地」と決められた。都から遠く離れていることに加え、当時は絶海の孤島だったことから、重罪人を流すのに最適の土地とされた。

その時代、流人には、身分や性別を問わず、一日に米一升と塩一匁が渡された。春には、田んぼと種モミを与え、自給自足もさせた。牢獄につながれることはなかったので、家族と生活する者もいた。当時は、逃亡しようと思っても、海へ飛び込めば溺れ死ぬしかなかったので、逃亡を企てる者はいなかったという。

佐渡へ流された犯罪人のなかで、もっとも大物といえば、順徳《じゅんとく》上皇だろう。一二二一年（承久三）、後鳥羽《ごとば》上皇らと鎌倉幕府打倒の兵を挙げた（承久の乱）が失敗して捕えられ、佐渡へ流された。都へ帰りたいと願いながら、在島二二年目の秋、崩御した。

また、鎌倉時代、幕府を攻撃した罪に問われた日蓮も、佐渡に流されたことがある。在島は二年三カ月だったが、その間、日蓮は仏法の研究に没頭、『開目抄《かいもくしょう》』を書いて、日蓮宗の教義を確立した。

室町時代の一四三四年（永享六《えいきょう》）には、能楽の大成者である世阿弥も佐渡へ流された。宗家相続争いにからみ、将軍足利義教《よしのり》の怒りを買ったためだった。再び京の都へ帰るまで、『金島書』をはじめ、数多くの謡曲を作って過ごしたと伝えられる。

お役所だった「陰陽寮」で、陰陽師たちは何をしていた？

律令時代に「陰陽寮」という役所が設置された。この役所は、簡単にいえば、国家の将来が安泰であるように、陰陽道《おんみょうどう》を駆使して国家の異変を占い、それを除去する役割を担っていた。

たとえば、陰陽寮に一人いた陰陽頭は、天文や暦を勉強し、それらを観察するなか、異変の兆しをみつければ、密かに封じることが大きな仕事だった。また、平安時代、安倍晴明が務めた天文博士も、天文を観察して、変異の兆しがあれば、密かに封じたとされる。さらに、六人が配置されていた陰陽師は、筮《ぜい》竹《ちく》で卦を立てて、吉凶を占うのが仕事だったし、暦博士は暦を作り、暦から伺える変事を事前に封じるのが役割だった。

当時は、さまざまな異変の原因が科学的にはわからなかったので、陰陽寮の占いや変異の兆しを封じる役割は、国家を運営するうえで重要な仕事だったのだ。

もともと、陰と陽は中国古代の考え方で、それらは万物を作りだす二つの気とされた。陰は冬・秋・月・夜のように消極的な性質をもち、陽は春・夏・日・昼のように積極的な

■太政官制と陰陽寮

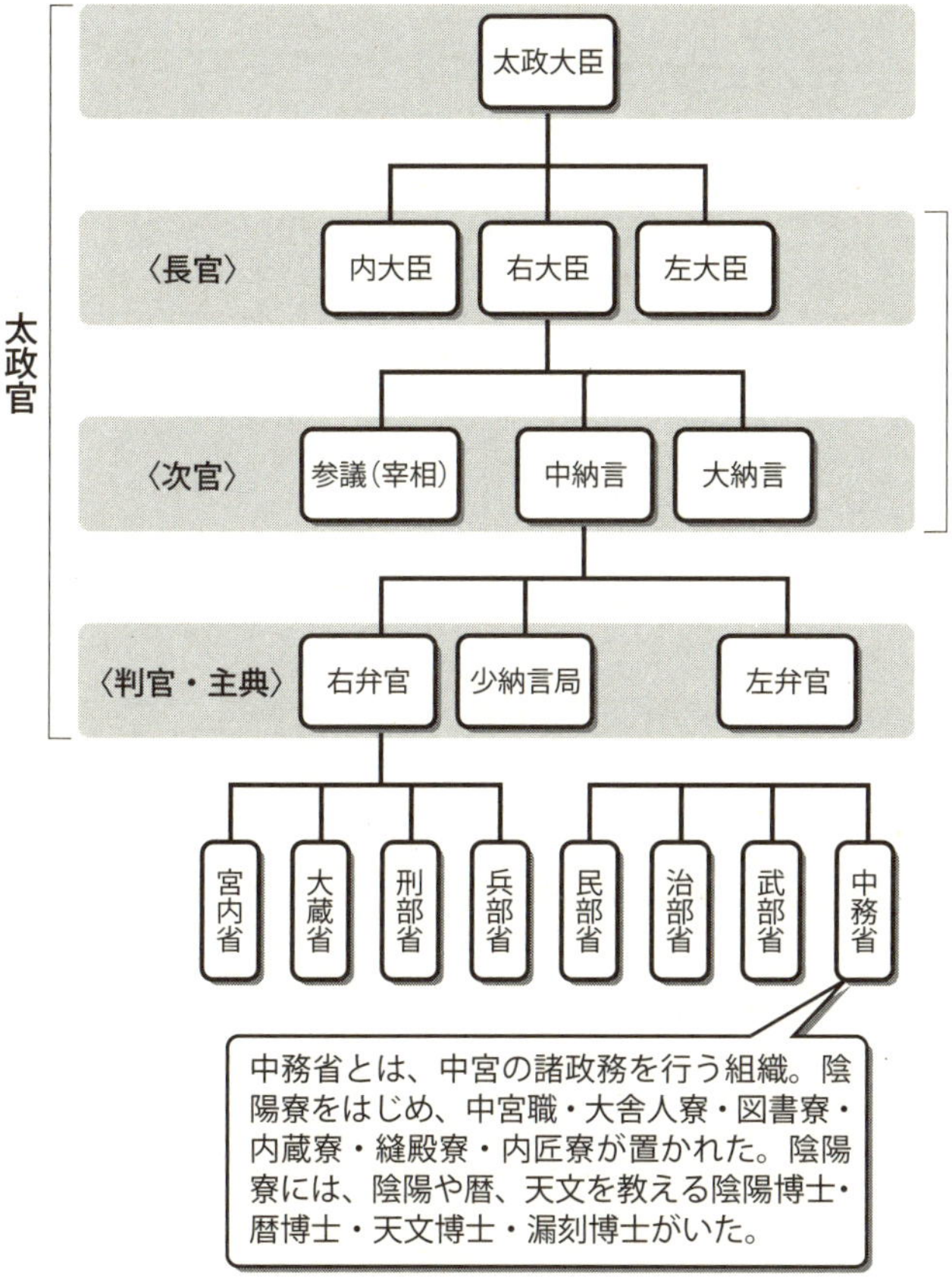
太政官
公卿
太政大臣
〈長官〉
内大臣
右大臣
左大臣
〈次官〉
参議（宰相）
中納言
大納言
〈判官・主典〉
右弁官
少納言局
左弁官
宮内省
大蔵省
刑部省
兵部省
民部省
治部省
式部省
中務省
中務省とは、中宮の諸政務を行う組織。陰陽寮をはじめ、中宮職・大舎人寮・図書寮・内蔵寮・縫殿寮・内匠寮が置かれた。陰陽寮には、陰陽や暦、天文を教える陰陽博士・暦博士・天文博士・漏刻博士がいた。

性質をもつ。その陰陽が互いに作用して、万物が造り出されていると考えられていた。

また、万物のうちでも、木と火は陽で、金と水は陰、土はその中間に存在するとされ、それらの消長によって、すべての現象が把握、説明されていた。それが「五行説」で、中国の戦国時代に別々に成立した陰陽説と五行説が、漢の時代に合体。五行の消長によって、天地の変異や人事の吉凶を説くことを「陰陽五行説」といい、その陰陽五行説と天文暦法とが結びついて生まれたのが、日本独自の陰陽道とされる。

平安京の土地の値段はいくらだった？

七九四年、平安遷都のさい、上級貴族には土地が無償で与えられた。そうしなければ、上級貴族が、生活に便利で親しんだ旧都から引っ越してくれなかったからである。土地の無償提供は、新都に貴族を集めるためにやむをえない措置だった。

時代が下ると、都の土地が売買されるようになった。現存する最古の売買記録としては、遷都から一一八年後の九一二年、土地・建物が売りに出されたケースが残っている。住所は「七条一坊五町西一行北四五六七門」というから、現在の京都駅近くの一角。下級役人が多かったところで、売り手も買い手も正六位という下級役人だった。

といっても、敷地は三〇メートル×六〇メートルというから、五五〇坪というかなりの広さ。値段は、当時の価格で六〇貫文。現在の貨幣価値に換算するのは難しいが、目安として一貫分を一〇万円とすると、およそ六〇〇万円になる。京都駅近くの現在の一等地が、坪一万円ほどだったということになる。

その後も、平安京で土地の売買が行われたという記録は残っているが、大内裏に近く、当時の一等地であった一条から三条の土地が売買されたという記録はない。やはり、一等地は誰も手放そうとしなかったのだろう。

平安美人に欠かせないメイクの〝ルール〟とは？

平安美人たちのメイクは、現代とはまるで違っていた。

まず、平安時代特有のメイクとして、眉をおでこの真ん中に描くという化粧法があった。当時、そんなメイクが流行したのは、目と眉が離れているほど、高貴な顔立ちとされていたからである。そのため、女の子は、成人とされた一〇歳になると、「美女のまゆびき」と呼ばれるテクニックを習った。

その方法は、平安時代以前からあり、中国から伝わったものとみられている。まず、眉毛を一本ずつ抜くところから始まった。眉毛をすべて抜けば、のっぺりした顔になるが、当時はそれが美人の第一条件だったのだ。その後、首筋から髪の生え際まで白粉を厚く塗っていく。そして、おでこの真ん中あたりに眉を描くと、のっぺりとして、目と眉の離れた高貴な顔立ちになった。

上皇と天皇、どちらが強い権限を持っていた？

天皇が生存中、その位を次の天皇にゆずると、前天皇は「太上天皇《だいじょう》」と呼ばれた。略して「上皇」である。平安時代中期までは、上皇といえども、天皇の地位を去った以上、国政上の地位は天皇より低く、たとえ周りから天皇より丁重な扱いを受けたとしても、それは儀礼的なものにすぎなかった。あくまで政治の中心は、天皇だった。

ところが、その原則が崩れたのが、平安時代後期の一〇八六年（応徳《おうとく》三）のことである。堀河《ほりかわ》天皇に位を譲って上皇となった白河上皇が、天皇よりも強い権限をふるうようになったのだ。

といっても、白河上皇は、もともと天皇を差し置いて、政治の実権を握ろうとしたわけではない。自分の弟たちに対して、皇位を譲るのは実子であることを示すため、実子の堀河天皇に位を譲ったのだが、新天皇がまだ八歳だったため、自ら「白河院」と称して引き続き政務にあたったのだ。これが、「院政」の始まりである。

さらに、それから二一年後、堀河天皇が没すると、わずか四歳の鳥羽《とば》天皇が皇位に就いた。そのため、白河上皇の権限がさらに強化されたのである。こうして、それまで天皇の代わりに政治の実権を握ってきた摂関《せっかん》家（おもに天皇の母系にあたる）の権力が、父系の上皇に移ったということができる。

以来、天皇家の家長として、政治の実権を握る上皇や法皇は「治天《ちてん》の君《きみ》」と呼ばれ、事実上の国王として君臨する。上皇が治天の君として実権を握っている場合、その時期の天皇は「在位の君」と呼ばれた。

「東夷」とばかにされた鎌倉武士の教養の程度は？

教養豊かな京の公家から見れば、関東武士

たちは、きわめて無粋で無学な田舎者だった。

京の公家らは、関東の武士たちを「東夷《あずまえびす》」と呼んであざ笑っていたが、じっさい、関東武士たちが漢字もろくに読めなかったのは確かなことである。こんなエピソードが残っている。

鎌倉幕府が成立して三九年後、後鳥羽上皇が幕府打倒を企て、兵を挙げた。そのさい、幕府側は、後に三代執権となる北条泰時が、関東武士を率いて京へ攻め上り、鎮圧した。その後、朝廷から講和文書が下されたが、泰時には、漢文で書かれたその文書が読めなかった。

そこで、家来の岡崎三郎兵衛尉に「この文書を読める者はいないか?」と尋ねた。すると、岡崎は「武蔵国の藤田三郎というものは学問があり、読めると思います」と答えた。

つまり、関東武士には漢文が読める者が、わずか一人しかいなかったのだ。

当時、関東武士は武芸に励み、学問を軽視していた。漢詩や和歌、古典文学などに興味をもつ者はまずいなかったのだ。

ただし、漢文が読めずに恥をかいた北条泰時は、鎌倉に帰ると猛勉強。

その後の一二三二年(貞永《じょうえい》元)には、鎌倉幕府初の法律『御成敗式目《ごせいばいしきもく》』を完成させている。

源義経はどんな馬で一ノ谷の崖を駆け下りた?

源氏との戦いで、一時は都落ちをした平家だったが、源義仲が都の統治に失敗して、源氏の勢力がいったん後退。その間に平家は態勢を立て直し、再び都へ迫ってきた。

そのさい、平家が布陣したのが、北側を険しい山々に囲まれ、南側には海の広がる天然の要塞、一ノ谷（現在の神戸市）である。これを源義経が改めるのだが、この戦いで勝敗を決した作戦が、義経の「逆落とし」である。

義経は、精兵《せいへい》七〇騎を率いて、一ノ谷裏手の断崖絶壁に立ち、その絶壁を駆け下ることを決意する。『平家物語』によれば、二頭の馬を落としたところ、一頭は脚をくじいたが、もう一頭は無事だったことから、義経は作戦を決行。義経らが崖を駆け下り、平家陣地を襲うと、平家は予期せぬ頭上からの攻撃に大混乱、敗走することになる。

そのさい、義経が断崖を駆け下りた馬は、ポニーのような大きさの馬だったとみられる。一般に、合戦で活躍する馬といえば、映画や大河ドラマの影響で、現在のサラブレッドのような大きさの馬をイメージする。ところが、当時の騎馬の骨を調査してみると、推定体高は一〇九～一四〇センチで、平均一二九・五センチほどと、現在のポニーほどの大きさだった。なお、現在のサラブレッドの体高は平均一六〇センチほどである。

屋島の合戦で、那須与一が射た扇までの距離は？

『平家物語』には、屋島の合戦で、弓の名手、那須与一が、自分の弓の腕前を見せる名場面が描かれている。

戦い終えた夕暮れどき、勝負は翌日と源平ともに引き揚げようとしたとき、沖合の平家の船団から、小舟が一艘進み出た。海岸から七、八段ばかりの距離まで近づくと、舟を停めた。一段は六間《けん》で、約一一メートル。七、八段は、八〇～九〇メートル前後の距離となる。

舟上には、美女が歩み出て、金色の日の丸が描かれた軍扇を竿の先にはさみ、その竿を舟べりに立てて、海岸の源氏方に向って手招きをした。「その扇を射よ」という意味のようだ。

この挑発に対して、源義経が射手として選んだのが、下野国（栃木県）那須郡出身の那須与一宗高である。与一は、空を飛ぶ鳥の三羽に二羽は射落すという名手だった。

さすがの与一も、一度は辞退するが、それが許されない雰囲気を悟ると、弓を手に馬にまたがった。与一は馬に乗ったまま一〇メートルほど海に入るが、夕暮れとあって視界が悪いうえ、春先特有の北風が激しく吹いていた。与一にとっては向かい風で、さらに舟は上下に揺れている。与一はなかなか的を絞れない。

そのとき、風が一瞬弱まった。与一がその瞬間を見逃さず、矢を射ると、みごと扇に命中した。これには、源平双方から感嘆の声が上がったという。

というわけで、『平家物語』の記述に従えば、与一から舟上の扇までの距離は、海岸から舟まで七、八段の距離があり、与一は一〇メートルほど海に入ったので、扇までの距離は七〇～八〇メートル前後だったと考えられる。

2 鎌倉・室町

権力の頂点にあった源頼朝が自由に行動できなかったのは？

鎌倉幕府を開いた源頼朝は、他の権力者と同様、妻以外の女性にも手を出している。記録によると、頼朝の館に仕えていた常陸介藤原時長の娘大進局《だいしんのつぼね》に、一児を産ませている。

ところが、そのとき、妻政子が激怒。嫉妬の嵐が吹き荒れ、大進局は、鎌倉から遠い京へ追われてしまった。

頼朝は、それでも懲りず、兄義平の未亡人に艶書《えんしょ》を送る。この艶書に驚いたのが、未亡人の父親である。あわてて娘の再婚相手を探し、別の男へ嫁がせた。頼朝の子供をもうければ、妻政子にどんな仕打ちをされるかわからなかったからだ。

頼朝が鎌倉幕府を開いたのは、三四歳のときのこと。男盛りで欲望も強かっただろうが、それを自由に発散することは難しかった。政子の嫉妬がすさまじかったからである。頼朝は京育ちで源氏の貴公子。多妻を当たり前として育ったが、東国の田舎育ちの政子にはそれが通じなかったのだ。頼朝が浮気をすれば、政子がすさまじい嫉妬の炎を燃やしたので、頼朝は、女性関係については、比較的おとなしくしているしかなかったのだ。

源頼朝の軍勢の主力は「平氏」だったって本当？

一言に「源平合戦」と言われるが、源氏と平家の戦いは、それぞれの一族にきれいに分かれて、戦ったわけではない。

まず、源頼朝の軍勢は、平家出身の一族を主力としていた。後に執権政治を行った北条氏をはじめ、三浦半島一帯を治めていた三浦氏、和田氏、梶原氏、畠山氏、千葉氏、上総氏などは、平家の出身だった。頼朝軍の主だった面々は、源氏ではなく、むしろ平家出身者によって占められていたのだ。

一般に、源氏は東日本を本拠とし、平家は西日本に拠っていたと思われているが、東日本にも古くからけっこうな数の平家がいたのだ。たとえば、「平将門《たいらのまさかど》の乱」を起こした平将門の祖父高望《たかもち》は、名前のとおり、平家の出身。八八九年、高望は上総介《かずさのすけ》に任じられて関東に下るが、任期が過ぎてもその子供たちは帰京せず、下総国《しもうさのくに》を中心に未開地を開発。所有地を広げることで、勢力を伸ばした。関東移住〝三世〟の将門は、下総国佐倉生まれで、平家一族といえども、すでに関東の人間だった。

平安時代中期には、この将門のように、平

家一族でありながら、関東で生まれ育った者が多くなった。そして、平安末期になると、源頼朝の蜂起・台頭とともに、頼朝の配下に組み込まれていったのだった。

「源平合戦」といっても、それは両軍の総大将の血統によるネーミングであり、配下の血統までは表していない。そのため、近年は、「源平合戦」と呼ばず、当時の年号を用いて「治承《じしょう》・寿永《じゅえい》の乱」と呼ばれることが増えている。

北条政子は、生前から「尼将軍」と呼ばれていたのか？

源頼朝の妻・北条政子《ほうじょうまさこ》は、夫の死後、落飾して尼となった。それまでは、将軍の妻として「御台所《みだいどころ》」と呼ばれていたが、尼となったことで「尼台所《あまみだい》」と呼ばれた。

ところが、その後、将軍の地位を継いだ嫡男頼家《よりいえ》と二男実朝《さねとも》が、相次いで殺害される。そこで、政子は、傀儡《かいらい》将軍として京から幼い藤原頼経《よりつね》を招き、その後見となって幕府の実権を握った。そのため、「尼将軍」という名でも呼ばれている。

しかし、政子は、政治の実権を握っていた当時から、「尼将軍」と呼ばれていたわけではない。そう呼ばれるようになったのは、室町時代後半のこととみられる。

一二二五年（嘉禄《かろく》元）、彼女が六八歳で亡くなってから、およそ二五〇年も後のことである。

室町時代のその頃、政治の実権を握っていたのは、室町八代将軍・足利義政の正室・日野富子だった。

政治に興味を示さない夫に代わって、富子

は幕政に深くかかわった。とくに、実家である日野家の権威をバックに無理を押し通し、将軍の後継問題にも口を出し、それが応仁の乱を招いた。

さらに、富子は、京都七つ口に関所をつくって、関銭を徴収。高利貸からワイロを受け取るなどして、巨万の富を蓄えた。戦乱に苦しむ庶民をよそに、金儲けに夢中になった富子は「守銭奴」と非難された。そういう富子の振る舞いを苦々しく思っていた当時の人々が、富子のイメージを北条政子に重ねて、「尼将軍」と呼びだしたとされる。

ただし、政子の場合、後鳥羽上皇らが討幕を掲げて挙兵した承久の乱では、幕府側の指揮を取って反乱を鎮め、戦後の混乱もうまく収めた。富子と違って政治的な手腕を発揮しており、後世の歴史家にも、政子の政治力を高く評価する人が多い。

「御成敗式目」はなぜ五〇ヵ条ではなく五一ヵ条？

日本初の武家法『御成敗式目』は、鎌倉時代の一二三二年に施行された。それまで、幕府は、武士の道理と先例に基づき、裁判を行っていたが、支配が西国へ広がるにつれて、御家人と荘園領主との紛争が増えたため、基本法典が必要となった。そこで、時の執権、北条泰時《やすとき》が中心になって、この法典を編纂した。

『御成敗式目』は五一ヵ条にまとめられているが、なぜ、そんな中途半端な数にしたのだろうか。現在の感覚でいえば、一条だけ余分で、五〇条にしておけば、よりスッキリするように感じられる。

じつは、『御成敗式目』の五一ヵ条という数字は、中国古来の陰陽思想に基づいている。陰陽思想は、万物が陰と陽という二つの気によってできているという考え方で、奇数を陽、偶数を陰とする。そして、一〇以下の整数では、最大の陽数が九で、陰数が八となる。陰陽思想では、この九と八を足した一七は、強い数である。

たとえば、聖徳太子の十七条憲法や、足利尊氏の十七条からなる『建武《けんむ》式目』は、この陰陽思想に基づいている。鎌倉時代の『御成敗式目』は、その一七の倍数である五一に合わせ、五一ヵ条としたのである。

鎌倉時代前半は珍しくなかった女性の地頭がその後消えたのは？

鎌倉幕府や室町幕府によって、荘園や公領を管理、支配する地頭職が置かれた。

「泣く子と地頭には勝てない」と言われた「地頭」は、御家人から選ばれ、荘園や公領の軍事、警察、徴税、行政などを担当、現在でいえば、市長や町長のような権限を握っていた。この地頭職は、代々受け継がれるのが普通で、鎌倉時代半ばまでは、女性が地頭に就くこともできた。

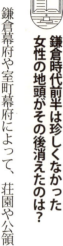

当時の社会は、所領の分割相続が基本で、女性でも、兄弟と並んで所領を相続することができた。そして、本家は、子供の中から嫡子を一人選び、継承させた。

ふつうは男性が選ばれたが、必ずしも男性である必要はなく、女性が一族の総領になることもあった。また、女の子の一人っ子の場合、しぜんにその子が嫡子となるので、女性が地頭職を継ぐのは、そう珍しいことではなかった。

しかし、女性が御家人として地頭職についた場合、問題となったのは、幕府への武力奉公である。

幕府からの命令があれば、地頭が女性であっても、武力奉公を断れなかったが、女性が自ら武器をとって軍役に就くわけにはいかない。そこで、婿や子供が代理を務めることになった。

鎌倉中期になると、分割相続を続けると、一人当たりの所領がどんどん少なくなってしまうので、しだいに女性へは所領を譲らなくなっていく。そして、南北朝時代になると、嫡子単独相続が始まり、女性はほとんど相続することができなくなった。こうして、相続が男子中心となり、女性地頭は姿を消していった。

『平家物語』の作者は一体誰なのか？

「祇園精舎の鐘の声　諸行無常の響きあり、沙羅双樹の花の色　盛者必衰の理《ことわり》をあらわす」の名調子で始まる『平家物語』。現在も、軍記物の名作として読み継がれているが、その作者の名はいまもわかっていない。

鎌倉時代から、琵琶法師によって語り継がれ、時代とともに肉づけされ、創作が加えられてきた。

伝えられるところによると、誰かが著した元となるストーリーに増補や加筆が重ねられ、平家滅亡から約一〇〇年後の一三世紀初めに六巻構成となり、それから半世紀の間にさらに増補が重ねられ、全一二巻になったと伝えられている。そういう加筆・増補の経緯もあって、作者の特定を難しくしているのだ。

ただ、過去に、その作者については、何人もの名が挙げられてきた。その最古のものは、鎌倉時代末期に吉田兼好が唱えた「信濃前司《しなののぜんじ》行長《ゆきなが》」説である。

兼好は『徒然草』のなかで、学問があり、才能に恵まれながら、不幸にも失意の人となった下級貴族の行長が、天台宗の座主・慈円《じえん》に保護されながら、『平家物語』を執筆した。そして、東国生まれの生仏《しょうぶつ》に語らせたと記している。

兼好のいう信濃前司行長とは、摂関家である九条家の家司を務めていた藤原行長と考えられている。

もっとも、この説も推測の域を出ず、結局、『平家物語』の原型となるストーリーを誰が考えたかはわからない。

蒙古襲来のとき、日本から攻め返そうとは思わなかったのか？

一三世紀、ユーラシア大陸を支配していたモンゴル帝国（元）と、元に服属していた高《こう》麗《らい》の軍隊が、最初に日本を襲ってきたのは、一二七四年（文永一一）のことである。日本が元への服属を拒否したために襲来してきた。文永《ぶんえい》の役と呼ばれている。

三万人を乗せた船が、朝鮮の合浦《がっぽ》（現在の馬山）を出発。モンゴル軍は、対馬と壱岐を襲撃した後、博多湾に姿を現わして上陸した。

当時、日本の武士は、互いに「われこそは……」と名乗りをあげてから一騎打ちする戦い方しか知らなかった。モンゴル軍とも、その方式で戦おうとするが、敵は集団戦でのぞんでくる。苦戦に陥るが、日本側もすぐに集団戦術を採るようになって反撃を開始。激しい矢戦《やいくさ》を繰り広げた結果、モンゴル軍の矢が尽きる。それで、モンゴル軍は船に引き上げ、翌日には博多湾からも姿を消した。このとき、いわゆる「神風」が吹いたのではなく、モンゴル軍は自ら兵を引いたともみられている。

　翌七五年、鎌倉幕府は、敵軍に高麗軍が加わっていたことから、機先を制して海を渡り、高麗を攻めるという計画を練った。つまり、敵が襲ってくる前に叩こうと考えたのである。

　幕府は、まず九州で、兵力の動員や艦艇の徴用が可能かどうか、調査した。ところが、動員を命じられそうになった御家人には、〝朝鮮出兵〟に難色を示す者が少なくなかった。また、立場上、動員に応じるとした者にも、リストに高齢者を並べるなど、暗に反対を唱える者がいた。

　そのため、幕府は、高麗出兵を断念したのだった。再び、モンゴル軍が日本を襲ってきたのは、それから七年後の一二八一年（弘安四）のことである。弘安《こうあん》の役と呼ばれている。

蒙古軍を壊滅させた「神風」……その伝説の真相とは？

　一二八一年（弘安四）、元は、高麗軍四万に、旧南宋軍を主力とした江南軍一〇万を合わせた一四万人の大軍を日本へ送ってきた。

　これに対し、鎌倉幕府は、すでに博多湾岸に二〇キロにおよぶ防塁《ぼうるい》を築いていた。モンゴル軍は防塁のない志賀島《しかのしま》へ上陸するが、すでに前回の襲来で、モンゴルの戦術を理解していた日本は、巧みに応戦する。小舟で襲撃しては、元軍をさんざんに悩ませた。

さらに、暴風雨が博多湾を襲い、元の船は大被害を受ける。その間にも、日本軍は攻撃をかけたようだ。いわゆる「神風」と日本軍の果敢な戦いによって、モンゴル軍はほぼ壊滅状態となった。

その後、この弘安の役では、神風が吹き、元の大軍を壊滅させたという話が伝わってきた。すでに当時から、そう思っていた人が多いようで、神風が吹いたのは、公家や僧侶が神仏に祈願したことのおかげと考える人もいた。

当時、日本には、元との戦いを日本の神と元の神との戦いと考える人が多かった。そこで、公家による歌詠みや僧侶による祈祷が、神の力を強めると考えられ、公家や僧侶たちは、歌を詠んだり、祈祷を行った。そして戦後、暴風雨という神風は、公家が勝利や平和についての歌を詠んだり、僧侶が懸命に祈祷した賜物という認識が広まったのである。

北条氏があえて将軍にならず、執権にとどまったのは？

鎌倉幕府の将軍は、源氏が三代で絶えたのち、藤原（九条家）将軍を経て、皇族将軍となる。しかし、皇族将軍が成人すると、幕府から追放されて京へ送られたので、「御家人の棟梁」としての将軍の権力は、完全に形骸化していた。

その時期、幕府内で権力を握っていたのは、執権家の北条一族である。二代執権の義時《よしとき》から泰時《やすとき》、時頼《ときより》、時宗《ときむね》、貞時《さだとき》、高時《たかとき》に受け継がれた北条本家が権力を掌握。本家と、本家と姻戚関係にある一族だけが出世し、彼らだけで政策を決定するようになった。とくに、貞時の時代以後は、皇族将軍を京へ追放できるほど、北条家がわが物顔で権力をふるっていた。

しかし、幕府内で、それほど強大な権力を掌握しても、ついに北条氏は将軍になれなかった。

その一因には、北条氏が、京の朝廷や貴族たちから、徹底的にバカにされていたことが挙げられる。

もともと、京の朝廷や貴族たちにとって、鎌倉御家人は田舎者の野蛮人であり、当初から「東夷《あずまえびす》」と呼んでバカにしていた。とくに、北条氏のことは「伊豆国在庁時政子孫（伊豆の木っ端役人時政の子孫）」と侮蔑していた。北条氏は、そうした京の人々の偏見の目を変えることができなかったのである。

また、朝廷側としては、力では幕府にとうていかなわないので、北条氏を徹底的に見下すことで、かろうじて朝廷の権威を守っていたともいえる。

仏師・運慶のギャラはいくらだった？

運慶は、鎌倉時代を代表する仏師。東大寺南大門の金剛力士像（仁王像）や円成寺の大日如来像を作製したことで知られる。当時、腕利きで有名な運慶に作品を依頼したとき、そのギャラは、いったいいくらくらいだったのだろうか？

じつは、運慶が莫大なギャラを要求していたことを伺わせる記録が残されている。

岩手県平泉といえば、金色堂の中尊寺が有名だが、かつて中尊寺に勝るほどの規模を誇った毛越寺《もうつうじ》という寺院があった。中尊寺を建てた藤原清衡《きよひら》の子である基衡《もとひら》が建立したと伝えられ、その規模は中尊寺より一回り大きかった。

この毛越寺の建立（再建とも）のさい、藤原基衡は、運慶に本尊の薬師如来像と一二神将像の製作を依頼した。その報酬として、基衡が運慶に支払ったギャラというのが、以下の通りである。

金一〇〇両、鷲の羽一〇〇尻、アザラシの皮六〇余枚、安達郡産の絹一〇〇疋《ぴき》、希婦細《けふ》布二〇〇〇端、糠部《ぬかのぶ》郡産の駿馬五〇頭、白布三〇〇〇端、信夫《しのぶ》郡産の毛地摺《もぢずり》一〇〇〇端などという莫大なものだった。さらに、山海の珍味を添えて報酬を運ぶ輸送隊は、三年間絶えることなく、東海道と東山道を往き来したという。現在の金銭価値に換算して、いくらになるか見当もつかないほどの莫大なギャラだ。

これでも、運慶の制作レベルには、上・中・下のランクがあり、基衡が選んだのは「中」ランクだったという。

しかも、基衡が特別品として、生美絹《すずしのきぬ》を舟三艘に積んで送り届けたところ、運慶は「うれしいけど、生美絹より練絹《ねりきぬ》の方がもっと良かった」と話したといわれている。基衡は、すぐに練絹も舟三艘分、送り届けたという。

大覚寺統と持明院統……皇統にお寺の名前がついたのは？

鎌倉末期には、兄弟の後深草《ごふかくさ》天皇、亀山天皇と、その兄弟の子孫が交代で天皇の座に就いた。

この時代は「両統迭立《てつりつ》時代」と呼ばれるが、そのきっかけとなったのは、後嵯峨《ごさが》法皇の死後、同法皇の三男・後深草上皇と、七男・亀山天皇の間で起きた皇位継承争いである。

後嵯峨法皇が、自分の死後、誰を治天《ちてん》の君《きみ》（天皇家の家長として政治を行う者）にするか遺言しなかったため、後嵯峨法皇が生前可愛がっていた亀山天皇が治天の君となった。そして、一二七四年（文永《ぶんえい》一一）、亀山天皇が自分の子に天皇の地位を譲り、上皇として院政をはじめると、それに失望したのが、対立する後深草上皇で、皇位を捨てて出家しようとした。

そこで、執権の北条時宗は、後深草、亀山両上皇の了解を得て、後深草上皇の子を亀山上皇の皇太子に就けた。これが、後の伏見天皇である。

伏見天皇は、皇太子に自分の子を就けた。すると、今度は亀山上皇が激怒、皇位を捨てて出家してしまう。そのため、亀山上皇の子である後宇多《ごうだ》上皇らが策動し、天皇の位が伏見から後伏見へ移ると、皇太子には、亀山上皇側である後宇多上皇の子が就いた。

これ以来、後深草上皇、伏見天皇、後伏見天皇の子孫と、亀山上皇、後宇多上皇の子孫が、交代で皇位に就くようになる。

そして、後深草上皇の皇統は「持明院統」、亀山上皇の皇統は「大覚寺統」と呼ばれるようになった。その呼び名は、それぞれ関係の深かった寺院名にちなんでいる。

持明院統は、伏見天皇が上皇に就いた後、同寺を居所にしたため、当時の人が「持明院殿」と呼んだことにちなみ、大覚寺統は、亀山と後宇多親子が、再興した寺院内の蓮華峰寺を御所として、世に「大覚寺殿」と呼ばれたことにちなんでいる。

1 原始・古代
2 鎌倉・室町
3 戦国・安土桃山
4 江戸
5 幕末
6 明治・大正
7 昭和・平成

後醍醐天皇が逃亡先に吉野を選んだ三つの理由とは？

後醍醐《ごだいご》天皇の命によって、各地の武士が北条氏に対して反乱を起こし、鎌倉幕府は滅亡、建武の新政がはじまった。

その後、足利尊氏は、天皇に対して反旗を翻し、いったんは敗れて九州に落ち延びるが、一三三六年（延元《えんげん》元）、京都を目指して東上を開始した。京都防衛のために出陣してきた楠木正成を摂津国の湊川《みなとがわ》の戦いで破り、京都を奪還。そして、光明《こうみょう》天皇を擁立し、自身は征夷大将軍となって室町幕府を開く。

一方、天皇の座を追われた後醍醐天皇は、比叡山に立て籠もって半年間抵抗するが、一一月に尊氏と講和。天皇のしるしである三種の神器を光明天皇に譲って、自身は花山院《かざんいん》に軟禁された。

ところが翌月、後醍醐は花山院を脱出し、伊勢にあった北畠親房《ちかふさ》と楠木一族の手引きで吉野へ逃れる。

さらに、光明天皇に渡した三種の神器は偽物であるとして、自らの皇位の正当性を主張。「延元」という元号を復活して、全国の武士に向けて足利討伐を呼びかけた。

このようにして、京都の北朝と吉野の南朝という二つの朝廷が並び立つ南北朝時代が始まった。

後醍醐天皇が、新たな根拠地として吉野を選んだのは、おもに三つの理由があったと考えられている。

一つは、吉野が山岳地帯であり、地形的に攻められにくいこと。吉野の南方には紀伊山地があり、南側の防衛を考慮する必要がなか

■天皇家系図（北朝と南朝）

（数字は代数）

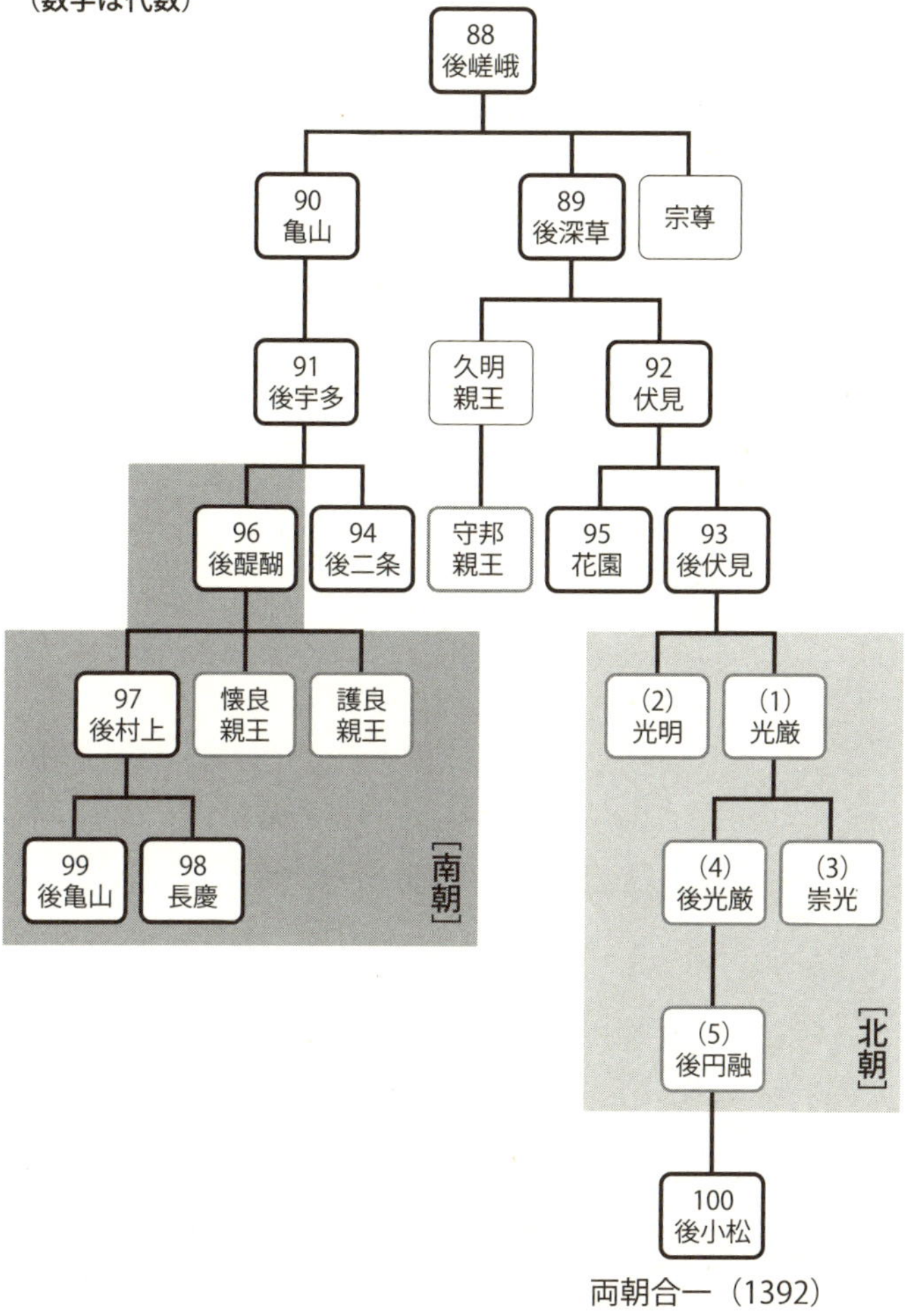

ったことに加え、西方は、楠木一族が本拠とする河内、和泉に近く、東は伊賀を通じて、北畠親房のいる伊勢へ通じており、防御を固めやすかったのだ。

二つめは、山岳地帯でありながら、河内、和泉や伊勢へ通じ、補給ルートを確保できたことが挙げられる。

とくに、伊勢大湊から東海、品川方面への海路が開けていたし、紀ノ川を下って和歌山へ出ると、瀬戸内海交通の要衝である堺にもつながっていた。

三つめは、後醍醐天皇自身、真言密教宗派に太い人脈を持ち、吉野で修行する修験者を味方につけられたこと。熊野の修験勢力は強力な水軍をもっていたので、海上ルートを確保するうえでも、吉野に逃れることには大きな意味があった。

どうして劣勢の南朝が四度も京都を奪還できたのか？

一三三六年（延元元）、後醍醐天皇が吉野に逃れ、南朝を樹立してから、一三九二年（明徳《めいとく》三）に南北朝が合体するまでの五六年間に、南朝は四度も京都を奪還している。

南朝は、彼らを支持する楠木一族や新田義貞らが、独自の軍事力をもってはいたが、室町幕府や足利氏と比べれば、非力な存在だった。さらに、正成や義貞らは、いずれも早い時期に戦いに敗れて自刃したり、討死してしまう。

軍事的には明らかに劣勢でありながら、南朝が約六〇年の間に四度も京都を奪還できたのは、いずれも北朝側の混乱に乗じたからである。

まず、第一回の奪還は、一三五一年（観応《かんのう》二）、足利尊氏と弟の直義《ただよし》が対立した「観応の擾乱《じょうらん》」と呼ばれる幕府の分裂時のことだった。直義派に対抗するため、尊氏は一時的に南朝に帰順。征夷大将軍も解任された。

この混乱に乗じ、北畠親房が中心となった南朝側が京に侵攻、尊氏の子の足利義詮《よしあきら》を追放して京を占拠した。しかし、すぐに義詮によって京都を再奪還されている。

その後も幕府内の混乱に乗じることで、3度入京を果たしているが、いずれも京都を追われ、やがて南朝は大規模な攻勢に出ることができなくなった。

室町時代の一揆で、酒屋や土倉が狙われたのは？

室町時代には、京の都を中心に貨幣経済が浸透。お金で物を買う時代になりつつあった。すると、当然ながら、富める者も現れるし、貧する者も出てくる。借金をかかえた庶民が、借金棒引きを求めて一揆を起こすことも増えた。

室町幕府が発する借金棒引き令を「徳政令」と言ったことから、そうした一揆は「徳政一揆」と呼ばれた。標的とされたのはおもに高利貸業である。

当時の高利貸業は、質物を保管する土蔵造りの倉を構えていたことから、「土倉《どそう》」と呼ばれていた。また、酒造業者には、高利貸しを行う者が多かった。

そこから、土倉と酒屋が一揆の標的となったのである。

幕府は、頻発する徳政一揆を抑えることができず、なし崩し的に徳政令を出すこともあった。

しかし、財政基盤の弱かった室町幕府にとって、土倉と酒屋からの税収は貴重な収入源であり、徳政令を頻発することはできなかった。

また、土倉や酒屋は、金を貸すさい、借用書に徳政令不適用の文言を入れるようにしていたので、徳政令を出しても、〝契約上〟の効果はなく、幕府が貨幣経済の進展に有効な対策を打てないなか、人々の暮らしは混乱するばかりだった。

応仁の乱後、焼け野原の京都で天皇家の暮らしはどうなった？

一五世紀半ば、一一年間も続いた応仁の乱後、焼け野原となった京都で、天皇家はどのようにして生き延びていたのだろうか？


当時の天皇家の収入は、中級公家と同程度しかなく、政治的にも経済的にも室町幕府に依存している状態だった。室町幕府は、天皇家のパトロンのような存在でもあったのである。

にもかかわらず、応仁の乱をへて、幕府の権威はすっかり地に落ち、経済的にも逼迫した幕府は、天皇家を支えきれなくなった。そのため、一五〇〇年（明応九）、後土御門《ごつちみかど》天皇が死去しても、次の天皇である後柏原《ごかしわばら》天皇は即位式さえ行うことができなかった。

そこで、後柏原天皇は、管領《かんれい》の細川政元《まさもと》に費用を出して欲しいと依頼するが、「無益である」と断られてしまう。

結局、天皇が即位式を挙げたのは、それから二一年後のことだった。本願《ほんがん》寺《じ》実如《じつにょ》から献金を受け、ようやく念願を果たすことがで

■応仁の乱の対立

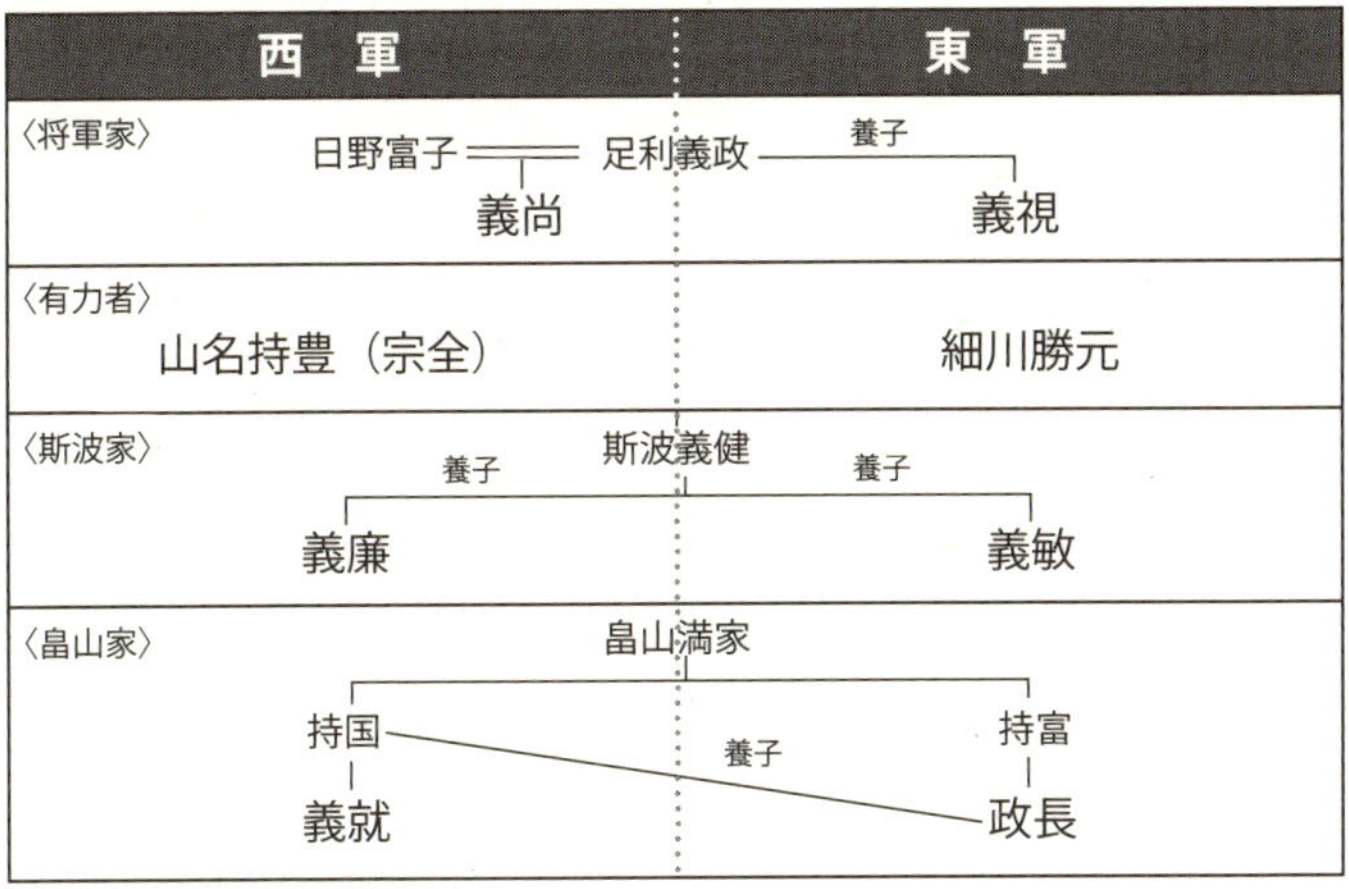

きたのである。

そのような状況は、次の後奈良《ごなら》天皇以降も続いた。

皇位に就いても、即位式さえ挙げられず、戦国大名らの献金によって、ようやく暮らしていくほど、天皇家の生活は窮乏していたのである。

しかし、それでも天皇家が廃絶しなかったのは、やはり大名たちの援助があったことが大きい。天下を狙う戦国大名たちにとって、官位を叙任できるという点などで、まだまだ朝廷の権威には大きな〝魅力〟があったのである。

弱体だった室町幕府がそれでも二〇〇年以上続いたのは？

江戸時代には、徳川将軍が一五代続いたが、じつは室町時代も徳川将軍と同じく一五代を数える。また、年数にしても、徳川幕府の二六〇年間に比べ、足利幕府は二三〇年余り続き、さほどの遜色はない。

しかし、徳川家が盤石な支配体制を築き上げた江戸時代とは違って、室町時代のうち、政権が安定していたのは、三代義満の後半から六代義教までの約五〇年間にすぎない。三代義満の前半までは南北朝の動乱期であり、八代義政以降は、京の街を焼け野原にした応《おう》仁《にん》・文明《ぶんめい》の乱から戦国時代へと至る衰退期である。その前の七代義勝の時代には、将軍の権威はすでに落ちはじめていた。

とくに、義政以降の将軍は、細川氏ら有力武将の傀儡となり、将軍がわずかでも政治に意欲を示すと、追放されたり、殺されたりした。九代義尚《よしひさ》以降は、京都に住むことさえできない将軍が多かった。

そこまで弱体化、形骸化していても、足利将軍が一応、一五代まで続いたのは、有力武将からすると、将軍にそれなりの利用価値があったからである。武将たちは、足利家の武家の棟梁たる家柄を利用し、将軍を支えるという名目で、自らの政治・軍事行動を正当化したのだ。

戦国時代後半に現れた織田信長も、最初はそうした一人だったが、やがて強大な力を養うと、もはや足利家を利用する価値はないと判断。最後の足利将軍義昭を追放し、室町幕府を名目上も滅ぼしたのだった。

3 戦国・安土桃山

織田信長はどんな「声」をしていたのか？

織田信長と聞くと、有名な肖像画のイメージから、スラリと痩せた細面の男性をイメージする人が多いだろう。では、彼はいったいどんな声をしていたのだろうか？

当時の人々が残した記録によると、信長の声は甲高く、ひじょうによく通ったという。

たとえば、宣教師のルイス・フロイスは、著書のなかで「快い声だが、人並み外れた大声を出すことがある」と、その特徴をのべている。

また、江戸初期の俳人で歌学者の松永貞徳《ていとく》は、若い頃、三条衣棚《ころもだな》（現在の京都市中京区）の自宅にいるときに信長の大声を聞いたといい、その様子を記録している。

それによると、一五八一年（天正九）、本

能寺から内裏へと移動するさい、列が進まなくなったことに腹を立てた信長は、隊列にむかって怒鳴り声をあげたという。

そのとき、信長は、貞徳の家があった三条衣棚から遠く離れた場所にいたのだが、それでも声が届いたというのだから、信長の声はよほど高く、よく通ったのだろう。

ほかにも、信長が大きな声をあげたという話は、枚挙にいとまがない。太田牛一の『信長公記《しんちょうこうき》』によると、信長はまだ青年武将時代の一五五六年（弘治《こうじ》二）、稲生の戦いで、敵方に回っていた柴田勝家と林秀貞らに大声を張り上げ、彼らを威嚇していたという。

以上の証言から想像すれば、信長はよく通る甲高い声の持ち主で、しばしば人並みはずれた大声を出す男だったと考えていいだろう。

公家でもないのに今川義元がお歯黒をしていたのは？

今川義元というと、時代劇では、お歯黒をした姿で描かれることが多い。服装も貴族風で、他の戦国武将とくらべると、どうしても軟弱なイメージがつきまとう。

では、今川義元は、本当に歯を黒く染めていた軟弱武将だったのだろうか？

江戸時代に成立した軍記物の『集覧桶廻間記』によると、一五六〇年（永禄三）の桶狭間の合戦で首をとられたさい、義元はたしかにお歯黒をつけていたという。

では、義元が本当に軟弱だったのかというと、それは後世に脚色されたイメージ。当時は、公家や婦人だけではなく、武将にもお歯黒をつける者が大勢いたからだ。

■桶狭間の戦い

桶狭間の戦い（1560年）5月19日午後2時頃

進撃体制を緩めて休憩する義元軍を信長軍（わずか2000人）が急襲。義元は退却を指示したが敗走の混乱の中で討取られ、今川軍は総くずれとなる。この戦いが今川氏の没落と織田氏躍進のきっかけとなった。

イエズス会の神父が残した記録によると、当時の日本では、髪や歯を染料で染めることが高貴さの証ととらえられていたという。だから、義元がお歯黒をしていたのは、当時の習慣にしたがったまでのこと。それなのに、なぜ義元にばかり、軟弱武将のレッテルがはられるようになったのか？

やはり、義元が圧倒的な大軍を率いながら、信長に討ち取られたことに、後世の人々が理由を求めたからだろう。義元が大将として頼りなかったために、信長が大勝利をおさめたとすれば、桶狭間の戦いをめぐるストーリーがぐんとわかりやすくなるからだ。

今川義元があえて桶狭間で休憩していたのは？

今川義元が、桶狭間の戦いで織田信長に敗れたのは、一五六〇年（永禄三）のこと。桶狭間で陣を取っていた義元は、信長の強襲にあい、首を奪われたのだ。それにしても、なぜ義元は、桶狭間で休憩を入れたのだろうか？

これは、織田軍による謀略活動が功を奏したという面が大きい。義元が休憩した桶狭間近辺は、もとは織田の勢力範囲だったので、旧領民らは、かつての織田領時代の治安のよさを覚えており、ひそかに信長の勝利を期待していた。

そこで信長は、領民たちに協力を求めて、義元が移動する沓掛《くつかけ》城から大高城に至る地域に、細かな情報網をもうけた。

一〇倍近い今川軍を破るためには、義元が沓掛城から大高城へ移動する間を狙って、攻撃をかけるしかないと信長は考えていたのである。

こうして、義元の動向を把握した信長は、攻撃するタイミングをひそかにうかがっていた。

そこでようやく迎えたのが、義元が桶狭間で休憩しているという絶好のチャンスだったのだ。

ただし、その休憩も、信長によって仕組まれたという説がある。信長の意をくんだ近隣の村人らが、勝利の祝いだといって饗応の準備をしたので、義元の軍勢もつい油断して、進撃体制を緩めてしまったというのだ。しかも、義元軍は、大軍といえども、各地に分散していたので桶狭間周辺には、織田軍のおよそ二倍弱程度の軍勢しか配置されていなかった。

手薄の本陣を突かれて義元はいともたやすく信長に討取られることになったのである。

なぜ〝無学〟なはずの豊臣秀吉が、立派な和歌を残している？

「露と落ち　露と消へにしわが身かな　難波のことも夢のまた夢」とは、豊臣秀吉の辞世。あまりにも有名な歌である。

この歌が広く知られているために、秀吉作の歌というと、この辞世の歌のみと勘違いしそうだが、じつは秀吉は戦国時代を代表する歌詠みの一人だったといってもいい。

たしかに、秀吉は、文芸などとは縁遠い環境で育ったもともとは無学な人ではあった。しかし、するどい洞察力や心の機微を解する繊細さを持ち合わせ、歌人となる素質をもちあわせた人でもあったのである。では、秀吉は、誰から和歌の作法を習ったのだろうか？

秀吉が和歌の手ほどきを受けたのは、安土桃山時代の武将であり歌人であった細川幽斎《ゆうさい》とみられる。幽斎は、有名な歌人であるだけでなく、近世歌学を大成させた文化人でもあった。

秀吉は、幽斎を重用していたので、彼から和歌のイロハを習った可能性は高いといえるだろう。

こうして、和歌の心得を学んだ秀吉は、ことあるごとに歌を詠んだ。宮中で正親町《おうぎまち》天皇から歌を読みかけられたさいにも、瞬時に歌を返すことができたと伝えられている。

戦国武将の幼名に「○○法師」が多いのは？

戦国武将の幼名をみわたすと、「○○法師」という名前が多いことに気がつく。

たとえば、織田信長の幼名は吉法師、信長の子の信忠と、その子の秀信の幼名も、どちらも三法師である。では、子供の名前に法師をつけるのには、どんな意味があるのだろうか？

字面を見てもわかるように、法師とは本来、仏法に通じ、その教えの師となる者のこと。

昔の男の子は僧侶のように頭を剃っていたので、男児のこともそう呼ぶようになり、この「法師」の上に「吉」などのおめでたい字をつけると、よい名前になるという感覚が、戦国武将らの間に生まれたのである。

そのほかには、「○○丸」「○○千代」という名前も、よくつけられた幼名だった。

「丸」は麻呂がなまったもので、円のように完全な形を保っているという、めでたい意味がある。

一方、「千代」には永久にという意味があり、子供の末長い幸福を祈る名前として人気があった。

「〇〇丸」を名乗った人物には、夜叉丸（加藤清正）、芳菊丸（今川義元）、梵天丸（伊達政宗）。「〇〇千代」を名乗った人物には、虎千代（上杉謙信）、犬千代（前田利家）、鶴千代（蒲生氏郷《がもううじさと》）らがいる。

その一方で、戦国武将には、よくある幼名ではなく、珍しい名前をつけた者もいる。織田信長が、三法師という普通の名前をつけた一方で、「奇妙」や「人」など、前衛的といってもいい奇異な名前を子供につけたことは有名な話だ。

また、徳川家康は、蹴飛ばしても壊れないような道ばたの石という意味の「ごろた石」にあやかって、我が子の幼名を「五郎太」とした。

定番の幼名をつけなかったところにも、信長や家康の個性をかいまみることができる。

織田信長の領地は〝石高〟にするとどのくらい？

今川義元を破った桶狭間の戦いで、織田信長の名は近隣諸国に知れ渡り、戦国大名として広く認知されるようになった。

勢いに乗った信長は、天下統一にむけてひた走り、近畿、中部、北陸、東海のほぼ全域と中国の東半分を手中におさめるまで、勢力範囲を拡大した。

では、全盛期（本能寺の変の直前）の信長は、いったいどれほどの石高を有していたのだろうか？

答えは、約八〇〇万石。これは、他の有力

戦国武将とくらべても圧倒的な数字で、日本の約半分におよんでいた。比較すれば、毛利氏や武田氏のような有力戦国武将でさえも、せいぜい百数十万石だったのだから、信長の勢力がいかに広範囲におよんでいたかがわかるだろう。

しかも、信長は、国際貿易都市の堺や各地の金山・銀山などを支配下におさめていた。土地とコメだけでなく、そのほかの資金源まで確保していたのだ。

さらに信長は、商業の自由化政策をおしすすめることで、貨幣経済を発展させた。資金源をおさえ、経済の仕組みを変えたことで、信長は財政面からも強固な体制を作り上げたのである。本能寺の変で倒れる直前の信長は、桁外れの力をもった戦国武将だったといえる。

明智光秀の“埋蔵金伝説”の噂の真偽は？

近畿地方の各地に、明智光秀の埋蔵金伝説が伝わっている。

それによると、光秀の持ち城である近江坂本城には、多額の軍資金や財宝が蓄えられていたが、本能寺の変をおこした光秀は、山崎の戦いで豊臣秀吉に破れ、小栗栖《おぐるす》（現在の京都市伏見区）で、落武者狩りにあって竹槍に刺され、あっけなく死んでしまう。

あとには軍資金が残されたが、その行方をめぐって、明智の残党は、敵の手に渡ることを恐れて琵琶湖に投げ捨てた、もしくは丹波にある光秀ゆかりの寺に隠したなどと、さまざまな埋蔵金伝説がささやかれてきたのだ。

その後、仙台藩士の秋田家に残されていた

史料によると、寺に隠された財宝は、ある人物の命令で半分が掘り起こされたという。では、財宝を掘り起こした人物がいたと仮定すれば、その人物とは、いったい誰だったのだろうか？

一説によると、その謎の人物は、死んだはずの光秀だという。光秀は小栗栖で死んだのではなく、江戸時代まで生き抜いて、南光坊《なんこうぼう》天海《てんかい》という僧侶になったという異説があるのだ。

ただし、この光秀＝天海説は、埋蔵金伝説と同様に、確証はない話である。非業の死をとげた武将には、不死伝説がつきものなので、光秀の場合も作り話の可能性が高いといえる。

そもそも、埋蔵金伝説についても、光秀は山崎の戦い以前に、多額の献金を朝廷などにおこなっているので、多額の軍資金を残していたかという疑問が残る。結局、光秀にまつわる数々の伝承に、伝説の域を出る話はない。

信長をも脅かした武装集団「雑賀衆」の資金源は？

雑賀衆《さいかしゅう》とは、戦国時代に紀伊国で活躍した、きわめて高い軍事力をもつ武装集団のこと。国人や土豪、地侍らで構成され、雑賀衆とも雑賀党ともよばれていた。

彼らは、数千丁単位の鉄砲を所有し、しばしば傭兵集団として、各地の戦場で戦った。とくに、鉄砲の使い方の巧さでは群を抜いており、織田信長でさえ、雑賀衆の射撃の技術に苦戦し、狙撃されて傷を負ったこともあった。

それにしても、雑賀衆は、どこから資金を得て、それだけの鉄砲を備える武装組織に成長したのだろうか？

じつは、彼らの本拠地である雑賀は、農業適地とはいえない、痩せた土地だった。そこで彼らは、漁業、海運業、交易業などに手を伸ばして生活の糧《かて》を得ていたのである。

そうして雑賀衆は、土地にはこだわらない独自の発想と行動で資金を作り、鉄砲を自ら製造したり、買い込んだ。彼らが長く独立心を失わず、各地で戦い続けることができたのも、その豊かな資金源があったからといえるのだ。

『倭寇図巻』に描かれた倭寇船に女性が乗っているのは？

東京大学史料編纂所所蔵の『倭寇《わこう》図巻』とよばれる絵巻がある。この絵巻は、一四世紀から一六世紀にかけて、朝鮮半島や中国大陸を襲った海賊集団・倭寇の風俗を描いたもの。全長五メートルを超す大作で、一六世紀頃の後期倭寇の様子を知るうえで、貴重な史料となっている。

ところで、この絵巻を見ると、一点、気になる描写がある。倭寇船の中が描かれている箇所に、髪の長い女性の姿がみられるのだ。はたして、海賊である倭寇にも、女性の構成員が含まれていたのだろうか？

その答えをさぐるために、絵巻の続きをよく見てみると、その先には倭寇に襲われ、明《みん》の人々が避難するシーンが出てくる。そこには、何人かの明の女性が描かれているのだが、その女性たちと倭寇船の中にいる女性たちとをくらべると、両者は同じ髪型で描かれていることがわかる。

つまり、あくまでも推定ではあるが、船に

乗っていたのは、女性の倭寇ではなく、略奪された明の女性たちである可能性が高いといえる。

じっさいに、倭寇の略奪の対象として、しばしば女性はその犠牲となっていた。性的欲求を満たす対象として、また人身売買の対象として、沿岸部に住む女性らは倭寇に襲われる危険性につねに直面していたのである。『倭寇図巻』に描かれている何人かの女性たちも、倭寇の犠牲となった人々だったのだろう。

日本で鉄砲を一番最初に使った合戦といえば？

鉄砲が種子島に伝来したのは、一五四三年(天文《てんぶん》一二)のこと。その後、日本国内で研究が重ねられ、やがて最新兵器として国内で製造されるようになっていく。

一説によると、堺や近江では、かなり早い段階から、鉄砲鍛冶とよばれる職業があったというから、鉄砲伝来からほどなくして、国産品が出回り始めた可能性が高い。では、鉄砲が実戦の場で使われ出したのは、いったいいつ頃のことなのだろうか？

現在残るもっとも古い記録は、一五四九年(天文一八)におこなわれた、薩摩加治木城の戦いである。銃を使用したのは、薩摩の大名島津《しまづ》貴久《たかひさ》の軍勢で、加治木城に向けて鉄砲を放ったという記録が残されているのだ。

伝来から早くも六年後には、鉄砲はすでに実戦で使用されていたのだ。

キリスト教の宣教師にも〝派閥〟はあったか？

日本にキリスト教を広めた修道会といえば、

フランシスコ・ザビエルのイエズス会が有名だが、じつは来日した修道会はこれひとつではなかった。イエズス会のほかにも、フランシスコ会、アウグスチノ会、ドミニコ会と計四つの修道会が来日し、それぞれが派閥を形成していたのである。

さらに、最大派閥であったイエズス会のなかでも、ポルトガル系宣教師とイスパニア系宣教師が対立し、二大派閥を作っていた。海をわたって来日した宣教師たちは、神の教えを伝えるために、はるばる日本までやってきたはずだが、全員一丸となって布教活動にあたることはできなかったのである。

なかでも、ポルトガル系宣教師とイスパニア系宣教師の対立は、一五九二年（天正二〇）、イスパニア船の日本来航が許されて以来、激しさを増した。ポルトガル系宣教師たちは、祖国の貿易船が打撃をこうむり、布教活動にも影響がおよぶとして、イスパニア船の来航に強く反対したのである。

その後も、両者の対抗意識はさらに高まり、昇進人事に関する問題などで、対立を深めることになった。一言にキリシタン勢力といっても、その内情は複雑だったのである。

外国人宣教師は日本女性をどう見ていたか？

イエズス会の宣教師ルイス・フロイスは、三〇年にわたって日本に滞在し、戦国末期の国内の様子を詳細に書き残したことで知られる。

なかでも、名もなき庶民の風俗や習慣を記した部分は、同時代の貴重な証言として興味深い。それによると、フロイスは、当時の日

■**キリスト教宣教師の活動**　（　）内は来日年

イスパニア系宣教師

フランシスコ＝ザビエル（1549年）
日本人・ヤジロウ（弥次郎）に出会い、
鹿児島へ。山口・豊後府内で布教。

ペドロ＝ヴァチスタ
26聖人殉教の中心人物。長崎で磔にされる。

ジェロニモ＝ジェズス（1594年）
関東に教会を設立。

ルイス＝ソテロ（1603年）
家康から厚い信頼を得る。

ポルトガル系宣教師

ガスパル＝ヴィレラ
室町幕府より布教許可。畿内で活動。

ルイス＝フロイス（1563年）
信長に謁見。秀吉とも親交。
『日本史』を執筆。

イタリア系宣教師

オルガンティノ（1570年）
1576年に南蛮寺を京都に建立。

ヴァリニャーニ（1579年）
日本人に適した布教活動を展開。

本女性の自由さと縛られない貞操観念に驚いたという。

たとえば、ヨーロッパでは、未婚の女性が貞操を守ることは当然であるが、日本ではそれをとくに重んじることはなく、結婚するにも特別さしつかえはない。また、ヨーロッパの娘たちは、あまり外出をせずに家の中ですごすが、日本の娘たちは、本人の行きたいところへ行くことができるなど、フロイスは日本女性の自由さに、カルチャーショックを受けたのだった。

たしかに、ヨーロッパでは、浮気防止のため、妻は貞操帯の装着を強いられるなど、女性には厳しい貞操観念が求められた。それが未婚女性ならなおさらで、純潔を守り抜くことが、結婚するうえでなくてはならない条件だったのである。

しかし、当時の日本の貞操感覚は、フロイスが知るヨーロッパのものとは、大きくかけ離れたものだった。

その後、日本では、江戸時代に入って儒教思想が浸透すると、女性の自由が制限されはじめるが、戦国の世にはそのような縛りもなく、女性も比較的自由に生きられた時代だったのだ。

「火縄銃」の弾丸に柔らかい〝鉛〟を使ったのはなぜ？

戦国時代に使われた弾丸は、鉄ではなく、鉛でできていた。なぜ、鉄よりもはるかに柔らかい鉛を使ったのだろうか？

それは、鉛が遠くまでよく飛び、加工しやすく、かつ値段も安かったからである。

まず、鉛は比重が重いので、弾丸に加工す

ると遠くまで弾がよく飛ぶという利点があった。そのうえ、鉛は溶ける温度が低いため、切ったり、曲げたりなどの加工を簡単に行うことができる。

また、鉛のように柔らかい素材を使ったほうが、じつは相手に大きな傷をおわせることができた。人体に命中した弾が、体内で平たく潰れるため、傷口を大きく広げることになるからである。固い鉄を使うよりも、柔らかい鉛を使ったほうが、殺傷能力はより高くなるのだ。

そして最後の決め手は、値段の安さにあった。鉛なら鉱石から簡単に抽出できるので、製造コストをおさえることができる。しかも、鉛は加工しやすいので、銃弾を拾い集めて加工すれば、銃弾を無駄なく再利用することができた。鉛は、安く手に入って使いやすいだけでなく、高い効果を期待できる優れものだったのである。

そもそもなぜ、織田信長は本能寺に泊まっていたのか？

織田信長が明智光秀に襲われ、一命を落とした寺といえば、京都の本能寺である。一五八二年（天正《てんしょう》一〇）、豊臣秀吉の高松城攻めを応援するため、本能寺に宿泊していた信長は、丹波亀山城から進撃してきた光秀に襲われ、四九歳の生涯を閉じたのだった。

それにしても、なぜ信長は京の都に城をかまえず、寺を宿泊先に選んだのだろうか？

もともと信長は、本能寺や妙覚寺などの寺を、京での定宿としていた。それには、いくつかの理由が考えられる。

まずひとつに、京都と安土城が近かったこ

とがあげられる。

快速船を使って琵琶湖を渡れば、本拠地の安土城から京都まで半日で行けたことから、あえて京に城をかまえる必要がなかったのだ。

また、別の理由として、信長は京都の公家文化から距離を置いていたのではないかともみられる。たとえば、平清盛や室町幕府の歴代将軍たちは、京の都で公家らと接するうちに、武士でありながら、しだいに公家化していった。

そこで、信長は、公家化したばかりに、没落していった彼らの歴史をふまえ、武士であり続けるため、京の町に住もうとしなかったと考えられるのだ。

ただし、もし信長が京都に築城していれば、本能寺で襲われることはなく、日本の歴史が大きく変わっていたとはいえるだろう。

本能寺の変のとき、信長の親衛隊「御馬廻り衆」はどこにいた?

織田信長には「御馬廻《おうままわ》り衆」という直属の親衛隊がついていた。たとえば、義父・斎藤道三《どうさん》との面会時には、信長は長槍隊五〇〇、弓鉄砲隊五〇〇という軍勢を率いてあらわれたが、彼らこそ、御馬廻り衆とよばれる信長の親衛隊だったのである。

御馬廻り衆の多くは、地侍や名主などの子弟たちであり、それなりに格の高い家の出身者だった。信長は、名主階級の若者を集めて、自らの親衛隊を作ったのである。

しかし、本能寺の変という非常事態のさいに、なぜか御馬廻り衆は信長のもとを離れていた。彼らはいったいどこにいたのだろうか?

じつは、信長の嫡男である信忠《のぶただ》のもとにいたというのが正解。信忠は、御馬廻り衆を率いて、京都の妙覚寺に宿泊していたのである。

明智光秀は、そうした内情を知っていたので、一〇人ほどの小姓とともに本能寺に宿泊する信長と、御馬廻り衆を率いて妙覚寺に泊っていた信忠の両方をほぼ同時に襲った。

こうして、信長は小姓らとともに討たれ、信忠も御馬廻り衆とともに討ち死した。御馬廻り衆は、よく訓練された実戦部隊だったが、結局、信長や信忠を守りきることはできず、その役目を終えたのである。

重い鎧をつけて、長時間行軍できたのは？

戦国時代を扱ったドラマを見ていると、甲《かっ》冑《ちゅう》を身につけた兵士たちが、一列に並んで行軍する場面がよく出てくる。彼らは、戦場にいるわけでもないのに、本当に完全武装で行進していたのだろうか？

『天元実記』という史料には、徳川家康が、大坂冬の陣で豊臣家と戦ったとき、側近の本《ほん》多正純《だまさずみ》が「そろそろ甲冑をつけさせましょうか」と家康にお伺いをたてたと記されている。

つまり、兵士たちは、それまで甲冑をつけずに平装だったというわけだ。

しかも家康は、この提案を「まだ早い」といって却下したという。あまり早くから甲冑をつけさせると、兵士をくたびれさせてしまうからだ。

結局、甲冑をギリギリまで身につけさせず、現在の大阪市住吉区に入ったあたりで、家康ははじめて甲冑をつけるように命じたという。大坂は敵地なので、さすがに完全武装が必要だったというわけだ。

では、甲冑を長い間身につけていると、どれほどの負担が体にかかったのだろうか？

先の資料で、家康が述べているところによると、関ヶ原の合戦のとき、甲冑を身につけた町人がお供を申し出たが、関節が痛んでたまらないといって、一両日で甲冑を脱ぎ捨ててしまったという。やはり、重量のある甲冑は、戦闘体制に入ったときにはじめて身につけるものだったのだ。

合戦中、入り乱れる敵と味方をどうやって区別した？

敵と味方が入り乱れて戦う戦場で、武将たちは、どのようにして敵味方を識別していたのだろうか？

まず、源平の戦いの頃には、旗の色を紅白にわけることで、敵味方を見分けていた。源氏と平家を旗頭とする勢力が二つに分かれて戦っているわけだから、単純に源氏方を白、平家方を赤とするだけで、両者を見分けることができたのである。

ところが、時代が下るにつれて、旗を二色で分けるだけでは、対応できない場面が増えてきた。とくに南北朝から室町時代にかけて、政治情勢が複雑になってくると、たとえ同族でも敵味方に別れて戦うケースが増えてきたのだ。

すると、よりわかりやすいマークが求められるようになり、武家の旗印や家紋は、急速にその数を増していく。たとえば、同族同士で戦うときには、片方が旗印を変えるなどして、敵味方の区別をつけていたのである。

とはいえ、戦場では、細かい印の違いを確

認するのは困難なので、「○」「×」「□」といったシンプルな印が、武家たちには好まれた。それなら、誰にでもすぐ真似して描けるうえ、形がシンプルなので遠目にも確認しやすかったからだ。

敵に気づかれないで「密書」を届ける手段とは？

城を敵に包囲された場合、援軍要請のために、しばしば密書が作成された。敵の包囲網を突破して、遠方にいる味方に助けを求める手紙を出したのである。

むろん、敵の目をかいくぐって密書を届けるのは、困難かつ危険な仕事だった。もし失敗して、手紙が敵の手にわたれば、こちらの作戦や出方を明かしてしまうことになる。密書が無事に届くかどうかが、勝敗の分かれ目になることもあったのだ。

では、どのようにして密書は届けられたのか？

まず、基本的な作戦として、使者は僧侶や山伏といった武士以外の姿に変装した。とくに、僧侶のような宗教関係者は、俗世間とは一線を画する存在だったので、監視の目がいくぶん緩やかだった。忍者も、よく僧侶に変装したといわれる。

だが、変装をするだけでは、作戦として十分とはいえない。使者が敵につかまったとき、密書が簡単に見つかっては元も子もないからだ。そこで、笠の緒の中や、筆の軸の中などのわずかなスペースに密書を入れたり、着物の襟の中に縫い込む、髪の中に隠すなどの方法がとられた。

そのうえ、密書は誰でも読めるものではな

く、味方にしか通じない暗号で記された。用心を重ねて、最重要事項は紙に書かず、使者に口頭で伝えさせるケースもあった。確実に密書を届けるためには、念には念をいれた作戦が必要不可欠だったのだ。

『七人の侍』のような野武士は本当にいたか？

黒澤明監督の映画『七人の侍』は、村を襲う野武士と、彼らから村を守る侍・農民連合チームの戦いを描いた傑作である。国内外を問わず、のちの映画に与えた影響は大きく、アメリカ映画の『荒野の七人』は、『七人の侍』をリメイクしたものだ。

とくに、この映画が評価されたのは、その描写のリアルさである。それ以前の様式美的な時代劇とは異なり、俳優は粗末な着物を身につけて、実戦さながらの殺陣《たて》を披露し、観客や批評家を驚かせたのである。

それにしても、この映画のように、村を襲う野武士を農民らが撃退するなどという話は、本当にあったのだろうか？

結論からいえば、南北朝から室町時代にかけて、追いはぎや強盗などを働く武装集団はたしかに実在した。

ただし、この映画で描かれているように、「戦国時代に、農民たちが戦って、自分たちの村を守った」というのは、映画ならではのフィクションといえる。『七人の侍』の舞台は、鉄砲が伝来した戦国時代後期なので、すでに戦国大名の各領域における支配権が確立し、地侍の集団はいたにしても、それらも戦国大名の支配下に入っていたはず。『七人の侍』に出てくるような強盗集団としての野武士が生き残る余地は、すでになくなっていたのだ。

リアリティにあふれる傑作ではあっても、その時代設定を含め、『七人の侍』には、映画ならではの華やかな嘘がちりばめられている。

女忍者「くノ一」は本当にいたか？

テレビ時代劇などでおなじみの女忍者「くノ一」。「女」という漢字を「く」「ノ」「一」と分解できることから、この呼び名があるが、彼女たちは本当に実在したのだろうか？

くノ一は、忍者という影の存在であり、かつ女性なので、史料にその名前はほとんど登場しない。ただし例外的に、実名の判明しているくノ一がいる。武田信玄の甥の望月盛時の妻、千代女である。

千代女は、頭脳明晰で、賢妻として知られていた。そこで信玄は、川中島の戦いで夫を亡くし、未亡人となった彼女に目を付け、巫女の頭に任命した。千代女は、信濃に巫女の養成機関をかまえ、戦乱で身寄りを失った少女らを引き取り、育て上げたのだった。

しかし、少女らを巫女にするというのは表向きの理由で、じっさいは巫女としての修行のほかに、忍者としての訓練をほどこし、密かにくノ一を養成していたとみられる。つまり千代女は、「上忍《じょうにん》」とよばれる、忍者の元締めだったのである。

こうして、千代女が指揮したくノ一らは、各地で情報を収集するなどして、武田家のために働いたとみられる。

ただし、忍者とはいえ、女性であったので、彼女らは戦闘を極力避けた。時代劇では、目にもとまらぬ速さで駆け回り、派手なアクシヨンシーンをこなしているが、現実には静かに潜入して情報を探り出すのが、くノ一たちの仕事だった。

手柄をたてた武士はどのタイミングで恩賞にありつけた？

武士が敵の首を取ったとき、大将はその手柄に対して、恩賞を与えた。

ただ、敵の首を持参したからといって、いつでもすぐに恩賞がもらえるわけではなかった。なかには、その場で金銭を与えられることもあったが、それは例外的な話で、かなりの時間がたってから、恩賞にありつけることのほうが多かったのである。

その場合は、一種の念書として、まず「感状」という書状が用意された。そこには、恩賞としてもらえる金銭や領地が書かれており、武士はそれをもって主君に請求し、はじめて恩賞にありつけたのである。

しかしながら、感状はただの手形であるため、その約束が破られることも珍しくはなかった。

たとえば、その年が凶作で米が蓄えられなかったり、主君が戦争に負けて領地が減った場合などには、感状はただの紙切れになった。また、最初から感状には具体的な恩賞の内容を書かずに、褒め言葉だけを書くこともあった。

それでは、ただの働き損に思えるが、名誉を重んじる武士にとっては、意外とそうでもなかったようだ。たとえ、領地や褒美がもらえなくても、感状の枚数の多い武士は尊敬され、上座に案内された。また、やむを得ず他家に仕官する場合でも、前の主君からもらった感状は履歴書替わりになった。武士にとって感状とは、実利を伴わない場合でも、それはそれで恩賞のひとつになったのだ。

伝説の忍者 〝風摩小太郎〟の正体は？

戦国武将たちの多くは、「乱波《らっぱ》」、「素破《すっぱ》」などともよばれた忍者を抱えていた。忍者は、変装して敵国の様子を探ったり、合戦のときに敵陣に潜入してかく乱戦術を行うなど、影の力として戦国大名を支えたのである。

そんな忍者のひとりに、風摩小太郎とよばれる男がいた。彼は、相模国の生まれで本名を風間といい、身長が二メートルほどもある大男だったという。その風貌は強烈であり、目はつりあがって、大きな口からは牙が四本も生えていたと伝えられている。もちろん、言い伝えなので誇張されているはずだが、おそらく体格のいい凶暴な人物で、人々から恐れられていたのだろう。風間ではなく、風摩とよばれていることからも、彼が神出鬼没の荒々しい野武士だったことをうかがわせる。

そんな小太郎が仕えていたのは、小田原の北条氏である。小太郎は、配下の二〇〇人ほどの忍者を四組にわけ、巧みに指揮して北条氏を助けたと伝えられている。

しかし、一五九〇年（天正一八）、北条氏が豊臣秀吉に滅ぼされると、小太郎の暮らしは一変した。江戸へ移った小太郎は、盗賊となり、武家や町屋に討ち入っては、多くの人々を殺害し、金品を奪ったのである。

そこで幕府は対策に乗り出したが、相手は百戦錬磨の元忍者である。なかなか彼らを捕まえることができなかったが、密告した者に多額の懸賞金を出すことにしたところ、密告が集まって、小太郎は捕らえられ処刑された。

小太郎が死んだのは、一六〇三年（慶長八）のことだったが、生年が不明であるため、何歳だったかはわかっていない。

合戦のとき、兵士たちは戦場で何を食べていた？

いつ何時、敵に襲われるかわからない戦場で、炊飯や調理をするのは面倒な仕事だった。兵士たちは、満足な調理道具がないなか、ありあわせのものを使って手早く温かいものを作り、空腹を満たさなければならなかったのだ。

そこで戦場では、調理法にさまざまな工夫がほどこされた。

たとえば、鉄製の陣笠を逆さにして鍋にするという裏ワザが編み出された。そうすれば、調理用の鍋をわざわざ持ち歩かなくても、米や野菜を煮炊きすることができた。

また、手ぬぐいで米を炊くという方法も編み出された。その炊き方は、手ぬぐいで米を包み、よく水でじめらせてから土に埋め、そのうえで焚き火をするというもの。

そうすれば、焚き火にあたりながら暖をとるうちに、土の中では米を蒸し焼きにできて、一石二鳥だったというわけだ。

しかも手ぬぐい一本で米が炊けるので、鍋も鉄製の陣笠もいらず、重い荷物を持ち歩かないですんだ。

ちなみに、末端の兵士の食事にまで細かく気を配ったのは、徳川家康である。家康は、ろくに調理されていない米を食べて、兵士が腹を壊しては戦にならないと考え、「生米をけっして口にしてはならない」と部下に通達を出していた。

　戦場で煮炊きをするのは手間がかかるが、戦時だからこそ、加熱した食品を食べて体力をつけることが大事だと、家康は考えていたのである。

加藤清正が戦場で使った戦車「亀甲車」の全貌とは？

　戦車というと、第一次世界大戦以降に登場した近代兵器というイメージがあるが、じつはその原型のようなものなら、すでに戦国時代にも登場していた。朝鮮の役で加藤清正が使った戦車、「亀甲車《きっこうしゃ》」である。

　亀甲車は、丈夫な木と牛皮を使った素朴な戦車だった。厚みのある巨大な木箱を牛の皮で覆い、その内部に数人の兵士が入り、わずかにあけられた穴から鉄砲を撃つというもの。戦車本体を動かしたのは、鎧をつけた牛だったから、ゆっくり前進する戦車だったのだろう。『絵本太閤記』という書物でも、この亀甲車の挿絵を見ることができるが、戦車というよりも、やや大きめの牛車といったほうがイメージとしては近いかもしれない。

　いずれにせよ、牛にひかせている以上、亀甲車には平地でしか使用できないという弱点があった。そのため、山がちな日本ではあまり使い物にならず、普及することはなかった。

　なお、幕末になると、鉄製の戦車である安《あん》神車《じんしゃ》が製作された。作らせたのは水戸藩の徳川斉昭《なりあき》で、攘夷戦に備えて自ら考案したものだった。しかしながら、この安神車も牛車の域を出ておらず、実戦に耐えられるものではなかった。木製の亀甲車が、鉄製になった程度の進歩だったといえる。
この安神車は現在、茨城県にある水戸東照宮で見学することができる。

アメリカ大陸の地方病「梅毒」が日本に広まるまでの経緯は？

鉄砲が日本に伝来したのは、一五四三年（天文一二）のこと。当時の日本人にとって鉄砲は、最初に接した西洋文明だったといわれるが、じつはそれよりも早く、西洋からある病原体が日本にもたらされていた。代表的な性病のひとつである梅毒スピロヘータである。

梅毒はもともと、コロンブスによる新大陸発見の〝航海土産〟のようなものだった。一四九三年（明応二）、コロンブスの船員たちがバルセロナに帰着して以降、梅毒はヨーロッパ全土に広まったとみられている。

その後、梅毒は、ヨーロッパのみならず、インド、マレー半島、中国大陸へ急速に広まっていった。大航海時代で、人々が海を越えて移動していたこともあって、梅毒は世界的な規模で大流行したのだった。

では、誰が日本に梅毒を持ち込んだのかというと、意外なことにそれは、同じ日本人によってもたらされた。

倭寇とよばれた日本人を中心とした海賊集団が、中国大陸を荒らし回るうち、梅毒にかかり、知らず知らずのうちに日本に持ち帰ったのである。

こうして梅毒は、鉄砲よりも早く日本に伝えられ、たちまち人々を冒していった。当時の記録によると、すくなくとも一五一二年（永正九）には、日本国内で梅毒が流行していたことがわかる。「梅毒伝来」は「鉄砲伝来」

よりも、およそ三〇年ほど早かったようである。

織田信長に仕えていた黒人はその後どうなった？

信長がかわいがった家来の一人に、アフリカ系の黒人奴隷がいた。彼が、イエズス会の宣教師とともに来日したのは、一五八一年（天正九）のこと。一目その姿をみたいと多くの人がかけつけ、京の町は大騒ぎになったと伝えられている。

その噂を聞きつけた信長は、宣教師から譲り受けると、弥助と名前をつけて自らの家来とした。信長は弥助をかわいがり、どこに行くにも連れて歩いては、人々に見せびらかしたといわれる。

では、信長亡きあと、弥助はどうなったのだろうか？

信長が本能寺の変に倒れたさい、弥助は、信長の嫡男である信忠とともに二条城にいた。やはり明智勢に襲われた信忠は自害して果て、弥助も明智勢に取り押さえられた。

ところが、弥助は明智勢相手に大立ち回りをしたわりに、光秀に許され、死罪を免れた。本来なら、その場で殺されてもおかしくはなかったが、光秀は「この者は日本人ではない。バテレンに引き渡すように」と命じたという。

その後、弥助は、歴史の表舞台から姿を消す。

一説によると、島原半島でおこなわれた龍《りゅう》造寺《ぞうじ》隆信《たかのぶ》と有馬《ありま》晴信《はるのぶ》の戦いで、龍造寺側について果敢に戦う黒人がいたといわれるが、それが弥助であったかは、今となっては定かではない。

キリシタン大名は何人くらいいたのか？

来日したイエズス会修道士たちが、効果的に布教するためにまず目をつけたのは、戦国大名たちだった。

当時のヨーロッパでは、「領主の宗教に領民も従う」というのが常識だったため、宣教師たちは、戦国大名が改宗すれば、その支配下にある民衆たちもキリスト教信者になるだろうと考えたのである。

その布教活動の結果、大友宗麟《そうりん》、高山右近、小西行長《こにしゆきなが》らの戦国大名がキリスト教に改宗し、キリシタン大名となった。

では、当時、国内には何人ほどのキリシタン大名がいたのだろうか？

明治時代になってから書かれた書物によると、キリシタン大名として、六二名の名が挙げられている。

ただし、そのなかには大名とはいえない人物が含まれているほか、神道や仏教の信仰を捨てずにキリシタンでもあった者もいて、正確な数を特定するのは難しい。

なかには、宣教師から武器の援助を受けようと改宗した者や、洗礼を受けたものの、のちに教えを捨てた者もいたので、正しい人数を数え上げるのは困難といえる。

それでも、確実にキリシタンだったとわかっているのは、先にあげた大友宗麟、高山右近、小西行長のほか、有馬晴信、大村純忠《おおむらすみただ》、黒田孝高《くろだよしたか》、蒲生氏郷、織田有楽斎、内藤忠俊、京極高吉《きょうごくたかよし》などの十名ほど。真の意味でキリスト教信者だった大名は、じっさいのところ、それほど多くはなかったのである。

徳川家康が入国した当時、江戸はどんなところだった？

一言に江戸時代といっても、徳川家康が征夷大将軍に任命された一六〇三年（慶長八）から、徳川慶喜が将軍を辞した一八六七年（慶応三）まで、その間には二六五年間もの月日が流れている。町の様子も、江戸時代のはじめと終わりとでは、まったく異なっていたといっていい。では、家康が入府した頃の江戸は、どんなところだったのだろうか？

家康が江戸に入府したのは、まだ江戸時代がはじまっていない一五九〇年（天正一八）のこと。すでに江戸城は存在していたが、それは一四五七年（長禄《ちょうろく》元）に太田道灌《どうかん》が築いたものであり、築城から一五〇年近くもたって荒れ果て、かつ規模も小さいものだった。城がそのような状態だったので、城下町も貧弱で寂しいものだった。城の周辺には茅葺きの町屋が一〇〇軒ほどあるだけで、大都会のイメージからは、ほど遠い場所だったのである。

また、地形も現在の東京とは、まるで違っていた。たとえば、江戸城のそばには、袋状に入りこんだ日比谷入江があり、現在の新橋、霞ケ関、大手町、皇居外苑などは、まだ海の中。日比谷では、海苔の養殖がおこなわれていたという。

家康の江戸入府後、それらの入り江がどんどん埋め立てられて、江戸・東京の原型がようやくできあがった。さらに、江戸の町が華やかな大都会になるのは、江戸中期以降のことである。

4 江戸

そもそも徳川家の家紋はなぜ「三つ葉葵」なのか？

徳川家の家紋といえば、三枚の葉からなる「三つ葉葵《あおい》」である。この葵紋は、テレビ時代劇の『水戸黄門』の影響もあって、今でも広く知られる家紋のひとつだ。では、なぜ家康は、この三つ葉葵の家紋を用いたのだろうか？

その由来には、大きくわけて二つの説がある。ひとつは、京都の賀茂神社に由来するという説。賀茂神社の神紋は「葵祭」で知られているように葵紋である。

では、なぜ、徳川家と賀茂が関係するかというと、徳川家の母体である松平家の地元・三河に、賀茂神社は荘園をもっていたのだ。そこで、松平氏が神社の氏人になり、その関係で葵の紋を用いたと考えられるのである。

もうひとつは、三つ葉葵はもともと他家の

家紋だったのだが、家康が気に入り、交換してこの家紋を使うようになったという説だ。

その説によると、徳川家の家紋は、もともと三つ葉葵ではなく、三本立ち葵だった。三本立ち葵とは、三枚の葉とともに茎も描かれている家紋のこと。葉だけで構成されている三つ葉葵とは、デザインが異なるものだ。

家康は、この三本立ち葵よりも、葉だけの三つ葉葵を気に入り、三つ葉葵紋の持ち主だった本多家に交換を申し出た。こうして、両家の家紋は取り替えられ、三つ葉葵が徳川家の家紋となったという。

結局のところ、どちらの説が正しいかは不明だが、家康が相当この家紋を気に入っていたことはたしかなようだ。後陽成《ごようぜい》天皇が「菊」と「桐」の紋を授けようとしたときも、家康は三つ葉葵の家紋にこだわり、その話を断っている。

江戸時代の人々は、どうやって夫婦であることを証明した？

現在では、役所へ婚姻届を出すと、結婚したことが認められる。では、江戸時代の人々は、どのようにして〝夫婦の証明〟をしていたのだろうか？

まず、武士の場合、上司にあたる組頭に「○○の娘の△△と婚姻の儀、すませました」と届け出た。すると、組頭が目付に届け、結婚が成立したとみなされた。つまり、上司に報告することで、夫婦になったことが認められたのだ。

一方、町人は、隣近所や血縁の者を集め、披露宴を開くことが〝夫婦の証明〟になり、以降、親戚や周囲の人から、新しい夫婦として接してもらえた。

また、披露宴を開くと、夫婦は町役に届け、町役はその旨を奉行所へ届けた。これは、一応、現在の戸籍にあたる人別帳に記載するためだったが、奉行所へ届けるのは、年二回と限られており、形式的なものだった。こうした制度は、室町時代に始まり、江戸時代に確立して、明治になるまで続けられた。

一方、離婚のさい、夫は妻に三行半《みくだりはん》を突き付ければ、簡単に縁切りできたが、妻は夫から離縁状を受け取らない限り、再婚できなかった。

輸入品だった火薬の原料を江戸時代は国産でまかなえたのは？

鉄砲伝来以降、合戦の戦術は大きく変化したが、鉄砲を作り、実戦に役立てるには、当然ながら、鉄や鉛、黒色火薬などを調達しなければならなかった。そのうち、多くのものは国内でまかなえたが、黒色火薬（硫黄、木炭、硝石《しょうせき》を混ぜて作る）の原料の一つ硝石だけは、国内ではとれなかった。そこで戦国時代には、硝石を中国から輸入していた。

ところが、江戸時代、海外との交易が制限されると、硝石は武家屋敷の便所の床下から採取されるようになる。なんとも意外な場所から調達したものだが、これも硝石と糞尿に深い関係があるからである。

糞尿が土壌にしみ出すと、微生物の作用などによって、硝酸カリウムが生成される。これを抽出すると、硝石を得られるのだ。そこで、江戸時代には、武家屋敷などの便所の床下の土を集め、そこから硝石が調達された。

便所の床下から採取するくらいで、硝石の

需要をまかなえたのは、江戸時代になって合戦がなくなり、硝石の需要が減っていたからである。戦国時代であれば、便所の床下の土をかき集めたところで、とてもまかなえなかったはずである。

ちなみに、硝石は、中国内陸部や西アジアといった乾燥地帯では、地表に薄い層のようになっていて、大量に採取できる。ところが、日本のような湿潤な土壌からは、ほとんどとれない。ドイツやフランスなどの比較的湿潤な国々でも、早くから、家畜の糞尿を醗酵させ、硝石を抽出する方法が開発されていた。

「松の廊下」は江戸城のどのあたりにあった？

赤穂浪士の吉良邸討ち入りがクライマックスとなる「元禄赤穂浪士事件」は、そもそも、松の廊下での刃傷沙汰に端を発している。松の廊下にいた高家肝煎《きもいり》・吉良上野介義央《よしなか》に対して、赤穂藩主の浅野長矩《ながのり》が突然斬りかかったのである。

「殿中《でんちゅう》でござる、殿中でござる」と叫びながら、梶川与惣兵衛《よそべえ》が浅野長矩を止めるというシーンは、映画や芝居でよく知られているが、この松の廊下、いったい江戸城のどこにあったのだろうか？

江戸城内は南北に三分割され、北から「大奥」「中奥」「表」と分かれていた。「表」は、吉良家のような高家衆や大目付、町奉行、さらには老中、御側用人などの控えの間があるところ。将軍は「中奥」の御座の間で日常生活を送っていた。

松の廊下は、「表」の大広間から、将軍との対面所である白書院へ続く、幅四メートル、全長四〇メートルほどの大廊下だった。将軍や御三家のお歴々も通るため、畳が敷かれ、襖に、松並木と千鳥の絵が描かれていたので、「松の廊下」と呼ばれていた。

現在、その襖は東京国立博物館に収蔵されている。

赤穂浪士の襲撃を吉良上野介はどの程度予測していた？

小説や映画によれば、吉良家は、赤穂浪士の襲撃に対して、相当に警戒していたことになっている。しかし、そうした設定はフィクションであって、じっさいには、ほとんど警戒していなかったとみられる。

というのも、赤穂側の前原伊助と神崎与五郎が偵察のため、吉良邸裏門のすぐ近くに米屋を開いても、疑う様子はまったくなかった。そればかりか、多くの赤穂浪士が邸宅の周りを歩き回っても、何ら対処した形跡がない。

さらには、吉良邸の板塀の一部が壊れ、屋敷内が丸見えだったという記録もある。そんな穴すら修繕しなかったのだから、吉良側は、無警戒に近かったと言わざるをえない。

そもそも、吉良邸は、江戸城近くの呉服橋にあったが、本所無縁寺裏に屋敷替えとなった。呉服橋で、吉良邸近くに屋敷があった蜂須賀家が、騒動に巻き込まれてはたまらないと、幕府に吉良邸の屋敷替えを願い出たことが、その一因だったともいわれる。

むろん吉良邸が江戸の中心地から、人もまばらな郊外へ引っ越せば、赤穂浪士にとってはより襲撃しやすくなる。それなのに、吉良側はまったくと言っていいほど警戒していなかったのだ。

吉良邸討ち入りにかかった費用は？

赤穂浪士が、本所の吉良邸へ討ち入りしたのは、一七〇二年（元禄一五）一二月一四日のこと。それから三〇〇年以上が経つ現在でも、一二月一四日が近づくと、忠臣蔵の話題がマスコミで取り上げられる。

この吉良邸討ち入りには、現在のお金に換算して、約六七〇〇万円の費用がかかったとみられる。

箱根神社に、討ち入りまでの収支決算書といえる「金銀購払帳」が保存されている。支出の項目を見ると、浅野内匠頭の仏事に一六五両、赤穂から江戸までの旅費に二八二両、浪士の生活費として六〇両、江戸での家賃が五〇両、武器購入費が九両で、雑費が六両である。

武器購入費が、九両とは意外に安いと思う人がいるだろうが、購入したのは、武器というより、門を破り、塀を壊すための道具類。刀や槍といった武器そのものは、各浪士が個々に用意した。

総支出は六七二両で、現在の金額に換算すると六七〇〇万円ほどになる。これを四七人で割ると、一人当たり一四三万円弱である。これだけ安い費用でまかなえたのは、軍略だけではなく、金銭感覚も発達していた軍師大石内蔵助によるところが大きいといわれる。

ただし、浪士たちが討ち入りの日まで、切り詰めた生活を送っていたことは確かで、そのせいか、吉良邸に討ち入った浪士たちは、そこで見つけた高級菓子をつまみ食いしたという記録も残っている。

江戸時代、「心中ブーム」に火を付けた意外な人物とは？

江戸時代、心中ブームが起きたことがある。

ブームに火を付けたのは、近松門左衛門の『曽根崎心中《そねざきしんじゅう》』で、近松は実際の心中事件をもとに台本を書き、一七〇三年（元禄《げんろく》一六）五月に竹本座で初演すると、大ヒット作となったのだ。

こうして、大坂ではじまった〝心中ブーム〟は江戸に飛び火して、一七二三年（享保《きょうほう》八）には、江戸幕府が心中禁止令を出すに至っている。

『曽根崎心中』のモデルとなったのは、大坂内本町の醤油問屋、平野屋の手代徳兵衛と、天満屋の遊女お初。二人は愛を貫くために死を選び、梅田堤で心中するのだが、その際、徳兵衛はお初を刺し殺してから、自身のノドを突いて自害した。

しかし、じっさいには、刃物を使って心中する方法は、かなり難しい死に方だったようである。

というのも、刃物で刺すと血が固まって、すぐに切れなくなってしまうからだ。切れ味するどい日本刀でも、続けざまに三人斬れればいい方で、それ以上は刃がボロボロになった。

武士の刀でさえそうなのだから、庶民が慣れない刃物で心中するときには、失敗がつきものだった。徳兵衛とお初の心中を模倣したカップルにも、双方、あるいは片方が死に切れずに生き残ったケースが数多くあったようである。

馬で遠乗り中の殿様相手にも庶民は土下座したか？

遠乗りに出かけたさる大名、目黒のあたりまで来たところで、お腹が空いたが、弁当の用意がない。そこへ、タイミングよく、農家で焼く秋刀魚《さんま》のいい匂いが風に乗って漂ってきた。

家来は、「あれは、秋刀魚という魚で、殿様が召しあがるような物ではありません」と言うが、家来に買わせて食してみたところ、これが焼き立ての熱々で、脂が乗っていて、ひじょうにうまい。以来、秋刀魚の味が忘れられない殿様は、ほかの大名にも秋刀魚の旨さを言いふらし――といえば、古典落語「目黒の秋刀魚」の一席だ。

モデルとなったのは、三代将軍徳川家光だともいわれる。

江戸時代の大名といえば、外出時は必ず籠に乗るものと思われがちだが、ときにはこの殿様のように、馬で遠乗りに出かけることがあった。

といっても、無断で江戸を出ることは禁止されていたため、せいぜい近郊の名所旧跡に出かける程度だったが、それでも日帰りの小旅行は大名にとっていい気晴らしになった。

ところで、遠乗りの大名に遭遇したときにも、庶民は土下座したり、頭を深く下げていたのだろうか？　大名が江戸城に登城する際や、参勤交代の大名行列で籠に乗っているときは、庶民は往来の端で土下座するか、深く頭を下げることになっていたが、遠乗りの大名には、どう応対していたのだろう？

結論からいうと、土下座などの必要はなか

った。

遠乗りは、大名のプライベートな遊びであり、護衛も連れの者を数人伴うだけで、大名も家臣と同じような衣服を身につけていた。

つまり、庶民は大名一行に出くわしても、誰が殿様かわからなかったのだ。そのため、庶民が立ったまま見送っても咎められることはなかった。

殿様のほうも、そのほうが気楽にプライベートタイムを楽しめたのだろう。

江戸の呉服屋に江戸っ子はいなかったって本当？

「都内のおしゃれスポットは？」と尋ねたら、今どきは代官山や自由が丘と答える人が多そうだが、江戸時代のおしゃれスポットといえば、断然、日本橋だった。〝アパレルショップ〟はその周辺に集中し、のちにデパートとなった越後屋（三越）、大丸屋（大丸）、白木屋（東急百貨店）の三店をはじめ、数十軒の呉服商が店を構えていた。

呉服店のなかでも、斬新な商法をとり入れて大繁盛したのは、越後屋。当時の商いは掛け売りが主流だったが、越後屋は安い値段で現金売りをはじめたほか、急ぎの客には、必要な分だけを売る「切り売り」や、お抱え職人が即座に着物を仕立てる〝お急ぎサービス〟を提供するなど、新しいビジネススタイルを次々と繰り出したのだ。

さて、人気の呉服店では、どのような人が働いていたのだろうか？　今のアパレル業界では、ショップの店員は若い女性が圧倒的に多いが、江戸時代の呉服店には、男性の手代しかいなかった。それ以上に奇妙なのは、江戸生まれの江戸っ子がほとんどいなかったことだ。従業員は、ほぼ全員、上方出身者だったのである。

　というのは、江戸にあった呉服屋の多くは、上方に本店をもつ店の〝江戸支店〟で、従業員は、上方の口入屋《くちいれや》を通して、江戸に送られてきていた。採用されたのは、寺子屋教育を終えたばかりの一一～一二歳の男の子で、彼らは親元を遠く離れた江戸で、店に住み込みながら、商いのイロハを仕込まれたのだ。

旗本も現代のように〝就活〟したか？

　江戸時代の旗本は、将軍家直属の家臣団のうち、石高が一万石未満（一万石以上は大名）で、御目見《おめみえ》以上の格式をもつ者のこと。御目見とは、儀式などで、将軍が出席する席に参列を許されることで、同じく徳川家の家来でも、御家人には御目見の資格が与えられていなかった。

　旗本は、おもに江戸城の警備や行政に携わる役職についていた。といっても、江戸中期の調査で、約五二〇〇人いた旗本のうち、半数は無役だった。家禄はもらっていても、仕事はなかったのだ。

　そこで、意欲のある旗本は、何とか役職に就きたいと就職活動を行った。

　江戸城を警備する旗本は「番方」と呼ばれ、「大番」「書院番」「小姓組番」「新番」「小十人組」の五つのグループから編成されていた。就職して能力が認められれば、出世も可能で、うまくいけば「京都町奉行」や「長崎奉行」に抜擢されることもあった。そうした高い地位につければ、大変な名誉であるうえに、ワイロなどの副収入も期待できた。

一方、行政に携わる旗本は「役方」と呼ばれ、やはり能力が認められれば、出世することができた。

そのため、就職活動をする旗本は、組頭の屋敷に出入りして、ご機嫌をうかがったり、菓子折に小判をしのばせて贈ったりした。組頭に、就職の推薦や斡旋をしてもらうと、それなりに有利だったからで、とにかく江戸時代は、付け届け、まいない、ワイロが物を言う社会だった。

「〇〇守」「〇〇介」…なんの縁もない国名の役職を名乗ったのは？

越前守や三河守など、天下六〇余州の国名のつく役名を「受領《ずりょう》名」という。もともとは、実質を伴った官職名であり、現在でいえば、都道府県知事や副知事にあたった。たとえば、平安時代の紫式部の父親は「越前守藤原為時」と呼ばれるが、じっさい、朝廷から越前国の受領を拝命し、二年間赴任していたことがある。当時、若かった紫式部も、父親と一緒に越前で暮らしていた。

ところが、江戸時代になると、受領名は形骸化し、旗本だけでも、美濃守が三人も四人もいるような状態になった。そうかと思えば、肥後熊本藩の藩主である細川家が、越中守（現在の富山）を名乗っていた。

これは、江戸時代になって受領名が名ばかりのものとなり、中級の武士までが、好き勝手に名乗るようになったからである。

受領名の形骸化がはじまったのは、各国に守護が設置された鎌倉時代。すでに国府は存在しなかったのに、受領名が乱発されるようになったのだ。戦国時代には、戦国大名たちが自身の家系に箔をつけるため、朝廷に働きかけて受領名を購入するようになった。伊達氏の陸奥守や、家康の三河守というのは、そうした購入例である。さらに、江戸時代になると、中級武士までが、朝廷に無断で受領名を名乗るようになり、同じ○○守が何人も存在する事態に至ったのである。

ちなみに、肥後熊本藩主の細川家が、代々「越中守」を名乗ったのは、戦国時代の当主幽斎が、越中守に任ぜられたことに由来する。以来、代々越中守の受領名を授けられたので、肥後の殿様がずっと「越中守」と呼ばれた。

江戸時代、上州に博徒が多かった事情とは？

幕末のアウトロー・国定忠治の地元・上州（現在の群馬県）は、江戸時代からギャンブルが盛んな土地柄だ。

今も、伊勢崎オートに前橋競輪、桐生競艇といったギャンブル場がそろっているほか、パチンコメーカーもこの土地に集結している。

そんなこともあって、県民性を語る本には、決まって「上州人はギャンブル好き」と書かれているが、じっさいに古い史料からも、上州には昔からギャンブラーが多かったことが見てとれる。

たとえば、一八九七年の全国の賭博犯の検挙数を見てみると、兵庫が五三一三人、大阪が二〇四四人、東京一九七四人、群馬一八二八人。

人口比で比較すると、群馬は全国トップだったというわけだ。

上州に博徒が多かった理由は、いくつか考

えられるが、ひとつは江戸という大消費地に近かったことがある。中山道、日光街道、三国街道が通り、草津温泉が江戸っ子に人気だったこともあって、交通が発達した。その街道沿いに賭場が次々と開かれたのだ。

また、上州の〝経済構造〟も賭博好きに拍車をかけた。〝上州名物からっ風〟と言われるとおり、上州は自然が厳しく、稲作には不向きだが、代わりに養蚕や絹織物が盛んな土地。町人は、蚕糸や織物を江戸の商人に売って現金収入を得ていたから、地方都市といえども貨幣経済が浸透していた。

現金を手にすれば、賭場へ走る男が増えるのも無理からぬ話だ。

さらに、〝上州江戸っ子〟と呼ばれる気風の良さと相まって、かかあ天下の土地柄だけに女性まで賭場に加わり、ますます賭場は栄えた。忠治のようなヤクザ者は、こんな上州の気風から生まれたのである。

ちなみに、二〇〇七年、その忠治の子孫と、忠治一派に賭場のなわばり争いで殺された博徒の子孫が、一七〇年ぶりに和解したという。「手打ち式」が行われたのは、忠治の地元、群馬県伊勢崎市だった。

どんな目的で、江戸時代にミイラが輸入されていたのか?

江戸時代、鎖国統制下とはいっても、いろいろな抜け道が駆使されて、多種多様な舶来品が入り込んでいた。なかには、珍品もあり、そのひとつがミイラ。一七世紀中頃には、ミイラが盛んに輸入されていたのだ。「何の目的で?」と首をかしげたくなるが、じつはミイラは朝鮮ニンジンと並ぶ万能薬として珍重されていたのだ。

一六世紀、まず西洋で、ミイラは「アラビアの万能薬」としてブームを呼ぶ。ミイラをとりにエジプトに行った者が砂漠で生き倒れになり、まさに「ミイラとりがミイラになった」時代のことだ。

その後、遅れてブームになった日本では、「西洋の万能薬」という触れ込みで、ミイラ薬が売られたが、そのミイラが本当に〝エジプト産〟だったかというと、はなはだ疑わしい。当時ヨーロッパでは、ミイラブームに乗じて、つい最近死んだ人の死体を乾燥させた〝偽ミイラ〟製造が盛んに行われていたからだ。それを考えると、日本に輸入されたミイラの大半はニセモノだったことだろう。

さて、気になるミイラの薬効はというと、頭痛、胸のつかえ、難産、めまい、日射病、打ち身やくじきには水で練って貼ると効くといわれ、まさに万能薬扱いされていた。

むろん、医者のなかには、乾燥死体に効能があるはずがないと断じる者もいたが、将軍をはじめ、大名もこぞってミイラ薬を飲んでいたという。医学が未熟だった時代、異国からもたらされた乾燥死体は、「いかにも効きそうな薬」に思えたのだろう。

なぜ江戸の丁稚は二年で逃げ出したのか？

スポーツの世界でよく使われる言葉に「二年目のジンクス」がある。プロ入り一年目に大活躍した新人ほど、翌年は伸び悩んで活躍できないことを言ったものだが、江戸時代の大店に奉公にあがる新人たちも、〝二年目のジンクス〟に悩まされていたようだ。

先に説明したとおり、江戸の大店のほとんどは、上方に本店があり、江戸「支店」に就職するのは、本店の採用試験にパスした近江や伊勢などの少年だった。毎年春になると、一一、二歳の少年たちが大勢やってきて、住み込みで商売を仕込まれたのだ。

しかし、まだ年端《としは》のいかない子供のこと。慣れない江戸での奉公は、相当な負担だったに違いない。最初の一年目は何とかなっても、二年目を乗り切れずに脱落する者が少なくなかった。

日本橋の大店・白木屋が、退職者の数や、その理由を記した帳面が残っているが、その記録によると、一八三七年（天保八）から一八六七年（慶応三）の三一年間に三二六人の奉公人が退職したことが記されている。退職理由は、円満退職が一一〇人、病気が八二人、死亡者が六四人、解雇者が二六人、行方不明者は四四人。

これを年次別で見ると、入店二年目に最も多いのが「病気」と「死亡」。病気で国元へ帰された者が一四人、死亡した者が一一人もいる。ようやく江戸の暮らしに慣れたころ、病に倒れてそのまま死んでしまう子供が少なくなかったのだ。

そうでなくとも、江戸の大店は、裏方の賄いの女性らをのぞけば、女性が一人もいない男所帯だ。母親恋しさに、店を飛び出したまま戻らない者もいた。

しかも、江戸の大店は厳しい〝競争社会〟で、手代を無事つとめあげても、番頭やさらにその上の大番頭にまで昇格できたのは、ほんの一握り。男だけのサバイバルゲームに勝ち残るため、最初に迎える正念場が、入店二年目の壁だったのだ。

町人の家の戸締まりは“つっかえ棒”だけで心配なかったか?

現代の賃貸住宅にもランクがあるように、江戸時代の町人が住んでいた長屋にも、家賃の高い部屋もあれば、安い部屋もあった。

落語に出てくる熊さん八っつあんのような貧乏人が住んだのは、裏通りにある裏長屋。今風にいえば平屋建てのワンルームアパートで、一軒が間口九尺(およそ二・七メートル)、奥行きは二間(およそ三・六メートル)しかなかったので、「九尺二間」と呼ばれた。

ひとつひとつの部屋には、むろんカギなどついていない。カギの代わりになったのは、「しんばり」と呼ばれたつっかえ棒。これを表戸の内側から立てかけ、奥の雨戸を閉めれば戸締りは完了してしまう。

その表戸じたいも、障子張りのじつにおぼつかないシロモノだった。時代劇では、ヤクザ者が長屋の戸を蹴破って入ってくるシーンがよく見られるもの。そのように、やすやすと蹴破られてしまうような障子戸につっかえ棒をしたところで、さほどの意味はなかった。

そんな簡単な戸締りでは、泥棒も入り放題ではなかったかと疑いたくなるが、長屋では盗難事件はほとんど起きなかった。夜回りが頻繁に行われていたし、長屋の場合、夜になると、路地に設けた木戸を閉めたので、長屋前の路地を行き来することさえ、できなかったのだ。

第一、粗壁《あらかべ》で仕切っただけの粗末な長屋では、隣人の話し声まで筒抜け。留守のはずの隣室で、泥棒がゴソゴソやっていれば、すぐにバレてしまう。

だが、本当のところは、泥棒が狙うほどの財産がなかったから、盗難がなかったともいえる。庶民の多くはその日暮らしで、手元にはわずかな金しか持っていなかったので、泥棒にしてみれば、危険を犯して盗みに入っても、何のトクにもならなかったのだ。

「武士」の身分を手に入れるための〝お値段〟は？

江戸時代には、士農工商という身分制度があり、その身分は世襲制とされていた。そのため、江戸時代の身分は代々受け継がれ、変わることはなかったと思っている人が多いだろうが、じつはそうでもなかった。農民や町人でも、お金を払えば、武士になることは可能で、それを目指す者も少なくなかった。


といっても、武士になるには、少なくとも三〇〇両（約三〇〇〇万円）は必要だったので、相当裕福な人に限った話である。要するに、武士になるというのは、旗本や御家人の家筋そのものを買い取ることだった。

江戸時代の御家人のなかには、出世して裕福になる人もいたが、貧乏暮らしの侍が圧倒的に多かった。

たとえば、一〇〇石取りの御家人といえば、一〇〇石分の田から年貢を受け取ることができるという意味で、実質的な収入は、その三割程度の三〇石前後。現在の金銭感覚でいえば、年収三〇〇万円ほどにしかならない。武家の体面を保ちながら、物価の高い江戸で暮らしていくためには、借金を重ねることになった。その借金に首が回らなくなると、武家という家筋を売って、武士を辞めたり、金と引き替えに農民や町人を養子に迎えて家督を譲る者がいたのだ。これを「御家人の株を売る」と言った。

その値段は、騎馬の武士である与力クラスで、およそ一〇〇〇両（約一億円）、同心の株で三〇〇両（約三〇〇〇万円）程度が相場だった。

「清水の舞台から飛び降りた」人は、何人くらいいた？

京都・清水寺の舞台は、一本の太さが約七五センチあるケヤキの柱を、七八本も使って支えられている。高さは約一三メートル。ビルの四階ほどの高さだが、じっさいに清水の舞台に立ってみると、その高さ以上に高く感じられ、下の林へ転落すれば、命を落としそうに思える。そこから、「思い切って何かをすること」を意味する「清水の舞台から飛び降りる」という言葉が生まれた。

江戸時代にも、そう思った人は少なくなかったようで、自殺の名所となった時期もある。記録によると、江戸中期の七年間だけで、二三人がじっさいに清水の舞台から飛び下りている。

ただし、全員が死んだわけではなく、二三人のうち一〇人は助かっている。その一〇人に、京の役人が事情を聞いたところ、一〇人のうち四人は、自殺のために飛び下りたのではなかったという。奉公先の主人の病気回復や両親、近親者などの幸せを願っての行為だった。つまり、願掛けで清水の舞台から飛び降りる人がいたというわけだ。

そのひとつのきっかけとなったのは、歌舞伎である。江戸中期、人気役者の坂田藤十郎が、桜姫に扮して宙乗りになり、清水の舞台から飛ぶという芝居が大人気となった。すると、観音様に願を掛けて、舞台から飛び下り、命が助かれば恋がかなうという話が広がり、じっさいに試してみる者が続出したと伝えられている。

アンコール・ワットに、日本の武士の落書きがあるのは？

カンボジアのアンコールワットは、一九九二年（平成四）に世界遺産に登録され、世界中から多くの観光客を集めている。じつは、そのアンコールワットの片隅に、江戸時代の武士の落書きが残されている。

時は一六三二年（寛永《かんえい》九）というから、三代将軍家光の頃である。森本右近大夫という武士がアンコールワットを訪れ、落書きを残していたのだ。入口から中心部へと続いていく回廊から、少し脇へ入って目立たないところの柱に、「寛永九年の正月に初めてここに日本の肥州の住人である森本右近大夫がきた」「仏教の悟りを開くことを志し、数千里もの海を渡り、この世に中を浄めるため、ここに四体の仏像を奉納します」という意味のことが、墨で記されている。どうやら、日本からはるばる海を渡ってやってきたという開放感からか、ついつい落書きしてしまったようなのだ。

森本右近大夫がアンコールワットを訪れたのは、まだ幕府が鎖国する前のことである。それ以前、朱印船貿易が盛んだった時代には、大勢の日本人がカンボジアを訪れ、プノンペンとピニャールには日本人町ができていた。当時の日本人は、東南アジアを天竺《てんじく》（インド）と考えていたので、アンコールワットは、その位置関係から、仏教の祇園精舎《ぎおんしょうじゃ》だと誤認されていた。

森本右近大夫は、仏像を奉納しに来たようだが、他の日本人と同様、アンコールワットを祇園精舎と勘違いしていた。

じつは、アンコールワットには、江戸時代の日本人による落書きが一四もあり、なかには、家光の命令で、祇園精舎の絵を描くためにやってきたと書かれたものもある。当時だけでも、少なくとも十数人の日本人が、アンコールワットへ参拝していたことになる。

農民に相互監視させる「五人組」は、都市にもあったか？

江戸時代の「五人組」は、農民に互いを監視させ、共同で責任をとらせる隣保制度のこと。これと似たシステムは古くからあったが、五人組の土台をつくったのは、徳川家康ではなく、豊臣秀吉だったという。

秀吉は、一五九七年（慶長二）、治安維持のために、侍五人組・下人十人組をつくった。それをもとに、徳川幕府は寛永年間（一六二四〜四四）に、全国の村や町に五人組制度を整えていった。

具体的にどのような制度だったかというと、たとえば組のなかから犯罪者がでたら、連帯責任で組中の者を罰する。

また、年貢を納められない者が出た場合、ほかの者が不足分を納めなければならなかった。じつは、幕府にとってはこれがもっとも重要で、五人組制度の主な目的は、年貢の徴収にあった。重い年貢や夫役にたえきれなくなった百姓が、他領へ逃げ出しては、幕府は財源を確保できなくなる。そこで「相互監視」

と「連帯責任」の二段構えで、確実に年貢を徴収したのだ。

　というと、五人組は、農村用の制度だと思うかもしれないが、じつは都市部でも組織されていた。城下町では、軍事目的で武士たちの五人組がつくられたほか、江戸の町では、それぞれの町に町人を構成員とした五人組があった。

　組頭のもと、町内の治安維持や、町の共同施設の管理をするのが主な役割で、いまでいう消防団のような存在だった。しかし、明治時代に入って警察制度が整うと、自治組織の必要性が薄れ、自然消滅していった。

「蟄居」と「閉門」はどこがどう違う？

武士も過ちを犯したときには、刑罰を受けた。その刑罰には、軽いものから「蟄居《ちっきょ》」「閉門」「召放《めしはなち》」「改易」「島流し」「切腹」があった。

「召放」は所領没収のことで、「改易」は武士の身分をはく奪し、所領と屋敷を没収すること。

　では、「蟄居」と「閉門」は、どちらも謹慎処分のことだが、具体的にはどのように違ったのだろうか？

　まず蟄居は、出仕や外出を禁じ、一室で謹慎させる刑のこと。幕府や領主から命じられる場合と、命じられる前に自ら外出を謹慎する場合とがあった。といっても、家から出ることの一切を禁じられたわけではなく、お忍びで出かける程度のことは大目に見られていた。

　ふつうは「何日まで」と期限をつけられた

が、終身蟄居の場合もあり、それは「永蟄居」と呼ばれた。たとえば、幕末、三河田原藩の江戸詰家老で、画家や蘭学者としても知られた渡辺崋山《かざん》は、幕府の外交政策を批判して、国許での永蟄居を命じられた。畑仕事をしたり、絵を描いたりして暮らしていたが、「お咎めが藩主に及ぶぞ」と騒ぐ者が出て、最終的には自刃した。

一方、「閉門」に処せられると、屋敷の門や窓を固く閉ざしたうえで、一切の出入りを禁じられた。

現代人の感覚からすれば、屋敷の門を閉ざすだけなど、ラクな刑罰のように思えるが、江戸時代では、門を閉ざせば、それだけで世間に「何かヘマをしたな」と知れ渡ったので、プライドの高い武士にとっては屈辱的な刑罰となったのだ。

江戸時代、どのくらいのワイロがまかりとおっていた？

「越後屋、そちも悪よのう」

「いえいえ、お代官様ほどでは……」

テレビ時代劇では、悪徳商人と悪代官が「菓子箱」を前に、こんなやりとりをするのが、お決まりのパターン。

菓子箱に詰まっているのは〝山吹色の菓子〟、つまりはワイロだが、江戸時代はワイロ社会だったので、むしろワイロを贈らない者のほうが、礼儀知らずだと悪口を言われた。あの『忠臣蔵』の浅野内匠頭も、高家に渡す付届けをケチったため、吉良上野介に嫌がらせをされたという説がある。

現在ならワイロを取り締まるはずの当時の〝警察官僚〟も、公然とワイロを手にしていた。

町奉行の配下で同心を指揮していた与力（町与力）は、二〇〇石と薄給だったが、本来の禄高の何倍もの〝副収入〟を得ている者が少なくなかったのだ。

　たとえば、大名の家臣が町方で問題を起こしたとき、事件が明るみに出ては家名に傷がつくので、ここはひとつ穏便にと与力に金銭を渡していたわけだ。また、盆暮れには、大名諸侯や商人から、中元や歳暮がどっさり届いたのだが、そうした金品はワイロではなく、「役得収入」として奉行にも承認されていた。

　武士が出世するにも、ワイロが必要だった。ある旗本の日記によれば、まず親戚筋を通して各方面へ金銭をばらまき、老中ら要人を接待して出世の働きかけを行ったという。さらに、昇進がかなってからは、親戚や直属の上司、事務方の役人など、便宜を図ってくれた人たちへ、成功報酬を支払っている。その額、じつに二五〇両。

　当時の二五〇両といえば、今の二五〇〇万円という大金だが、それを日記に堂々と書いているあたり、当人に罪の認識はなかったのだろう。ワイロが横行していた江戸では、出世も金次第だったのだ。

大名行列は、道中ずっと長い行列を崩さなかったのか？

　大名行列の規模は一律ではなく、各大名の禄高や家格に応じて決められていた。家格が高い大藩ほど、大名行列は長くなった。

　つまりは、有力な外様大名ほど、莫大な支出を強いられる仕組みである。たとえば、享保年間では、二〇万石以上の大名は、馬上一五～二〇騎、足軽一二〇～一三〇、中間人足二五〇〇～三〇〇〇人という基準があった。

しかし、実際には、諸藩が見栄を張って人数を増やしたので、お金のある藩ほど基準を超える大行列を仕立てた。石高では最大の加賀前田家の大名行列は、なんと四〇〇〇人を動員したというから、街道沿いの庶民にすれば、行列をやり過ごすのにもひと苦労したに違いない。

そもそも、一〇〇〇人の大名行列で、最後尾まで通り過ぎるのに一時間はかかった。庶民はどんなに急いでいても、行列を横切ることを許されていなかったため、四〇〇〇人の大行列なら、四時間は足止めを食らうハメになったのだ。

むろん、多くの大名にとって、参勤交代は財政的に大きな負担となった。そのため、貧乏大名は朝早くから出立し、夕方遅くまで歩いて距離を稼いで旅程を切り詰めたり、宿代を値切って〝節約旅行〟をしていたという。

ところで、大名行列といっても、国元を出てから江戸に到着するまで、ずっと行列をつくって歩いていたわけではない。整然と軍列を組んで歩いていたのは、国元を出る時と江戸に入るときなど、要所要所だけで、その他の道中は、短い列で歩いても構わなかった。

そこで、長い行列をつくるときだけ、人を臨時に雇ってまかない、コスト削減につとめる藩もあった。

「島流し」では、どの島に流されるのが一番楽だった？

江戸時代の流刑地は、近江を境に、東の罪人は伊豆七島や佐渡島へ、西の罪人は五島列島、壱岐《いき》、隠岐《おき》、天草島などへ流されるのが一般的だった。

島についた罪人は、村の五人組の監視下にはおかれたが、基本的には「渡世勝手次第」で、収監されたり、労役が課されたわけではなかった。ただ、労役がない代わりに、自分で仕事を見つけて、生計を立てなければならない。そのため、同じ囚人でも、暮らしぶりの差は大きかった。

手に職を持っていれば、技術を生かした職業につけたが、それ以外の囚人は、島民の農業や漁業を手伝って、わずかばかりの食糧を分けてもらい、食うや食わずの暮らしをしていた。

その一方、身分の高い者は、親戚から金品が届けられた。その金で豊かな暮らしもできたし、表向きは禁止されていた妻帯する者もいた。まさに、地獄の沙汰も金次第だったのである。

とはいえ、金に不自由しない囚人でも、島の生活は決してラクではなかった。島にはたびたび大飢饉が襲い、餓死者が絶えなかったからだ。

その点、恵まれた環境にあったのは、佐渡島へ流された囚人。とりわけ、江戸前期の佐渡は金山の採掘でゴールドラッシュに沸き、景気がよかった。金採掘に回されると肉体的に大変だったが、そうでなければ、廻船《かいせん》業をはじめ、農業、漁業ともに活況で、囚人にも仕事が山ほどあった。

それどころか、佐渡は暮らしやすいからと、赦免になった罪人がふたたび佐渡に舞い戻ってくる始末。そんなこともあって、一七〇〇年（元禄一三）には、佐渡への遠島は廃止された。なお、流刑そのものは、大宝律令で流罪が法制化された七〇一年（大宝元）から一九〇八年（明治四一）に廃止されるまで、一二〇〇年以上も続けられた。

「牢屋敷」のなかは一体どんな様子だった？

捕物帳でおなじみの「伝《でん》馬《ま》町《ちょう》牢《ろう》屋《や》敷《しき》」は、現在の中央区、日比谷線小伝馬町駅の近くにあった江戸最大の牢獄だった。

牢獄といっても、刑務所（既決囚を収容する）ではなく、未決囚を収容しておくための施設。今でいうところの拘置所で、塀が張り巡らされた三〇〇〇坪ほどの敷地に、牢の責任者である牢屋奉行の役宅、未決囚を収容する牢屋や拷問場所、処刑場などが設けられていた。

牢獄に入るとき、囚人は裸にされて点検を受け、男女別の大牢、揚屋、揚座敷、百姓牢、二間牢など、身分に応じた牢屋へと振り分けられた。

身分の高い者が入ったのは「揚座敷」。お目見以上の幕臣か、身分ある僧侶や神官を収容したところで、七畳の畳敷きの部屋に、雪隠と水遣場が設置されていた。牢といっても、付き人がつくというVIP待遇だった。

ちなみに、さらに身分が高い五〇〇石以上の高級旗本が罪を犯した場合には、「親類預かり」となり、こうした牢屋に入れられることはなかった。

お目見以下の幕臣や、大名の家来、僧侶、神官、山伏、医師を収容したのは「揚屋」。百姓は百姓牢へ、女性は身分にかかわらず、女性用の大牢へ収容された。

それ以外の商人や職人など、大半の囚人が

収容されたのが「大牢」だ。

無宿人（戸籍のない流浪民）も最初は大牢に入れられていたが、粗暴な者が多かったため、のちに大牢へ入るのは人別帳にある者に限られ、無宿者は二間牢へ収容されるようになった。

しかし、無宿者が排除されたとはいえ、大牢の中は不衛生で、環境は決していいとはいえなかった。

新入りにはリンチが加えられ、弱い者は〝一畳に一八人詰め〟と言われた狭い場所に、すし詰めにされたのだ。

収容人数が増えれば、もう手足さえ伸ばすことができない。そんなときは、弱い者の首を絞めて殺すこともあったという。死刑判決を待つまでもなく、牢獄で命を落とす囚人は少なくなかった。

隠密はどんな名目で〝出張費〟をもらっていた？

将軍の下に「御庭番《おにわばん》」と呼ばれる〝隠密〟が置かれたのは、八代吉宗の時代。

彼らの表向きの役割は、昼間は大奥の警備。夜間は、江戸城天主台下にある御庭御番所での宿直だった。そのため、正式な役職名は「御休息御庭締戸番」で、それを略して「御庭番」と呼ばれていた。

一方、彼らの裏の役割は、大名や地方代官の内情を探る内密御用だった。

具体的に、どのような調査をしていたのかは、記録が残されていないので不明だが、全国を回って大名や代官の評判、その土地の噂話などを集め、「風聞書《ふうぶんしょ》」と呼ばれる報告書にまとめて将軍に提出していたことは確かである。

彼らは、将軍の命令で地方出張に行っていたわけで、その際には「御手当金」という調査費用を受け取っていた。つまり、出張費をもらっていたことになる。その金額は、遠国なら一日二分（現在のお金で約五万円）だったという。

これで荷物持ちを連れ、ときには道案内も連れていくので、彼らへ日当を払えば、旅費としてはギリギリだったという。

また、御庭番は地方へでかけて行くとき、飛脚問屋の責任者に変装することが多かった。そうすれば、全国のどこにいても不思議はなかったし、不意に武士の言葉が出ても、武家屋敷へ手紙を届けるという職業柄、武士の言葉もしゃべることができるのだろうと、周囲の人に怪しまれにくかったからである。

「鈴ヶ森」「小塚原」で処刑された罪人は何人いたか？

捕物帳では、江戸の町で頻繁に殺しや盗みが起きる。そのイメージでは、江戸は犯罪都市だったように思われがちだが、じっさいの江戸は、ひじょうに治安のいい町だった。木戸番や番所などの犯罪防止システムが整っていたことに加え、幕府の厳罰主義が犯罪に歯止めをかけていたからだ。

「一〇両盗めば首がとぶ」といわれたように、江戸時代の刑罰はかなり厳しいもので、スリも四回目には死罪になった。加えて、「見懲《みこ》らし」のために公開処刑が行われたことも、犯罪の抑止力に一役買っていたといえる。

江戸時代、刑場は「お仕置き場」と呼ばれたが、江戸の二大刑場だった千住の小塚原と品川の鈴ヶ森では、磔、火あぶり、のこぎり引きなどの〝残酷刑〟が人目につく場所で執行されていた。

　処刑された死体は、埋葬されずに晒《さら》され、それに腹を空かせた野良犬が群がる有様で、さながら地獄絵のような光景だったという。

　当時の小塚原と鈴ヶ森は、江戸への入り口の東西にあたり、行き交う人の多い土地だった。わざわざ交通量の多い場所を選んだのは、恐ろしい刑や死体を見せつけることで、江戸に入ってくる者に警告を促すためだった。

　では、二つの刑場で処刑された人数はどれくらいだったのだろうか。一説に、小塚原の年間処刑者は一〇〇〇人といわれ、刑場ができた一六六七年（寛文《かんぶん》七）から廃止にいたる一八七九年（明治一二）までの約二〇〇年間に、二〇万人以上が処刑されたと見積もられている。

　同様に、鈴ヶ森のお仕置き場でも、一六五一年（慶安《けいあん》四）から一八七一年（明治四）までの二二〇年の間に、一〇～二〇万人が処刑されたとみられる。

食糧はあっても餓死者が続出した「飢饉」の謎とは？

　飽食の現代では想像もつかないが、ほんの一〇〇年前までは、日本の農業史は飢饉との闘いの連続だった。江戸時代にもたびたび飢饉が襲いかかり、なかでも享保、天明《てんめい》、天保《てんぽう》の大飢饉は「江戸三大飢饉」といわれるほど、大規模で悲惨なものだった。

　そのうちのひとつ、天明の飢饉は一七八二～七年（天明二～七）頃に人々を襲ったが、異常気象による冷害に加え、浅間山の噴火が重なったことで、大凶作となる。コメや野菜がたちまち不足し、前代未聞ともいえる数の餓死者が出た。飢饉の最中に白河藩主をつとめ、後に幕府の老中となった松平定信の記録によると、天明四〜五年にかけて、全国の人口は一四〇万人（当時の全人口は約三千万人）も減ったというから、想像を絶する数だ。

人々が飢えていく様子は、凄惨を極めたという。杉田玄白の『後見草《のちみぐさ》』には、餓死は津軽地方がとくに多く、南部では子供の首を切って頭蓋骨を割り、脳味噌を引き出して草などと混ぜて食べたと記されている。

また、別の史料では、食べるための殺人が行われ、ある村では塩漬けにされた人肉や、焼かれた人骨が何十体も出てきたという。

しかし、そこまで飢饉が深刻になったのには、単なる異常気象だけでなく、じつは幕府の失政が大きく影響していた。凶作期とはいえ、西日本ではコメが順調に生産されていたのに、そのコメが東北地方へ運ばれることはほとんどなかった。「津留《つどめ》」といって、諸藩がこぞって食糧の流出をストップさせたからだ。

コメも野菜もあるところにはあったのに、困っている地方に手が差し伸べられることはなかった。それが、大量の餓死者をだした江戸時代の飢饉の実態だった。

江戸時代、庶民の旅行先でいちばん人気があったのは？

江戸時代の庶民が「一生に一度は行ってみたい」と憧れていたのは、『東海道中膝栗毛《とうかいどうちゅうひざくりげ》』の弥次喜多コンビもお参りに出かけた伊勢神宮。江戸時代の旅行は、「信仰の旅」が一般的で、行き先は成田山新勝寺や江ノ島の観音様など、もっぱら寺社や山などの聖地だった。

なかでも、群を抜いて人気を誇ったのが伊勢神宮で、参拝客は毎年五〇万人以上にのぼった。江戸時代の人口や交通事情を考えると、たいへんな人気だったことがわかる。

伊勢参りブームを支えたのは、「伊勢講」という一種の旅行サークルの存在だった。講のメンバーが資金を積み立て、くじ引きで選ばれた代表者が、その金を持って参拝の旅に出かけた。この組織があったからこそ、経済力のない町人や農民まで「一生に一度はお伊勢参り」に出かけられたのである。

しかし、なかには、金もないの伊勢に出かける者もいた。商家の奉公人や村の少年少女が無断で抜け出して、伊勢へ旅立ったのだ。そういう旅は「抜け参り」と呼ばれたが、金のない青少年がどうやって旅をしたのかというと、道中でカンパを募っていたという。

伊勢参りに向かう人へのカンパは、代理参拝にもなったため、金を与える人は少なくなかった。信心深い人の多かった時代ならではの現象だったといえそうだ。

どうして大名行列は京都を通らなかったのか？

国元と江戸を行ったり来たりする「参勤交代」は、将軍のお膝元である江戸に、正妻と嫡子を〝人質〟として居住させ、領主は江戸と国元を行き来することを義務づけた制度だ。

幕府が大名に参勤交代を命じたのは、大名の財力を消耗させるため。国元でひそかに蓄財しないよう、参勤交代の〝旅行費〟と、江戸での滞在費用で、大名の財力を弱めることを目的とする謀《む》反《ほん》防止のシステムだった。

参勤交代が正式に大名に義務付けられたのは、一六三五年（寛永一二）の武家諸法度によって。参勤交代はおもに初夏の頃に行われたので、「大名をいれかえにするほととぎす」という古川柳が残っている。

　ところで、参勤交代の行列には、ひとつ不思議なことがあった。幕末を別として、天下太平の時代には、大名一行は決して京都を通らなかったのだ。西日本の大名たちは、山陽道、西国街道、山陰道などを通って東上してくるのだが、京都を避けて伏見に入り、大津へ向かうルートをとった。

　しかし、京都といえば、東は東海道へ、西は西国街道へつづく東西の分岐点。にもかかわらず、大名行列が京都を通らずに伏見へ回ったのは、どうしてだろうか。

　じつはこれも、謀反防止のため。京都には朝廷が存在していたが、幕府は、有力大名が参勤交代を理由に勝手に京都に入り、ひそかに朝廷と結ぶことを警戒していたのだ。

徳川将軍が名医に払った治療費はいくら？

　戦国時代後期から江戸時代初期にかけて、「医聖」と呼ばれた名医がいた。永田徳本《とくほん》という人で、仏門に入ったり、修験道を学んだ後、中国（明）から伝わった漢方医学を修め、武田信虎《のぶとら》・信玄《しんげん》親子に侍医として仕えた。

　武田家滅亡後は、牛の背に乗って諸国をめぐり、貧しい人たちを診察して回ったというが、この名医の評判を聞きつけた江戸幕府が、二代将軍秀忠《ひでただ》の診察を依頼したことがある。すると、名医の診察に、秀忠の病状はみるみる回復。いよいよ診察代の支払いという段になって、徳本先生が請求した金額は、わずか一六文（一説に一八文）だったといわれる。一六文とはそば一杯の値段で、現在の金額に換算すると四〇〇円程度である。

この徳本先生、諸国をめぐるときも、自分の首から「一服一六文」と書いた薬袋を首から下げていた。庶民を診ても一六文なら、将軍を診ても一六文しか受け取らなかったのである。

ただし、このような医者は珍しく、なかには大名を治療すると、現在のお金で四〇〇〇万円も請求するような悪徳医もいた。

ちなみに、永田徳本は、一六三〇年（寛永七）に享年一一八で亡くなったという話が伝わっている。記録が正確なら、驚異的な長寿だったことになる。また、現代の製薬会社「トクホン」は、この徳本先生にちなんでネーミングされたものである。

江戸時代の皇室の収入はどれくらいだった？

皇室の領地である禁裏御料《きんりごりょう》は、豊臣秀吉の時代には約七〇〇〇石だった。徳川家康は一六〇一年（慶長《けいちょう》六）、禁裏御料を加増し、京都近郊に一万五〇〇〇石を献上した。

その後、三代家光が、妹の中宮・和子《まさこ》の懐妊の際、父の秀忠と相談して、お祝の名目で一万五升四合の地を贈った。さらに、一七〇五年（宝永《ほうえい》二）、五代綱吉に世子として迎えられていた家宣《いえのぶ》が、皇室財政の悪化を聞き、綱吉を説いて一万一斗の地を贈った。

というような経緯を経て、江戸中期以降の禁裏御料は三万石で落ちついた。豊臣秀吉の時代に比べれば、四倍以上だが、武士でいえば、小大名クラスの扱いだった。これは、幕府が、皇室を政治の局外に置き、伝統的な権威だけを認めるという方針をとったからである。天皇家に多くの領土を与え、経済的にも力をつけて勢力を伸ばすことを抑えるためだった。

この禁裏御料の管理は、幕府の勘定奉行のもとで、京都代官が担当した。

京都代官は、当初、京都郡代（京都町奉行）が兼務したが、一六八〇年からは小堀氏が世襲。京都所司代の命を受けて配下の六〇人を使い、御料の支配、貢納米の管理、御所の経営などを行った。

江戸中期までは、凶作の年を除けば、収支がほぼ釣り合っていたというが、それ以降は不足することが多く、不足分の米や金銀を幕府に頼らざるをえなかった。

徳川吉宗が奨励した「武芸十八般」ってそもそも何？

江戸時代、天下太平の世が続くと、武士の本分である武芸より、文芸に興味をもつ侍が増えていった。そして、八代吉宗の頃には、旗本や御家人の間でも、行政を担当する「役方」を志望する者が増え、江戸城の警備にあたる「番方《ばんかた》」を志望する者は減るばかりだった。

そこで吉宗は、武芸を奨励。合戦はしなくても、武士に武芸の鍛錬をさせようとした。そもそも、武芸に十八種あるという考え方は、中国からもたらされたものだが、わが国で「武芸十八般」という言葉が広く使われるようになったのは、吉宗の頃からのことである。

その武芸十八般とは、以下のものを指す。

弓術、馬術、槍術、剣術、水泳術、抜刀術、短刀術、十手術、手裏剣術、含針術、薙刀術、砲術、捕手術、柔術、棒術、鎖鎌術、錑《もじり》術、隠《しのび》形術の十八である。ただし、この内容は、時代や論者によって変わることもある。

徳川吉宗登場後、人口増加がピタリと止まったのは？

江戸幕府が開かれた頃の日本の人口は、武士階級を除くと、およそ一六〇〇万～一八〇〇万人だった。その後、土地開発が積極的に行われ、米の収穫量が大幅にアップすると、人口も順調に増えた。八代吉宗が登場するまでの約一〇〇年の間に、武士階級を除いて約二六〇〇万人になった。武士も入れると、三〇〇〇万人近くに達していたとみられる。

ところが、吉宗の登場以後、人口の増加がピタリとストップする。年によっては、前年より人口が減ることもあった。これは、吉宗の年貢増徴策で、農民たちの生活が一気に苦しくなったからとみられる。

吉宗が登場するまで、年貢高は検見《けみ》取り法で計算されていた。毎秋、役人が稲の実り具合をチェックして、年貢量を決めるという方法だ。ところが、この方法だと、年貢高が役人のさじ加減でどうにでもなるため、ワイロや不正が横行した。

そこで、吉宗は、不正防止を大義名分に、収穫量に関係なく一定量を納めるという定免《じょうめん》法を採用した。狙いはもちろん、幕府の収入増にあったが、定免法を採用した結果、農民は凶作でも一定の米を納めなければならなくなって困窮。子供ができても育てられないからと、生まれたばかりの赤ちゃんを間引きをする農家が急増した。間引きとは、生まれた直後に殺すことである。

現在なら人工妊娠中絶を行うこともあるが、当時の農村にそうした医療知識はない。また、避妊の知識も乏しかったため、妊娠すると一応は産み、すぐに間引きするケースが多かった。そのため、日本の人口増加はピタリと止まったのだった。

当時の農村では、「赤ちゃんは？」と問われ、「お戻しした」とか「お地蔵さんのお弟子にした」といえば、間引きしたことを意味した。

江戸時代、「御禁制の品」がなぜか出回っていたのは？

現在、日本の法律で定められている輸入禁止品目は、麻薬や銃、偽札や偽ブランド品、児童ポルノ、海賊版ＣＤなどで、誰の目からも明らかに「ダメ」とわかるようなものばかり。

だが、江戸時代は「なぜそれが？」と首をかしげるようなものが、他藩領への持ち出し、あるいは自藩領への持ち込みを禁じる禁制品とされていた。全国に約二七〇あった藩が、それぞれ独自の判断で、禁制品を定めていたからだ。

たとえば、多くの藩が流通を制限していたのはコメ。コメづくりの盛んな藩では、自領内に他藩のコメが入ってくることを防ぎ、コメ不足の藩は他領にコメが流出するのを防ぐため、流通を制限していた。他領と隣接する場所に「口留番所」を設置し、抜荷のコメがないかどうか、チェックしたのだ。

また、江戸時代も後半になると、多くの藩は「専売制」といって、自領内の特産物を独占価格で売るようになる。

そうして藩が専売にした特産物は、その藩では「禁制品」とされたため、こうした品物を含めると、江戸時代には数え切れないほどの禁制品が存在していたことになる。

一方、〝国家レベル〟の御禁制品といえば、南蛮物や唐物だが、それらがすべて取り締まりの対象になったわけではなく、禁止されていないものもけっこうあった。鎖国体制をとっていたはずの江戸時代ではあるが、国禁を犯して密貿易をする者が多く、外国の品物がたくさん入り込んでいたのだ。

たとえば、海外との行き来が事実上自由だった蝦夷地では、アイヌ民族がロシアを通じて舶来品を手に入れ、薩摩の島津氏は、琉球王国を通じて諸外国と密貿易をおこなっていた。〝密輸ルート〟によって持ちこまれたとみられる禁制の品が、今も多数残っている。

今の東京二三区で、江戸の範囲はどこからどこまで？

江戸の町は「八百八町」とよく言われるが、この八百八町は江戸の町数の実数ではない。「それほど多くの町があった」とたとえているだけで、そもそも江戸は長いあいだ、「どこからどこまでが江戸」という行政区分があいまいなまま、発展した都市だった。

徳川家康が入府した一五九〇年（天正一八）、江戸はよくある小さな漁村にすぎなかった。

その後、人口が急増し、町数もどんどん増えるが、江戸の範囲は確定しなかった。そのひとつの理由は、江戸時代は身分社会であり、町民、武士、僧侶などによって、支配系統が異なったためだ。

町地は町奉行の支配、寺社地は寺社奉行の支配、武家地は大目付・目付支配といったように支配が独立していたため、管轄のちがいによって、江戸の範囲も異なっていたのだ。

幕府による「江戸の範囲」の統一見解が出されたのは、江戸開府から二〇〇年以上も経った一八一八年（文政元）のこと。「江戸朱引図」が作成され、地図の上に朱色の線が引かれて、初めて正式な江戸の範囲が示された。

それによると、東は中川まで、北は荒川・石神井川下流まで、西は神田上水まで、南は南品川町を含む目黒川あたりまでが、いわゆる「御府内《ごふない》」。それを現在の二三区地図と照らし合わせると、以下のとおり。

千代田区・中央区・港区・新宿区・文京区・台東区・墨田区・江東区・渋谷区・豊島区・荒川区のほぼ全域と、品川区・目黒区・北区・板橋区のそれぞれ一部。

もっとも、町奉行所が支配していた江戸の町は、これよりもっと狭かったのだが、朱引図が作成されて以降、江戸の範囲といえば、この朱引の範囲と解釈されるようになった。

山形藩が全国で最も藩主交代が多かったのはなぜ？

山形藩最上《もがみ》氏といえば、戦国時代以来の東北の大藩だった。領地は表高五七万石、実高七五万石（一説には一〇〇万石とも）といわれ、肥沃な土壌に恵まれた豊かな国だった。

ところが、江戸時代になると、最上義光《よしあき》の後継をめぐる争いをきっかけに内紛が続き、一六二二年（元和《げんな》八）、幕命により改易処分となった。そして、豊かな山形藩の領土は、山形の鳥居《とりい》忠政《ただまさ》、庄内の酒井《さかい》忠勝《ただかつ》などに分割された。以後、山形藩は藩主の交代が重なり、最上氏から幕末まで一三氏を数えて、全国一となった。このように藩主交替が多くなったのは、山形が大名左遷の地となったからである。

最上氏の改易を受けて入封した鳥居氏（二代一四年）は親藩大名で、もともと外様大名の多かった「東北の押さえ」としての地位が与えられた。その後を受け継いだ保科《ほしな》正之《まさゆき》（七年）も、将軍家光の異母弟であり、その頃には名家が送られる土地だった。さらに、越前松平家の松平直基（四年）、奥平家松平忠弘（二〇年）と、四代までは、将軍家に近い藩主が続いた。

ところが、その後を受けた奥平氏（二代一七年）から、左遷大名が藩主となる。奥平氏は、殉死の禁を破ったことに加え、家臣の抗争による減封措置だった。その後の堀田《ほった》氏（三代四七年）も、大老堀田正俊《まさとし》の横死直後の処置で、山形藩最後の藩主水野氏（二代二五年）も、天保改革の中心人物だった老中水野《みずの》忠邦《ただくに》が失脚したことに伴って、子の忠精が左遷されたものだった。

左遷大名がつづくうち、山形藩の領地は縮小されて、最初の左遷大名である奥平氏までは二〇万石ほどあったが、最終的には五、六万石にまで減らされてしまった。

伊能忠敬の地図は、何かの役に立ったのか？

日本で初めて正確な日本地図を作った伊能忠敬が、地図作りに取り組んだのは五五歳になってからのこと。もともと酒造業で財をなして、五〇歳で家督をゆずって引退。それから、幕府天文方《てんもんかた》の高橋至時《よしとき》に師事して測量術を学び、幕府に日本全土の測量を願い出た。それが許されたのが、一八〇〇年（寛政《かんせい》一二）、忠敬が五五歳のときのことである。

それから一七年の歳月をかけて日本中をめぐり、歩数で距離を測ったり、天体を観測。それをもとに地図を作成していった。

忠敬自身は、地図の完成前、七四歳で亡くなるが、弟子があとを受け継いで『大日本沿《えん》海輿地全図《かいよちぜんず》』を作り上げた。

ところが、この地図、ほとんど役には立たなかった。

幕府は、その正確さに驚き、とりわけ外国人の目に触れないように、しまいこんでしまったからである。外国船が日本沿海に現れるようになり、のちに開国を迫られる時代だったことも、忠敬の地図が表に出ることを警戒された理由だった。

この忠敬の日本地図については、次のようなエピソードも残っている。一八六一年（文久元）、イギリスが幕府に日本の海岸線の測量を要求する。

当初、幕府は難色を示したが、断ると後が怖いのでしぶしぶ認めた。幕府の役人が同船して測量が始まると、一人のイギリス人が、幕府の役人が手にしていた地図に気づき、見せるように頼んだ。

それが忠敬の地図で、イギリス人が、その地図がどれだけ正確か調べてみると、ひじょうに精度が高いことに驚き、この地図があればよいと、測量を中止したという。忠敬の地図はそれほど正確に描かれていた。

徳川歴代将軍の気になる死因は？

徳川幕府初代将軍の家康は、一六一六年（元和二）に七五歳で病死している。死因は、鯛の天ぷらによる食中毒だと伝えられてきたが、天ぷらを食べてから死ぬまでに日があいていることから、今日では胃がんだったのではないかという説が有力だ。

家康とよく似た症状で死んだのが、家康の息子である二代将軍秀忠である。秀忠は長年、大病をせず健康だったが、腹部に腫瘤ができ、その後、腹痛や吐血をへて亡くなった。次第に痩せていったところをみても、家康と同じく胃がんだった可能性が高い。

また、脳卒中などで倒れ、そのまま亡くなった将軍もいる。三代将軍家光は、頭痛と吐き気を訴えたあと急死。八代将軍吉宗は、脳卒中で倒れてから五年後に再発して亡くなった。いずれも、若い頃は健康体だったが、晩年に病に倒れて亡くなるパターンである。

反対に、生まれつき何らかの障害をおい、病弱だった将軍もいる。九代将軍家重と一三代将軍家定は、その症状から脳性麻痺だった可能性が高く、どちらもその障害がもとで亡くなったとみられている。

その一方で、病死ではなく、他殺説がとなえられている将軍もいる。たとえば、一〇代将軍の家治は脚気、一四代将軍家茂は心臓病で亡くなっているが、二人とも健康体だったわりに、亡くなり方が急だったと指摘されてきた。とくに家茂の死は、幕末の緊迫した場面で、二一歳の若さで亡くなっているところから、当時から暗殺説がささやかれてきた。

5 幕末

ペリーは日本に着くまで何日くらいかかった？

アメリカ海軍のペリー提督が、黒船を率いて浦賀沖に姿を現したのは、一八五三年（嘉永六）七月（旧暦では六月）のこと。日本に開国を求めるフィルモア大統領の親書を携えて来たのだが、ペリーがアメリカを出発してから日本に着くまでには、地球をほぼ三分の二周し、およそ七か月の日時を費していた。

ペリーは、アメリカから太平洋を渡って、やってきたわけではない。ペリーは、一八五二年一一月二四日、ミシシッピ号に乗り込み、アメリカ東海岸にあるノーフォークの港を出発した。当時、パナマ運河はまだなく、船は大西洋航路をとった。大西洋を横断後、アフリカ大陸の西岸に沿って南下。最南端の喜望峰をまわってインド洋に出た。

さらに、スリランカ、シンガポールを経由して北上。香港に到着すると、東インド艦隊を勢ぞろいさせて再出発、アメリカを出てから半年後、ようやく上海に着いた。このときには、アメリカの大統領は、ホイッグ党のフィルモア（在任期間は一八五〇～五三）から、民主党のピアース（一八五三～五七）に代わっていた。

　ペリーは、上海でフリーゲート艦サスケハナ号に乗り換えて、まず琉球（沖縄）に到着。琉球の国王は、提督の上陸を拒否したが、ペリーは強行して国王と面会した。ペリーは、日本が開国に踏み切らなければ、琉球を武力で占領し、幕府に開国を迫る基地にしようと考えていた。

　ペリーはその後、小笠原諸島を探検。当時、小笠原諸島の領有がはっきりしなかったので、その領有を宣言。それから琉球に戻り、改めて四隻による艦隊を編成すると、最終目的地である日本を目指した。江戸湾の入り口である浦賀沖に姿を現したときには、アメリカを出発してから、すでに七ヵ月が経過していた。

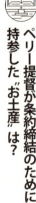

ペリー提督が条約締結のために持参した〝お土産〟は？

日本に開国を求めたペリー提督だったが、幕府は、ぶらかし（のらりくらり作戦）で対応することを決定。幕府が「返事は、もう少し待ってほしい」と繰り返すばかりだったので、ペリーは一年後に回答を聞くことを約束して上海へと戻った。

　その後、ペリーは、一二代家慶《いえよし》が死んだというニュースを聞いて、「いまがチャンス」と判断。前回の訪問から、まだ半年しか経っていなかったが、一八五四年（嘉永七）二月、再び日本へやって来た。

ペリーは、幕府の用意した横浜接待所において、条約の内容について交渉するなか、土産として持参した文明の利器を披露した。電信機や汽車の模型、時計、望遠鏡、鉄砲、サーベル、羅紗、農機具などで、将軍や全権委員らに贈られた。

そのさい、一キロメートルほどの電線を引き、電信機のデモンストレーションが行われた。

モールス信号で打たれた文字は「ＹＥＤＯ」と「ＹＯＫＯＨＡＭＡ」で、そのさい使用された電信機は、現在も郵政博物館に保存されている。

また、レールを敷いて、模型の汽車を走らせた。この汽車は、幕府海軍所で保存されていたが、残念ながらのちに火災で焼けてしまった。

幕府側は、初めて目にする数々の文明の利器に大喜び。記録には「あくことなき歓びと驚きをもって眺め、汽笛を鳴らすことに歓声をおさえきれなかった」とある。

じつは、ペリーは来航前、日本について研究し、「日本人は、自分たちを世界で一番優秀な人間だと思っているようだから、その鼻をへし折るような交渉の仕方が効果的だろう」と分析。数々の文明の利器を披露したのだった。

このペリーの作戦は大当たりで、電信機や汽車にはしゃぐうち、幕府側は領事裁判権や治外法権、最恵国待遇など、不平等な内容を条約に盛り込むことを了承してしまったのだった。

安政の大地震の〝被害状況〟は？

幕末の安政年間は、大地震の多い時期だった。六年間に六回も起きたが、もっとも被害が大きかったのは、一八五五年（安政《あんせい》二）一〇月二日午後一〇時頃に起きた「安政江戸大地震」である。

突然、地面が波打つように揺れ、建物が音を立てて崩れた。その地震に、当代一の名優だった三代目・中村仲蔵《なかぞう》は、両国の料理茶屋で遭遇し、落ちてきた梁《はり》に体を打たれたが、辛うじて生き延びたという。後に、彼は「地震の間は、歩行が自由にならなかった」と書き残した。

また、水戸の藩改革のリーダーだった藤田東湖《とうこ》は、小石川の藩邸にいたが、崩れおちた建物の下敷きになり、圧死した。

この地震は、マグニチュード7前後の直下型で、震源は、千葉県の安孫子、柏付近だった。江戸市中は、一瞬にして壊滅状態になったうえに、地震の発生直後から火の手があがった。吉原では、唯一の出入口である大門《おおもん》付近で火災が発生し、遊女と客の一〇〇〇人近くが犠牲になった。大正時代の関東大震災と比べれば、被害の規模は小さいが、町人だけで死者約四〇〇〇人、負傷者約三〇〇〇人、倒壊家屋一万四〇〇〇戸以上という大惨事であることには変わりがなかった。

武家や寺社関係を含めると、死者は一万人前後にも達したのではないかとみられている。

幕府は、ただちに「御救い小屋」を設置し、市街の復旧工事を始めるが、すでに弱体化した幕府に、リーダーシップを発揮する力は残っていなかった。ほとんどの救済、復旧作業は、〝民間主導〟で行われた。

幕末の江戸で、急に交通事故が増えたのはどうして？

幕末になると、江戸の町で、急に交通事故が増えた。といっても、自動車が走っていたわけではないので、早駆けの馬が通行人をひっかけるという事故だった。それでも馬は馬力がすごいので、ちょっとぶつかっただけでも大ケガをするケースもあった。急に、そんな交通事故が増えたのは、一人で馬を飛ばして通勤する旗本が増えたからである。

もともと、大目付や町奉行などの旗本が、江戸城へ出勤する際は、お供を連れて行列するのが決まりだった。槍を立て、馬を引き、中間に挟箱《はさみばこ》をかつがせて行列を組んだ。そして、ゆったりと進んだから、交通事故など起きることはなかった。

ところが、幕末になると、経費節減の意味もあって、それまでの形式にとらわれず、もっと合理的にやればいいではないかという風潮が広まった。幕府も、制度改革に乗り出し、安政年間（一八五四～五九）以降、旗本は、登城の際、供回りを省略して構わないということになった。

そこで、馬にまたがり、一人で出かける旗本が増えたのだが、万事を慎重に行う旗本もいれば、「えーい、どけ、どけ、どけーい」と馬を飛ばすスピード魔の旗本もいた。当時の江戸は、中心部でも道幅が狭かった。しかも、その狭い道を駆け抜ける騎馬のスピード運転が急増したので、馬にひっかけられたり、蹴られたりする事故が増えたというわけである。

新撰組に女隊士がいたって本当？

「沖田総司は女だった」といえば、つかこうへいによる『幕末純情伝』のモチーフだが、新撰組には、じっさいに女性隊士がいたという説がある。その名は中沢琴で、上州にあった法神流の道場の娘とされている。

一八六三年（文久三）、琴の道場に、一四代家茂の身辺警護役を募集しているという話が届いた。

この募集が後々、新撰組の結成につながっていくのだが、琴の兄が募集に応じて、江戸へ出かけるさい、琴も男装して兄を追ったと伝えられている。もし、これが本当なら、京都で、琴が壬生浪士隊に合流した可能性もある。また、戊辰戦争で、新撰組は庄内へ行って戦ったが、そこへ琴も混じっていたと書かれた資料もある。

琴の身長は、一七〇センチと大柄で、顔立ちも整っていて、それに剣の稽古を積んできたので体もスリム。まるで現代のモデルのように容姿端麗だったと伝えられている。

新撰組のあの揃いの衣装はいくらだった？

新撰組のトレードマークである袖口に入山《いりやま》形《がた》のギザギザ模様の入った羽織のデザインは、歌舞伎で、赤穂浪士が着ていた羽織をそのまま真似たものである。

彼らが、まだ「壬生《みぶ》浪士隊」と呼ばれていた一八六三年（文久三）の春、京都へ上ってくる一四代徳川家茂《いえもち》を警護することになった。そこで、他の集団と紛れないように、揃いの衣装を作ろうという話になり、庶民に人気があった赤穂浪士にあやかろうと、あのデザインを採用したといわれる。

　その値段は、着物と袴も合わせて五〇数人で二〇〇両。一人あたり四両前後ということになる。現在の金銭価値でいえば、約四〇万円。オーダーメードのスーツくらいの値段だが、新撰組の衣装も、京都の大丸呉服店に染色から注文してあつらえられた。一説に、当時隊長の芹沢鴨《せりざわかも》が、豪商の鴻池《こうのいけ》家に資金を出させたといわれている。

　当初、将軍警護の際しか着るつもりがなかったようで、夏用の単衣《ひとえ》仕立てしか作っていない。じっさい、あの衣装が着られたのは、文久三年の春から夏にかけての短い間だけで、それ以降は着ているところを見たという記録は残っていない。あまりに目立ちすぎて、隊士の評判は、それほどよくなかったようだ。

　ちなみに、赤穂浪士は、吉良邸討ち入りのときに、揃いの衣装など着てはいなかった。ただし、同士討ちを避けるため、袖口に白い布を縫いつけたり、名前の入った襟をつけたりはしていた。それが、『仮名手本忠臣蔵《かなでほんちゅうしんぐら》』として歌舞伎で上演されるにあたり、黒地に白色の入山形模様の衣服で討ち入ったと脚色されたのだった。

池田屋騒動の舞台
「池田屋」はその後どうなった？

　一八六四年（元治《げんじ》元）六月五日夜一〇時すぎ、新撰組局長の近藤勇が、旅籠「池田屋」の表戸を激しく叩く。池田屋の主人が、「はい、ただいま」と言いながら玄関に近づき、「どちらさまどす？」と声をかける。

「新撰組だ!」
驚いた主人が、慌てて階段の下へ走り寄り、
「お二階のお方、逃げておくれやす。新撰組のお改めどす」と叫んだ。

この声を聞くや否や、近藤ら四名の隊士が、玄関の戸を蹴破り、中へ入っていった。というのが、映画などで目にする「池田屋騒動」の始まりである。

池田屋は、京都にあった旅籠で、土佐藩の定宿だった。長州藩を始め、諸国脱藩の浪士たちが出入りしており、その日も、浪士たちが京都御所襲撃計画の謀議をしていた。そこへ踏み込んだのが新撰組で、志士七名が即死、二三名が捕えられた。これが、世に言う「池田屋騒動」であるが、この事件後、経営者の惣兵衛がどうなったのかについては、ほとんど知られていない。

惣兵衛は、新撰組と浪士たちの激闘の下、妻子を連れて脱出。まず妻子を親戚の家に預けた後、自らも潜伏した。その後、妻子ともども捕えられるが、妻子については、情けによって六ヵ月の町役人お預けという処分ですんだ。しかし、惣兵衛は、厳重な取り調べ中に熱病を患い、そのまま息をひきとった。

さらに、家財道具はすべて没収され、七か月間の営業禁止を申し渡された。そのため、六か月後に妻子が戻っても、もはや営業できる状態ではなく、破格の値段で売り出された。池田屋は、その後、昭和初年まで続いたが、改装されて佐々木旅館となり、戦後は食堂店のビルとなっていた。近年は空きビルとなっていたが、二〇〇九年（平成二一）、居酒屋の「池田屋」がオープン。芝居の階段落ちで有名な大階段もあり、「池田屋　一三〇年ぶり

復帰」と話題になった。

近藤勇の墓が縁のない会津若松につくられたのは？

新撰組の局長として活躍した近藤勇は、戊辰戦争中の一八六八年（慶応四）三月、江戸に帰ると、幕命を受けて「甲陽鎮撫隊」を編成する。そして、甲府へ出陣したが、甲府勝沼で官軍に敗れて退却。大久保大和と名乗って身分を隠し、下総流山に逃れた。しかし、身元がバレて、江戸の板橋宿まで連行される。近藤は、あくまで大久保であると言い続けたが、結局、板橋刑場で斬首され、その首級《しゅきゅう》は、京都まで運ばれて三条河原にさらされた。

ところが、その後、首級は行方不明となる。現在も首の行方は判然としない。ただし、まもなく、会津若松の天寧寺《てんねいじ》境内に近藤の墓が建てられる。近藤の墓が、会津若松に建てられたのは、土方歳三《ひじかたとしぞう》の計らいだったといわれている。

戊辰戦争は、上野の彰義隊が敗退すると、その舞台は会津へと移った。土方は、幕府主戦派を率いて会津に入ったが、あらかじめ部下に近藤の首級確保を命じていた。首級は確保できなかったものの、部下が体の一部を入手。歳三が、それを葬ったと伝えられている。

ちなみに、愛知県岡崎市の法蔵寺《ほうぞうじ》には、近藤の首塚があり、さらされた首級が、同志によって奪還され、葬られたと伝えられている。また、出身地に近い東京・三鷹の龍源寺《りゅうげんじ》にも墓が設けられているし、処刑場に近いＪＲ板橋駅前には、新撰組の同志・永倉新八によって建てられた墓所がある。さらに、山形県米沢市の高国寺《こうこくじ》にも、従兄弟がひそかに奪い返した近藤の首級を葬ったという墓が建てられている。

幕末のベストセラー『日本外史』の中身は？

江戸後期の大ベストセラー『日本外史』は、頼山陽《らいさんよう》が、一八二六年（文政《ぶんせい》九）に書きあげた歴史書。漢文体による武家の歴史書で、源氏と平氏の争いから始まり、足利氏、毛利氏、織田氏、豊臣氏、徳川氏ら一三家の歴史が、それぞれの興亡を中心として、家系ごとに列伝体で書かれている。

完成した翌年、山陽は、旧知の元老中・松《まつ》平定信《だいらさだのぶ》に献上。

これをきっかけに回し読みが始まり、「面白い」と評判になったので、一八三〇年頃、江戸で出版された。さらに、川越藩が出版したり、一八四八年（嘉永《かえい》元）には山陽の子孫が大坂で出版。評判が評判を呼び、ロングセラーかつベストセラーとなった。川越藩は、この本の売り上げで、財政が潤ったといわれる。

著者の山陽は、小さい頃から詩文の才能があり、司馬遷の『史記』を愛読するなど、歴史が大好きな少年だった。成長してからは陽明学を中心に学び、多くの人と交流して幅広い知識を身につけた。その集大成というべき作品が『日本外史』で、歴史の動きと個人の運命が重ね合わせて書かれているところが、読者の心をとらえたようだ。

ただ、参考資料として軍記物が使われていたりして、史実とは違う部分もあるうえ、表現が巧みなことを考え合わせると、歴史書というより歴史小説に近い書といえる。その情熱的な文体は、幕末の勤王思想にも大きな影響を与えた。

後には、中国でも出版された。漢文体で書かれていたので中国人にも親しみやすかったのだろうが、日本の歴史書が中国でも出版されたのは、きわめて異例のことだった。

幕末の志士を支えたパトロンの〝正体〟とは？

幕末には、自ら浪人となって倒幕運動に身を投じた武士が多かった。ただ、仕官していた藩から離れることは、収入の道を断たれることを意味し、現実に、浪人となった者には、金銭的に苦労する者が多かった。

また、薩長などの侍であるにしても、倒幕運動を進めるには、資金が必要だった。そこで、そうした勤王の志士たちを金銭的に支援するパトロンが現れた。

その代表に、下関の豪商で、海陸運送業を営んでいた白石正一郎がいた。多くの志士が白石家を訪れ、活動費を受け取ったが、その中には高杉晋作や久坂玄瑞《げんずい》、木戸孝允、品川弥二郎ら長州人が四〇数人、西郷隆盛、大久保利通ら薩摩人四〇数人が含まれていた。

ちなみに、白石が、勤王の志士のパトロンとなったきっかけは、西郷隆盛に会い、その情熱と人間の大きさに感激したからだったという。

また、長州には、豪農のパトロンもいた。吉富藤兵衛という大庄屋で、政治に関心をもち、高杉が下関で挙兵したとき、資金を提供したという。

一方、薩摩にも、森山新蔵という豪商のパトロンがいた。彼は、豊富な資金を背景に、まず藩の財政立て直しに協力。その功績で士分に取り立てられると、西郷や大久保の精忠組にも参加。とともに、活動費の援助も行った。

勤王の志士たちは、そうしたパトロンたちによって金銭的に支えられ、存分に活動できたのだった。

リンカーン大統領に会った唯一の日本人って誰のこと？

アメリカのエイブラハム・リンカーン大統領が、首都ワシントンのフォード劇場で観劇中、凶弾に倒れたのは一八六五年四月一四日のこと。翌朝の七時すぎに死亡が確認された。

この衝撃的な記事を掲載したアメリカの新聞が横浜に到着したのは事件から約二カ月後の六月一九日のことだった。日本を開国させたアメリカだったが、その後は南北戦争で国が真二つに分かれたことによって、日本との関係は薄くなっていた。だから、日本人で、リンカーン大統領について知る者は、ほとんどいなかった。

ところが、このリンカーン暗殺のニュースを聞いて、大きなショックを受けた日本人が、一人だけいた。横浜で貿易商を営んでいたジョセフ・ヒコである。じっさい、リンカーン死亡のニュースを聞いて、彼は、アメリカの国務長官宛てに悔やみ状を送っている。

ジョセフ・ヒコは播磨生まれで、本名を「浜田彦蔵」という純粋な日本人である。渡米の理由は、有名なジョン万次郎とよく似ていて、一三歳だった一八五一年（嘉永四）、海で遭難して太平洋上を二か月も漂流していたところ、アメリカの商船に救助された。九死に一生を得たヒコは、そのままアメリカまで一緒に行き、サンフランシスコに滞在。成人すると帰化したので、初めての日系アメリカ人となった。

　アメリカへ渡ってから八年後の五九年（安政六）、駐日公使ハリスによって神奈川領事館通訳として採用され、帰国を果たす。その後は、横浜で貿易商を始めたが、尊皇攘夷思想の高まりでヒコも身の危険を感じ、六一年（文久元）に、いったんアメリカへ戻った。このとき、大統領に就任した直後のリンカーンと会見している。

　ヒコの自伝によれば、リンカーンは、目の前に現れると、大きな手を差し伸べて「日本のような遠いところから、よく来てくれましたね」と言った。そして、しっかりと握手をして、ヒコの境遇についていろいろと尋ねたという。

　そんなヒコが、リンカーンの悲劇を知ったのは、再来日して横浜で貿易商として暮らしていたとき。深い悲しみで、何もする気にならなかったと伝えられている。

幕末の日本は、何を輸出していた？

一八五九年（安政六）、横浜、箱館が開港されると、翌年には、貿易の九〇％近くが、江戸に近い横浜に集中するようになった。

　もともと、日米修好通商条約では、神奈川湊の開港を約束していた。しかし、神奈川湊は東海道沿いで、すでに栄えていたため、近くの横浜を開港地とした。外国人居留地をできるだけ、日本人の生活の場から離したかったからである。その代わり、幕府は、貿易で取り扱う商品を自由にした。すると、呉服や塗り物から陶器、銅、石炭、昆布などが輸出されるようになったが、すぐに輸出量、輸出額とも最大となったのが生糸である。

　理由は、当時、欧州の生糸産業が蚕の病気で壊滅状態だったことと、日本の生糸の品質の高さが認められたことだった。じっさい、ロンドン市場で日本の生糸は、日本国内の市価より高い一梱二〇〇ドルの値がつけられた。横浜が開港した頃には五〇〇ドルに上昇し、さらには八〇〇ドルにまで跳ね上がった。そこで、日本の生糸はどんどん貿易に回され、輸出量は急激に伸び、全輸出の八割近くにも達した。

　すると、むろん、日本国内では生糸が品薄となる。そのため、桐生や伊勢崎、京都の西陣などの織物業者が原料不足で操業できなくなったり、安い綿糸や綿織物が入ってきて織物業界は大混乱。「幕府の貿易政策はダメだ」という批判の声が高まった。

　一方、当時の輸入品目としては、綿織物、綿糸、毛織物が大半を占めていた。

軍事費をひねり出すために薩摩藩が使った〝トリック〟とは？

　幕末、薩摩藩が雄藩となったのは一八二〇年代からの藩政改革を成功させたことを発端とする。一八二七年（文政《ぶんせい》一〇）から、家老の調所広郷《ずしょひろさと》は、藩債の整理、砂糖専売の強化、琉球貿易の拡大などを積極的に行い、それ以前、破たん寸前だった藩財政を見事に好転させたのだった。

　幕末になると、薩摩藩は、貨幣を鋳銭することで莫大な利益を得て、巨額の軍事費をひねり出すことに成功したこともある。

一八六二年（文久《ぶんきゅう》二）、薩摩藩は幕府に対して、琉球人困窮を理由に、琉球と薩摩領内に限り運用できる「琉球通宝」の鋳造を許可してほしいと申請した。当時の薩摩藩は、幕府と朝廷を結ぶ公武合体策の推進に奔走していたので、幕府がこの申し入れを断ることはないはずと踏んだのだった。

やがて、三か年で一〇〇万両以内という条件で許可が出ると、薩摩藩は、さっそく鋳造に乗り出し、その条件を無視して、三か年で規制の三倍近くに及ぶ二九〇万両も製造した。しかも、当初は、幕府発行の天保通宝と同じ形の銭に「琉球通宝」と刻んだが、途中からは「天保通宝」という文字に変えた。つまり、貨幣偽造を始めたのである。藩内にある古い武器や寺院の梵鐘《ぼんしょう》、仏具といった銅製品をかき集め、偽貨幣を作り続けたのである。こうして薩摩藩は懐を潤し、その資金で欧米の武器などを購入し、力をつけていったのだった。

篤姫の持参金はいくらだった？

NHK大河ドラマのヒロインにもなった「篤姫《あつひめ》」。彼女は、一八五六年（安政三）、一三代家定の正室となった。大奥から薩摩藩の島津家に対して縁組が持ちかけられたとき、藩主の斉彬《なりあきら》は、一門の娘の中でも利発で美しい彼女に白羽の矢を立てたのだった。大奥から島津家へ要請があった背景には、家定の正室がつぎつぎと病死していたのに対して、かつて島津家から嫁入りした一一代家斉の正室・広大院《こうだいいん》が、多産なうえに、長寿だったということがあった。そこで、大奥は、島津出身の広大院にあやかろうと、島津家を頼りにしたのだった。

一方、島津斉彬にとっても、将軍の正室を出して不都合なことは何もなかった。縁談はまとまり、島津家は、篤姫に持参金を持たせて送り出した。その額は、約一〇万石というから、現在のお金にして五〇億円にもなる。しかも、婚礼調度品は、すべて最高級品の新品で、すべて合わせて五〇〇〇両（約五億円）もかかっていた。

さらに、嫁いでからも「化粧料」の名目で、毎月、島津家から仕送りが寄せられた。

もっとも、それが当時の慣例で、大名家が将軍の正室を出すには、〝実家〟に数十億円という持参金を払える資金力があることが条件だった。

その後、篤姫の結婚生活は、家定の急死によってわずか一年九か月しか続かなかった。

日米初の「為替レート会議」で米側を驚かせた日本人の持ち物とは？

一八六〇年（万延《まんえん》元）、アメリカを訪れた遣米使節団は、正使・新見《しんみ》正興《まさおき》、副使・村垣《むらがき》範正《のりまさ》など総勢七六名、勝海舟や福沢諭吉も参加していた。その最大の目的は、日米修好通商条約の批准にあった。ワシントンを訪問し、当時のブキャナン大統領とも会って、無事に批准書を交換した一行は、つぎに、フィラデルフィアを訪れた。この地にある造幣局で、日米初の「為替レート会議」を開くためだった。

この為替レート会議では、アメリカの金貨と日本の小判の金の含有量を調べ、それに応じて交換比率を決めることになっていた。会議が始まると、アメリカの経済人たちは、日本人の持ち物にビックリする。その持ち物とは、そろばんだった。

当時の現地の新聞には、「日本の高級役人の一人は、計算機を持っていた。五つずつの木のボタンが一五列並んでいて、そのボタンをあちこち滑らせると、恐るべきスピードで計算できてしまう」と書かれている。その頃、欧米では歯車式計算機が使われていたが、信頼性が低く、あまり普及していなかったので、そろばんの正確さと便利さにビックリしたようだった。

ちなみに、そろばんは、世界各地で古くから、さまざまな種類のものが発明され、利用されてきた。現在、日本で使われているそろばんは、古代中国生まれで、いつ日本へ伝わったかは不明だが、室町時代には使われていたとみられている。

勝海舟がサンフランシスコで裁判所に召喚されたのは？

勝海舟や福沢諭吉らが咸臨丸《かんりんまる》で太平洋を渡り、アメリカを訪問したのは一八六〇年（万延元）のこと。横浜を出発した一行がまず着いたのは、西海岸のサンフランシスコだった。

このサンフランシスコ滞在中、突然、勝海舟が裁判所に呼び出されるという〝事件〟が起きた。驚いて駆け付けてみると、裁判長が、日本の春画を勝の鼻先に突き付け、こう言った。咸臨丸の乗組員が、このようなワイセツな本を持っていたうえに、公園で、散歩中の二人の婦人に見せた。怒った婦人たちが、「侮辱罪」で訴えたのだ、と。

当時、日本でも、春画の販売は表向き禁止

されていたが、個人で所有する分には罪にならず、〝魔よけ〟として所有することが流行っていた。咸臨丸の乗組員も、航海の無事を祈って持参したのだったが、貞淑な婦人に見せたのは、いかにも悪乗りだった。しかも、当時のアメリカ国内の性的な倫理観は、日本よりもはるかに厳格だったので、訴えられても反論の余地はなかった。

もっとも、勝海舟とすれば、この程度のことで裁判とは「何とも大げさな」と思った。だが、あくまで冷静に、来航の事情を説明するとともに、乗組員を自分たちで処分することを約束。なんとか、その場を丸く収めた。

帰ろうと思うと、裁判長が「個人的には、私もあのような珍しい絵がほしいのです」と耳打ちした。数日後、サンフランシスコの名士を集めたパーティーで、その裁判長を見つけた勝海舟は、多くの参加者の前で「裁判長殿、貴下が熱望してやまないこの芸術書を贈呈します」と大声で話し、溜飲を下げたという。

清水次郎長には本当に「博打の才能」があったか？

大正時代や昭和初期に、講談で大人気となった清水次郎長は実在の人物で、一八二〇年（文政三）一月一日、駿河の清水に生まれた。しかし、元旦生まれの子は、偉くなるか、とんでもない悪党になるかのどちらかと信じられていたこともあって、叔父の山本次郎八のところへ養子に出される。それによって、「次郎八家の長五郎」となったことから、縮めて「次郎長」と呼ばれるようになった。

次郎長の子供時代は、悪いほうの色が濃く

でる。手に負えないぐらいの悪に育ち、一五歳のときに勘当されているが、その頃にはすでに博打の才能を発揮していたという。母親のわずかなへそくりを盗んで家出すると、博打に精を出し、玄米五〇石と一〇〇両に増やして帰ってきたと伝えられる。

二〇歳の頃、次郎長は、旅の僧に「あなたの顔には剣が見える。二五歳までの命だろう」と予言される。

たしかに、それまで強盗に遭って大ケガしたり、芝居見物帰りに闇打ちにあったりしていたし、自分自身も人を殺《あや》めて無宿者となっていた。この先、どんな危険が待ち受けるかわからないと思うと、次郎長はさらに博打の世界にはまっていった。

その後、一家を構え、博徒渡世を歩んでいた次郎長が変わったのは、戊辰戦争のとき。修理のため、清水湊に停泊していた咸臨丸が、官軍に発見されて急襲を受け、乗組員全員が死亡した。その遺体が、清水湊に放置されていたので、次郎長は遺体を収容して葬った。新政府より遺体収容を咎められると、「仏さんに官軍も賊軍もねぇ」と突っぱねたという。

そのことをきっかけに幕臣の山岡鉄舟《やまおかてっしゅう》の知遇を得る。そして、人格者の山岡と接するなか、次郎長は、茶栽培など、世のため人のための事業に精を出すようになった。

なぜ桂小五郎は“逃げの小五郎”と呼ばれたのか？

薩摩藩の西郷隆盛、大久保利通と並び、「維新の三傑」とされる長州の木戸孝允。木戸は、幕末の頃、「桂小五郎」と名乗っていたが、「逃げの小五郎」とも呼ばれるようになる。

むろん、逃げ足が速かったからで、小五郎がもし、その逃げ足の速さを発揮していなければ、木戸孝允として歴史に名を残すことはなかっただろう。

一八六四年（元治元）夏、京都から追放されていた長州藩の一派が、都に攻め寄せ、御所の蛤《はまぐり》御門《ごもん》の近くで、幕府方の会津兵や薩摩兵と衝突した。戦いは幕府方が勝利し、長州軍は敗走した。こうした禁門の変後、京都守護職にあった藩主を支えていた会津藩の兵士たちは、長州藩の残党を捕まえようと探しまわった。

桂小五郎も、そのときにいったん捕縛《ほばく》されるが、幸運なことに、会津兵は小五郎の顔を知らなかった。

もし顔を知られていたら、長州藩の大物として切腹という事態を免れなかったはずである。

しかし、そのまま連行されると、いずれは身元がバレると思った小五郎は、ここで一計を案じ、「連行される前に厠《かわや》へ行きたい」と申し出た。そして、暗がりのなか、小五郎がトイレに入ると、そこは武士のたしなみ、排便中の人間を見るべきではないと、見張りが目を離した。

その隙をついて、小五郎は脱兎のごとく走り出し、暗闇に消えた。この逃亡劇から、小五郎は「逃げの小五郎」と呼ばれるようになった。

その後も、小五郎は追手から逃れるため、変装して橋の下などで生活。長州藩で、高杉晋作が軍事クーデターを起こして実権を握ると、小五郎は、長州の新しい政権の統率者として復活を果たした。

はじめて参加した「万博」に日本は何を出品した？

幕末の動乱のなか、薩長がイギリスとの関係を深めていくのに対して、幕府はフランスに傾斜していく。そんな時期、駐日フランス公使のレオン・ロッシュから、「パリの万国博覧会を機会として、大君の親族を派遣し、外交上の親善を図ってはいかが」と勧められ、幕府は、一八六七年（慶応三）三月、パリで開かれた万博に出品することになった。

この万博には、当時の先進国からエレベーターや蒸気式織機、電信装置、蒸気機関車、機雷、サーチライトなどが出品されたが、日本が出品したのは漆器、陶器、日本画、和紙などの工芸品が中心だった。そして、表彰式では、漆器や和紙など四点が大賞を受賞したが、じつは、会場でもっとも人気があったのは、江戸の瑞穂屋の主人・清水卯三郎が開いた日本茶屋だった。

総檜《ひのき》造りで純日本式の六畳間を再現し、三人の芸者を踊らせたり、土間の縁台で緑茶や酒をもてなした。これが大当たりして、一五〇〇万人という延べ入場者のうち、かなりの人々がこの日本茶屋に殺到、大変な騒ぎになった。初めて「ゲイシャガール」が欧米に紹介されたのも、このときのことだった。

ただし、同じ会場では、薩摩藩と佐賀藩が、幕府とは別に独自に工芸品などを出品。とくに薩摩藩は、薩摩太守《たいしゅ》を前面に押し出し、まるで独立国のようにアピールした。さすがに幕府は抗議するが、薩摩藩は一切聞き入れることなく、幕末の分裂状態がそのまま反映された初の万博出品となった。

「大奥最後の日」は、どんな様子だった？

勝海舟と西郷隆盛の会談によって、江戸城開城は、一八六八年（慶応四）四月一一日と決まった。その後、老中や若年寄りは、一四代家茂の正室（静覚院）や一三代家定の生母（本寿院《ほんじゅいん》）、家定の正室（天璋院《てんしょういん》）らをどこへ移すか協議、その結果がそれぞれに伝えられた。そのさい、「謹慎中の将軍は、まだ何の沙汰もないのに水戸へ先立たれた。思し召しあってのことと思うが、その先途も見届けず、城を明け渡すとは何ごとぞ」と言って動こうとしなかったのが、天璋院だった。

困った老中らは、三日でいいから立ち退いてほしいとウソをついて追い出すことにした。天璋院は、これを受け入れたが、薩摩や長州の侍に、徳川の威光を見せつけようと、大奥の御休息の間や御座の間に、高価な美術品を飾らせた。そして、「三日ばかりの立ち退きなので」と、着替えの着物や化粧道具などを用意しただけで、一橋屋敷へと移っていった。

明け渡し当日、目付の二人が、尾張藩の重役三人を連れて大奥へやってきた。御用人の案内で、御休息の間や御座の間、御対面所を見て回った後、局の部屋には入らず、廊下から眺めただけだった。その後、倉庫に入って、封印された荷物を見た後、あっさりと受け渡しは終わった。

最後に、大奥の入り口の管理を担当する御広敷役人が、大奥を出たことで、大奥の長い歴史に幕が下りた。

6 明治・大正

明治新政府が徳川家を潰さなかった理由は何？

新政府は、当初、徳川家の領地を取り上げ、徳川家を断絶させるつもりだった。

しかし、最終的に徳川家の存続が許されたのは、旧幕臣の勝海舟が、相当な覚悟を持って徳川家の存続を要求し続けたことによるのである。

新政府によって江戸城総攻撃が行われる寸前の一八六八年（慶応四）三月一三日と一四日、勝と西郷隆盛による会談が行われた。これが、江戸城の無血開城を決する歴史的な会談となるが、そのとき、徳川家の処遇についても話し合われた。

ここで、勝の主張した理屈は、旧日本政府である幕府と、一個の巨大な藩である徳川藩は別物ということだった。

薩摩も長州も含め、全国の藩をつぶすのなら、徳川家をつぶしても構わない。だが、全国の諸藩を残すなら、すでに幕府ではなくなった徳川藩も、一つの藩として残って当然と主張したのである。

勝は、この主張が通らなければ、新政府に対して最後の戦いを挑むつもりだった。作戦は、江戸の民衆を千葉に逃がしたうえで、新政府軍を江戸の町へ誘いこんで火を放ち、まず、武器と兵糧を焼き払う。そして、ゲリラ戦を仕掛け、江戸の町もろとも新政府軍を壊滅させる覚悟だった。

これは、ナポレオンのモスクワ侵攻を阻止した帝政ロシアの戦術を参考にしており、現実に、大量の火薬を用意するなどの準備を進めていた。決行の際は、慶喜を横浜に停泊するイギリス商船に載せてイギリスへ送り、亡命させるつもりだった。

また、勝は、イギリス公使のパークスを通して新政府側に圧力をかけた。パークスは、ナポレオンが処刑されずにセントヘレナ島へ流刑となった例をあげて、すでに恭順の意を示している慶喜を処刑することは万国公法に反すると強く反対した。このパークスの怒りに、西郷は衝撃を受け、徳川家存続を決断したともいわれている。

ただ、存続が決まっても、居住地と石高は、なかなか決まらなかった。勝は、慶喜の居住地は江戸で、二〇〇万石はほしいと主張したが、新政府の長州系が強く反発。新政府軍が上野の寛永寺にこもっていた彰義隊を攻撃して壊滅させたことで、徳川側の立場は一気に弱くなり、結局、居住地駿府、石高七〇万石ということで決着した。

彰義隊で実権をにぎっていた意外な人物とは？

　最後の将軍・徳川慶喜は、一八六八年（慶《けい》応《おう》四）二月一二日、新政府に対して恭順の意を表し、翌日に上野の寛永寺に蟄居《ちっきょ》した。しかし、新政権に不満をもつ幕臣たちが慶喜の警護を名目に上野の山に集まり、「彰義隊」という組織を作った。その名称は、「大義を彰《あきら》かにする」という意味に由来する。

　ただし、徳川方は、彰義隊が新政府に対抗する軍組織と見られることを恐れ、江戸市中取締を任じ、表向きは慶喜の警護と江戸の治安維持を目的とするとした。

　この彰義隊の中心人物は、当初、慶喜の出身である一橋家に仕える渋沢成一郎（頭取）と、隊士から人望のあった天野八郎（副頭取）だった。ところが、隊の路線をめぐり、渋沢派と天野派が対立。渋沢派は隊を離脱し、新しく「振武軍」という組織を結成する。この振武軍は、後日、武蔵国飯能（埼玉県飯能市）で、官軍を相手に激戦を繰り広げることになる。

　一方、彰義隊では、頭取を譜代の幕臣から選出することになり、大目付・本多邦之輔が選ばれるが、すぐに辞任。代わって、御使番の小田井蔵太と、大目付の池田大隅守の二人が隊長となった。

　だが、つねに実権を握っていたのは、副隊長の天野八郎だった。度胸があって、人間的にもスケールの大きな人物だったので、自然とリーダーとして扱われた。

　彰義隊は、江戸城が無血開城をして、慶喜が水戸へ移っても、上野に居座り続けた。新政府軍と最後の一戦を交えようという者たちが、全国から集まってきて、一時は三〇〇〇人以上にふくらんだ。しかし、いざ新政府軍が攻撃を開始すると、彰義隊は一日で壊滅。一〇〇名以上の戦死者をだし、残りは散り散りに逃げるばかりだった。

錦の御旗は、どうやって作られた？

錦の御旗とは、朝廷軍（官軍）の旗印で、赤地の錦に金色の日章、銀色の月章を刺繍したり、描いた旗のことである。

戊辰戦争では、新政府と旧幕府のどちらにつくか様子見していた藩が、青空に翻る錦の御旗を見て、新政府支持に回ったといわれる。

戊辰戦争における最大の勝因との声もある錦の御旗は、公家の岩倉具視が作らせたものだった。

といっても、錦の御旗が、歴史上、最初に作られたのは鎌倉時代の承久の乱である。鎌倉幕府討伐の兵を挙げた後鳥羽上皇が、討伐軍の大将に与えたもので、朝敵を討つ軍であることを証明する旗だった。その後は、建武の新政の際に作られただけで、過去にも二度しか作られていなかった。

策士の岩倉は、後鳥羽上皇のアイデアを拝借。幕府討伐軍の掲げる錦の御旗の制作を思い立ち、腹心の国学者の玉松操《たままつみさお》と相談してデザインを決めた。

その後、大久保利通や品川弥二郎が京都市中で材料を調達。京都の薩摩藩邸などで密造させた。

そして朝廷から使用許可を得て、まず鳥羽伏見の戦いのさなか、錦の御旗が掲げられると、薩摩・長州軍の士気が高まる一方、賊軍であることを自覚させられた旧幕府軍には大きな精神的打撃を与えた。その後、寝返る藩もあらわれ、旧幕府軍は総崩れとなった。

西郷隆盛は どのくらい月給をもらっていた？

　倒幕の中心人物として活躍した西郷隆盛は、明治新政府でも中心人物として改革に取り組んだ。とくに、岩倉具視や木戸孝允、大久保利通らが欧米各国を訪問中の留守内閣では、三条実美《さねとみ》らと官制、軍制の改革を進めた。一八七二年（明治五）には、兵部省《ひょうぶしょう》を廃止して陸軍省、海軍省を置き、自らも陸軍元帥兼参議に任命された。明治政府の狙いは、ヨーロッパ諸国の陸軍をモデルとして、近代的な軍隊を築きあげることで、西郷は、その大役を任されたのだった。

　当時、西郷隆盛の月給は、四〇〇円だったと伝えられる。米一升の値段が四銭だったところから、現在の貨幣価値に換算すると、月給約八〇〇万円、年俸にすると約一億円という大変な高給だった。同じ頃、陸軍少尉の月給が二三円（約四四万円）、一等兵は一円二七銭（約二万五〇〇〇円）だったことを考えると、西郷隆盛は、破格の報酬を手にしていたことになる。

　ちなみに、陸軍の月給は、一八九〇年（明治二三）に改定され、陸軍大将が五〇〇〇円、少尉二八円となったが、その後は二〇年間も据え置かれた。その間にインフレが進み、下級将校の生活は圧迫された。そのため、軍隊周辺では、「貧乏少尉、やりくり中尉、やっとこ大将」という言葉が生まれたほどだ。

西郷隆盛がつくった私学校の〝教育方針〟は？

征韓《せいかん》論争で敗れ、下野した西郷隆盛は鹿児島に帰った。すると、西郷に同調する軍人や官吏も辞職し、西郷を追って鹿児島へ集まってきた。

無職で、血気盛んな壮年や若者が増えたので、西郷らは彼らを統制しなければ、道を誤る恐れがあるとして、一八七四年（明治七）、私学校を設立した。

私学校は、銃隊学校、砲隊学校、幼年学校があり、県下の各郷に分校がつくられたが、その教育方針は、一朝事あるときには、国難に殉じるような人物を育てることにあった。西郷自身、次のように語っている。「思うに、学校は善士を育てるところである。それは一郷村や一国だけの善士ではなく、必ず天下の善士になることが大切である」

西郷は、戊辰戦争の戦没者に対して、深い敬意を払っていた。西郷にとっては、戊辰戦争の戦没者こそが善士であり、そのことを天下の人々が広く認めてくれると思っていた。ところが、新政府の高官たちは、私欲を満たすために奔走している。それは、戦没者に対して面目ないことであり、だからこそ、戦没者の正義を慕い、戦没者を祀ることで、学生の士気を鼓舞することが、私学校の役割だと考えていた。

そのため、学生たちは、毎年、選抜者が東北・北陸地方の戦没者のお墓に参っていた。

やがて、私学校党は最大勢力となり、県吏や警吏にも大勢雇われて、県政を牛耳るようになる。その結果、薩摩藩はまるで独立国のような雰囲気になっていき、そのことが西南戦争の引き金を引く原因につながっていく。

維新後、士族が一番不満に思ったことは何？

一八七一年（明治四）、明治政府は明治維新のひとまずの仕上げに取りかかった。廃藩置県を行ったのである。

江戸幕府を打倒したとはいえ、まだ国内には約三〇〇の藩が残り、藩のトップ（知藩事）には藩主がそのまま横滑りしていた。藩があるかぎり、中央集権化は進まず、国家としての力を集結することはできない。そこで、明治政府は藩を県に置き換え、県知事に中央から役人を送り込み、旧藩主らの権力・特権をすべて奪うことを計画した。

廃藩置県の実行に当たっては、旧藩主らの抵抗が予想されたので、西郷隆盛、大久保利通らはひそかに事を進め、東京に兵力を集めておいたうえで、一気に決行した。すると、旧藩主たちは意外なほどに抵抗せず、藩から県への移行は、予想を超えてすんなりと進んだ。その背景には、すでに多数の藩が窮乏し、旧藩主には、その座を投げ出したい者が少なからずいたことがある。あるいは、中央集権化の意味を理解し、政府に協力した者もいた。

だが、廃藩置県や文明化の反動は、やがてやってきた。日本各地で、士族の反乱が相次いだのである。明治政府の方針、あり方には、かつて倒幕に協力した者にも、不満を抱く者が少なくなかった。不満を持つ各地の士族は、明治政府の官職を離れて下野した実力者を担ぎはじめた。

まずは、佐賀に帰っていた江藤新平が、一

八七四年（明治七）に佐賀の乱を起こす。一八七六年（明治九）には、前原一誠《いっせい》が萩の乱を起こした。ともに新政府軍に鎮圧されたが、鹿児島には最大の大物・西郷隆盛が残っていた。

いわゆる征韓論論争に敗れた西郷の下野をきっかけにして、鹿児島には西郷を慕う者が集まり、一種の独立国の様相を呈していた。一八七七年（明治一〇）、西郷は周囲に担がれるかっこうで挙兵、西南戦争が勃発する。

西郷の挙兵は新政府にとって最大の脅威であり、政府倒壊さえ噂された。西郷軍は北上したが、熊本城で政府軍の抵抗にあい、進軍速度を鈍らせたのち、田原坂《たばるざか》の戦いで新政府軍に敗れる。半年以上にわたる激闘のすえ、西郷は自決、反乱は終息した。

西郷軍の敗北は、士族の敗北と、おもに農民からなった徴兵軍の勝利を意味した。不満を抱く士族らはもはや武力で勝てないことを悟り、言論活動（自由民権運動）に闘争の場を移していく。

暗殺事件の「実行犯」だったとされる元首相って誰のこと？

日本の首相まで務めながら、若い頃、暗殺事件の実行犯になったことのある人物がいる。初代内閣総理大臣の伊藤博文である。

伊藤は、維新の三傑といわれる西郷隆盛、大久保利通、木戸孝允の死後、新政府の中心的指導者として活躍した人物である。一八八五年（明治一八）に初代内閣総理大臣になった後も、枢密院議長、貴族院議長などを経て再度組閣するなど、生涯に四度にわたって内閣総理大臣を務めた。

そんな伊藤博文は、若い頃、暗殺事件の実行犯だったことがある。一八六二年（文久二）、幕府の命令によって、過去における、外国人に対する応接例を調査していた国学者の塙忠《はなわただ》宝《とみ》が、突然、暗殺される事件が起きた。

その犯人が、長州藩の攘夷派だった伊藤博文と山尾庸三《やまおようぞう》の二人なのである。

彼らは、「天皇退位の研究をしている」と誤解して、一二月二一日、和歌の会から帰宅した塙忠宝を狙撃、翌日死亡させたのだった。翌年、伊藤は、密航してイギリスへ留学する。これは、事件を意識したあきらかな〝高飛び〟で、逮捕を逃れるための周到な手段だった。

なお、この事件の真相が公表されたのは、伊藤も山尾も没した後の大正時代になってからのことだった。

伊藤は、後年、自分が暗殺者だと公表されるとは知らないまま、一九〇九年（明治四二）、韓国の義兵運動・独立運動家安重根にハルピン駅で暗殺された。

天皇と初めて握手した外国元首って誰のこと？

アメリカ南北戦争で、北軍を率いた将軍で、第一八代大統領にもなったユリシーズ・グラントが退任後、日本を訪問したのは、一八七九年（明治一二）六月のことだった。世界漫遊の帰途、長崎港に立ち寄り、七月二日には東京に到着。四日には、浜離宮で天皇と会見した。

彼は、アメリカの大統領経験者として、初めて日本を訪ねた人物だった。そこで、大きな関心を呼んだのは、大統領が、日本の皇后にどんなあいさつをするかということ。国粋主義者のなかには、アメリカ流に皇后の手をとってキッスでもしようものなら、ただではおかぬといきり立つ者もいた。

ところが、グラントは、天皇と握手しただけで、皇后には会釈をしただけだった。そして、皇后と握手したのは、グラント夫人だけだった。グラント夫妻は、日本人の習慣をよく調べ、失礼のないように接したのだ。天皇が「元」がつくといえども、外国の元首と握手したのも、このときが初めてで、歴史的な出来事といわれた。

グラントの日本滞在は、一ヵ月以上に及んだが、気さくな人柄から、各地で大歓迎された。日光を訪れた際には、案内係から「神橋《しんきょう》を渡られてはいかがですか」と勧められたが、「皇族以外は渡らないでしょう」と辞退している。ここでも、元大統領は、日本の習慣や風習を詳しく調査していたのだった。

自転車が日本に輸入されたのはいつ頃？

日本へ、初めて自転車が輸入されたのは、戊辰《ぼしん》戦争の頃だったとみられる。しかし、台数が増えていくのは、明治時代になってからのことである。その頃の自転車は、フランス人のミショー親子が考案したミショー型が多かったとみられる。ミショー型は、それまでの足で地面を蹴って動くスタイルを脱し、初めて量産された自転車でもある。タイヤは、木造車輪に鉄をまいたもので、前輪に、クランクとペダルがつけてあり、その前輪を漕いで動かした。現在の幼児の三輪車に近いもので、実用品というより、庭園に置かれた遊具というイメージだった。

やがて、物珍しさもあって自転車のレンタル業が始まった。たとえば、一八七二年（明治五）、横浜の元町で、三台のミショー型自転車を使い、レンタル業を始めた人は、宣伝のため、自分で東京まで走ってみたという。およそ六時間で東京へ到着したと伝えられている。

　また、一八七七年（明治一〇）の横浜では、ある人が一台一時間四銭でレンタルされていた。決して安くはなかったが、親への土産話にという奉公人らが来るようになって、予想以上にヒットした。しかし、ブームは一過性で、その後は普及せず、自転車は高価な遊具というイメージで見られていた。

　二輪の自転車が輸入されたのは、一八八七年（明治二〇）以降で、しだいに輸入台数が増えていく。そして、少しずつ普及すると、修理や部品の製造が必要となり、そこで活躍したのが、金属についての知識と加工技術をもっていた鉄砲鍛冶職人。大坂の堺では、鉄砲職人から自転車業へ転職する人も増えたという。いまも、堺は、日本の自転車製造の三割を占めている。

明治時代になって、最後の仇討ちをした〝謎の男〟とは？

　新政府の仇討禁止令にもかかわらず、明治最後といわれる仇討ち事件が起きたのは一八八〇年（明治一三）のこと。白井六郎という男が、東京の旧秋月藩主・黒田子爵の邸内で、東京上等裁判所の判事だった一瀬直久を斬り殺した。白井六郎にとっては、一三年目に晴らした両親の仇だった。

　白井六郎の父親の秋月藩執政・白井亘理《わたり》が、

熟睡中に襲われ、妻ともども殺されたのは、その一三年前、一八六七年（慶応三）のことだった。干城隊を名乗る藩内の勤王攘夷派が、佐幕派の有力人物を倒したという事件であった。

　当時、一六歳だった六郎は、詳しい事情まではわからなかったが、子供心に父を哀れに思ったという。

　六郎は、その後、養父に仇討ちを願い出るが、許されなかった。その後、明治維新を迎え、新政府は、一八七三年（明治六）、仇討ちの禁止令を出し、時代は、個人に代わって国家が犯罪者を裁く時代になった。それでも、白井六郎は、自ら仇討ちしなければ、という思いを持ち続けていた。

　そこで、遊学するという口実で国許を離れ、しばらくは江戸で剣術を習った。そして、一三年目になって、本懐を遂げたのだった。白井六郎は、仇討ちを果たした後、すぐに警察へ自首したが、この仇討ちは大評判になって、錦絵が描かれ、芝居にもなった。白井六郎自身は、国家によって裁かれ、終身禁固の刑を受けて服役した。

〝新型インフルエンザ〟で亡くなった歴史上の人物は？

「スペイン風邪」と名づけられた当時の〝新型インフルエンザ〟が、世界中で猛威を振るったのは、第一次世界大戦中の一九一八〜一九年（大正七〜八）のこと。人類が初めて遭遇したインフルエンザの大流行（パンデミック）といわれる。

　感染者は、世界でじつに六億人。当時の全世界の人口は一八億人だったので、三人に一人は感染したことになる。死者は、全世界で五〇〇〇万人におよんだとみられ、日本でも、人口五五〇〇万人に対して二三〇〇万人が感染、四八万人が死亡した。その膨大な数の死亡者のなかには、もちろん当時の有名人もまじっていた。

たとえば、東京駅を設計した建築家の辰野金吾、皇族の竹田宮恒久王、西郷隆盛の息子で軍人の西郷寅太郎、大山巖の夫人で女子教育に尽力した大山捨松、そして劇作家で劇団「芸術座」を結成した島村抱月も、パンデミックの最中、命を落とした。

抱月は当時、女優第一号とされる松井須磨子と恋愛スキャンダルを起こし、世間を騒がせていた。その松井須磨子とともに結成した「芸術座」で、トルストイの原作を抱月が脚本化した『復活』が人気となり、劇中で松井須磨子が歌う『カチューシャの唄』が大ヒットして、二人は絶頂期を迎えていたが、その最中、抱月は急逝する。

その後、松井須磨子は、なんとか芸術座の公演を続けはしたものの、抱月のいない寂しさに耐えられず、後を追って自殺した。松井須磨子もまた、スペイン風邪の犠牲者のひとりだったといえるだろう。

大日本帝国憲法が発布されるまでの紆余曲折とは？

日本が政治的に近代化していくうえで、大きな節目となったのは、憲法の制定と議会の創設である。幕末に結んだ不平等条約を改正し、欧米と対等な関係を結ぶためにも、欧米のような立憲体制を整えることが必要だった。

その点では、政府側も、政府を去って下野

した者も一致していたが、いつどのようにそれを実現させるかが、明治一〇年代の政治的争点となった。

すでに一八七四年（明治七）には、板垣退助、後藤象二郎、江藤新平らによって、民撰議員設立の建白書が提出されていた。その後、板垣退助は立志社を結成、自由民権思想を広めていく。自由民権運動はしだいに過熱し、一八八〇年（明治一三）、大阪で国会期成同盟が結成され、国会開設運動が盛り上がっていく。

政府内でも、立憲政治を目指す議論が交わされたが、そこで深刻な対立が生じた。大隈重信が早期の国会開設を唱える一方、伊藤博文は時間をかける必要があるとして対立、この政争に勝利したのは伊藤のほうだった。一八八一年（明治一四）に、国会を一八九〇年（明治二三）に開くという国会開設の勅諭が発せられた。

その政府方針に応じて、在野の政治家らは、政党結成を始める。まずは、板垣が自由党を結成、つづいて大隈の立憲改進党、福地源一郎の立憲帝政党などが結成された。

そのころから、自由民権運動は過激化し、暴動事件も起こる。それに対して、政府は検挙、弾圧を強め、自由民権運動は一時的に下火となった。

一方、政府では伊藤が渡欧し、立憲君主国家であるプロイセンの憲法などを研究、明治憲法制定の参考にした。帰国した伊藤は、一八八五年（明治一八）、政府機構を改革し、内閣制度をスタートさせる。内閣総理大臣がそのトップとなり、初代首相の座には伊藤がついた。

その後、伊藤は憲法の作成にかかり、一八八九年（明治二二）、大日本帝国憲法が発布された。同憲法では、天皇が主権者であり、天皇が国民に憲法を与えるという形がとられた。帝国議会は衆議院と貴族院からなり、一八九〇年（明治二三）、第一回衆議院議員総選挙が行われた。こうして、日本はアジア初の民選議会をもつ立憲国家として新たに船出したのである。

日清戦争当時の日本が朝鮮半島にこだわったのは？

明治時代の前半は、世界史的に見ると、帝国主義のまっただ中であり、西洋列強はアジアやアフリカの諸地域を次々と植民地化し、大国・清も蚕食《さんしょく》していた。日本も西洋列強から身を守らなければならなかったが、そのためには朝鮮半島を確保することがきわめて重要と考えられていた。

当時、朝鮮半島には李氏朝鮮があり、清の保護下にあったが、その清が弱体化、李氏朝鮮自身も列強の前には無力だった。南下姿勢を強めるロシアに朝鮮半島を奪われると、こんどは日本列島がロシアに対して無防備になることを意味した。

そこで、日本は朝鮮半島に近代的な国家、あるいは親日国家が生まれることを期待して、朝鮮半島に介入した。その外交方針が、日清戦争、日露戦争という二つの戦争につながっていく。

まず、日清戦争は、日本と清のどちらが、朝鮮半島に影響力を持つかをめぐっての戦いだった。一八九四年（明治二七）、朝鮮半島で農民反乱（甲午農民戦争）が起きる。かつては東学党の乱と呼ばれたこの乱に朝鮮政府が対応できないでいると、清が軍勢を送り、日本も送り込んだ。乱を収めたのち、日本と清は対立を深め、伊藤内閣は開戦を決意する。

日本軍は清軍に連勝し、鴨緑江《おうりょくこう》を渡って遼東半島までが戦場となった。黄海海戦でも、日本海軍は清の北洋艦隊を打ち破り、北京が危なくなった清は、講和を申し入れる。

一八九五年（明治二八）、下関で講和条約が結ばれ、清の保護国であった朝鮮の独立が認められた。さらに、清は日本に対し、台湾や澎湖《ほうこ》諸島、遼東半島を割譲、二億両（日本円にして約三億円）を支払うことになった。

日本は、対外戦争に勝利したことに沸き立ったが、それは一瞬の喜びだった。すぐに、ロシアがドイツ、フランスを誘って、遼東半島を清へ返還せよという三国干渉に出た。

当時、ロシアは満州進出を狙っていたので、南満州の要地である遼東半島を日本に渡すわけにはいかなかった。その時点では、日本がロシアをはじめとする三国に勝てるはずもなく、日本はやむなく遼東半島を清に返還する。すると、ロシアは遼東半島を清から事実上奪いとり、旅順に大要塞を建設した。これで、日本のロシアに対する敵愾心《てきがいしん》はいよいよ高まった。

その一方で、日本は台湾の統治を開始する。台湾に送り込まれた後藤新平らは、殖産興業に力を入れ、台湾を日本同様、近代化させることを目指していく。

日露戦争では、なぜロシアに勝つことができた？

日清戦争後、朝鮮（韓国）は中国から離れ

るが、日本が意のままにできるような親日政権は生まれなかった。韓国には親ロシア政権が誕生し、ロシアは朝鮮半島を影響下に組み入れようとしていた。

その情勢下、日本政府の外交方針は、ロシアとの関係をめぐって二つに割れる。まず、ロシアとの融和を目指したのが伊藤博文である。満州でのロシアの行動を認める代わりに、朝鮮半島では日本の優位を求めるという方針だった。伊藤はロシアに渡って交渉を進めるが、不首尾《ふしゅび》に終わる。

その一方、イギリスとの同盟締結が浮上していた。当時、世界帝国を築いていたイギリスは、ユーラシア大陸全体でのロシアの南下を防ぐため、極東ではロシアに対抗しうる勢力として日本に目をつけた。一九〇二年（明治三五）、日英同盟が結ばれ、日本は対ロシア戦の決意を固めていく。

一九〇四年（明治三七）、日本はついに対ロシア戦に踏み切り、軍を朝鮮半島、遼東半島に送り込んだ（日露戦争）。陸戦の舞台は遼東半島から南満州で、日本軍は旅順要塞を陥落させ、奉天の大会戦で辛勝する。

つづく日本海海戦で、東郷平八郎提督率いる日本連合艦隊がロシアのバルチック艦隊を壊滅させた。

そのタイミングで、アメリカ大統領セオドア・ルーズヴェルトが和平を仲介、アメリカのポーツマスで講和会議が開かれた。

講和会議では、日本は、韓国に対する指導権という、戦争の当初の目的は手に入れた。加えて、樺太の南半分、旅順・大連の租借権、長春・旅順間の鉄道およびその付属の権利も得たものの、賠償金は得られなかった。それが国民の不満を呼んで暴動を招き、日比谷焼き討ち事件が起きた。

　戦後、日本は、韓国に対する介入を進め、韓国統監府を設置。伊藤博文が初代統監となるが、安重根に暗殺される。それをひとつのきっかけにして、一九一〇年（明治四三）、韓国を併合した。

第一次世界大戦後、なぜ日本はつかのまの繁栄の時代に入った？

　日本の大正時代は大正デモクラシーという言葉に象徴される。大正デモクラシーの生みの親は、一九一四年（大正三）に勃発した第一次世界大戦だったといえる。

　この大戦中、ヨーロッパでは空前の大量殺戮戦が展開された。日本も参戦はしたものの、主戦場はヨーロッパだったので、大きな被害を受けることはなかった。それが、ヨーロッパの衰退と日本の地位の相対的な浮上をもたらした。

　大戦がドイツの降伏によって終結し、一九一九年（大正八）、パリで開かれた講和会議に、日本はアメリカ、イギリス、フランス、イタリアとともに五大国として参加した。

　幕末から、植民地化の脅威にさらされてきた日本が、世界列強の仲間入りを果たした瞬間だった。

　それ以前、大戦中の日本経済は空前の好況を呈していた。ヨーロッパの主要国が戦っている間に、日本はアジアを中心とする市場を奪いとったのだ。

　それまでは、農業生産額が工業生産額を上回っていたが、大戦による景気で逆転。日本は工業国家に変化しはじめた。

第一次世界大戦には、民主主義（デモクラシー）対専制主義の戦いという側面もあった。日本が加わったのはイギリスやアメリカの民主主義陣営側であり、そこから日本でもデモクラシーの気運が高まる。大戦による好景気で得られた豊かさが、政治参加を求める声を後押しした。

大正デモクラシーを理論化したのは、政治学者の吉野作造である。彼の唱えた「民本《みんぽん》主義」は、普通選挙運動の理論的基盤となった。それまで、日本の選挙権は一定額以上の納税者（男子）に与えられていたが、普通選挙は一定年齢以上のすべての男子に選挙権を与えることを求める運動だった。一九二五年（大正一四）、加藤高明内閣のもと、普通選挙法案は可決される。

また、第一次世界大戦中にロシア革命が起きて、帝政ロシアが崩壊、世界初の共産主義国家ソ連が誕生する。

マルクス主義はすでに日本に流入していて、大正デモクラシー下の日本で、社会主義政党をつくる動きが活発となり、一九二二年（大正一一）には日本共産党が結成されている。

7 昭和・平成

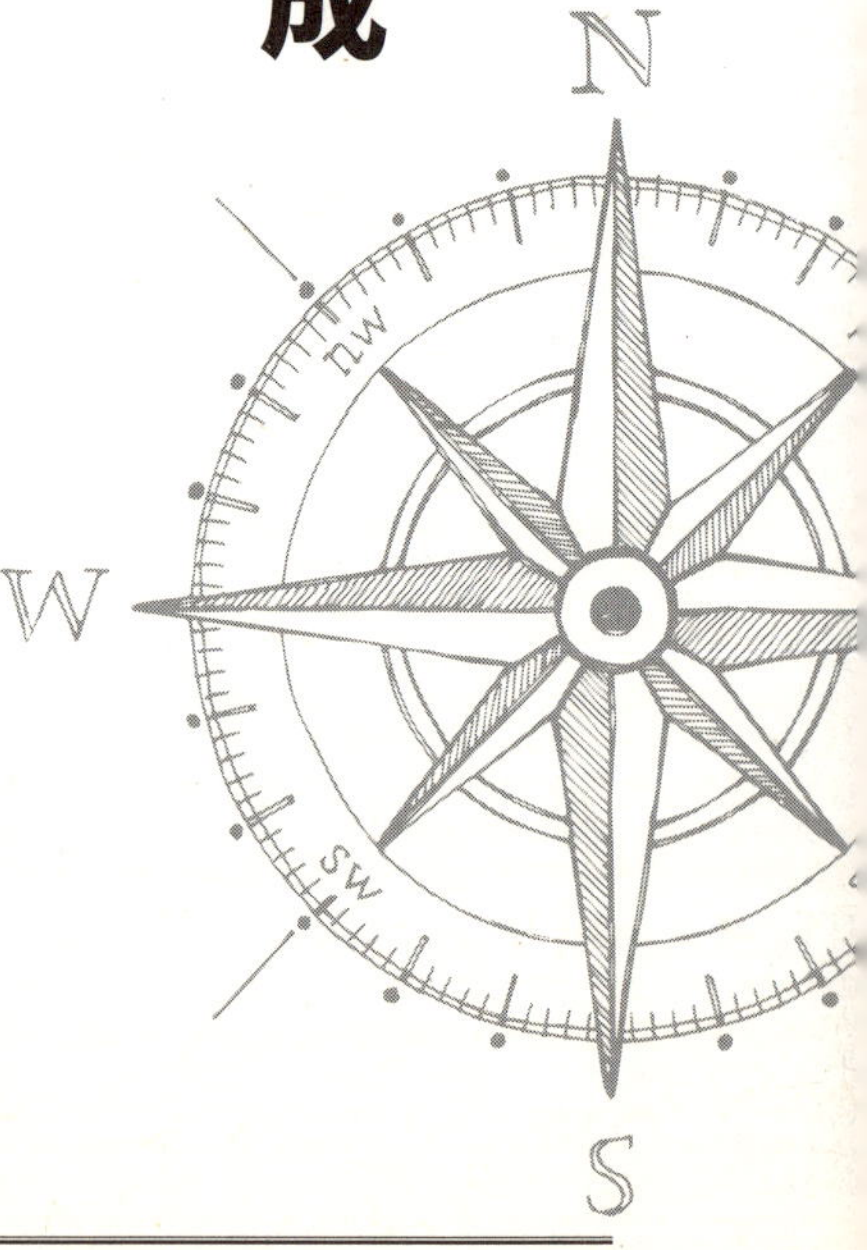

戦前の日本で軍部が台頭した理由は？

一九三一年（昭和六）、関東軍（満州駐在の日本陸軍）の謀略によって、満州事変が起きる。

関東軍は、満州を対ソ連の防波堤とし、また権益を拡大するため、満鉄線路を爆破するという柳条湖事件を起こし、それを口実にして軍事行動を起こし、南満州を制圧したのだった。

それは、政府の許可を得た行動ではなく、関東軍の独断で始まった軍事行動だった。当時の若槻礼次郎内閣は関東軍の行動を押さえようとするが、止めることはできなかった。世論も関東軍に味方し、その行動を後押しした。翌一九三二年（昭和七）、関東軍は、清帝国のラストエンペラーであった宣統帝溥儀《ふぎ》を執政の座につけ、満州国を建国した。

　この満州事変から満州建国までの過程で、日本は昭和恐慌以来の不況から脱出する。戦後まもなく、朝鮮戦争が日本経済復活の呼び水になったように、満州事変は日本経済に特需をもたらした。国内経済が持ち直したこともあって、国民は関東軍を支持したのである。

　しかし、関東軍の独断行動を許したことで、国家統治のルールは大きく崩れた。統帥権《とうすいけん》を盾にした軍人の政治介入を許し、世の中は一気にきなくさくなる。テロとクーデターの時代が始まったのだ。

　まず、一九三一年（昭和六）には、三月事件と十月事件が起きた。ともに政党内閣を打倒し、軍人による政権を打ち立てようとしたクーデター計画だったが、未遂に終わっている。しかし、首謀者が処罰されることがなかったので、軍の規律は大きくゆるんだ。

　翌一九三二年（昭和七）には、海軍の青年将校らによる五・一五事件が起きた。「話せばわかる」とたしなめた犬養毅首相が射殺され、これで政党政治の時代は終わりを告げる。

　テロとクーデターの仕上げとなったのは、一九三六年（昭和一一）の二・二六事件である。陸軍将校らが兵を率いてクーデターを起こし、東京の永田町一帯を占拠、高橋是清蔵相、斎藤実《まこと》内大臣らを殺害した。

　陸軍首脳はこの事態に対応できず、最後は昭和天皇の命令によってクーデターは収拾される。

　これらのテロとクーデターによって、政党政治を支えていた政治家たちは命を失い、残る政治家も軍部に対抗できなくなった。

日本は大戦前夜の外交戦でどこを失敗した？

日本による満州国の建国は、国際社会から強い非難を浴びた。国際連盟はリットン調査団を送り込み、日本はその報告をもとにした決議に反発し、一九三三年（昭和八）、国際連盟を脱退した。

ところが、国際連盟は日本を制裁することができなかった。それが、ドイツのヒトラーや、イタリアのムッソリーニ、ソ連のスターリンら独裁者の野心を刺激して、第二次世界大戦勃発の遠因にもなっていく。

日本は、国際連盟脱退後、さらに満州への進出を強め、中国との関係が緊迫。一九三七年（昭和一二）、ついに中国との全面戦争に至る。

北京郊外の盧溝橋《ろこうきょう》で、日中両軍の小競り合いが発生し、それが全面戦争に発展したのだ。その後、近衛文麿首相が「国民政府を対手とせず」という声明を出したため、日本は交渉相手を失って和平の機会を逸し、戦いは長期化していく。

一方、ヨーロッパでは、ヒトラーのドイツがオーストリアを併合、チェコのズデーテン地方に進駐したのち、一九三九年（昭和一四）秋にポーランドに侵攻、第二次世界大戦が始まった。

翌年、ドイツはフランスを屈伏させ、ヨーロッパ大陸の大半を席巻したので、日本は「バスに乗り遅れるな」を合言葉にドイツに近づき、一九四〇年（昭和一五）、日独伊三国同盟を締結する。

しかし、それはアメリカを敵に回す外交決

■第二次世界大戦時の各国の関係

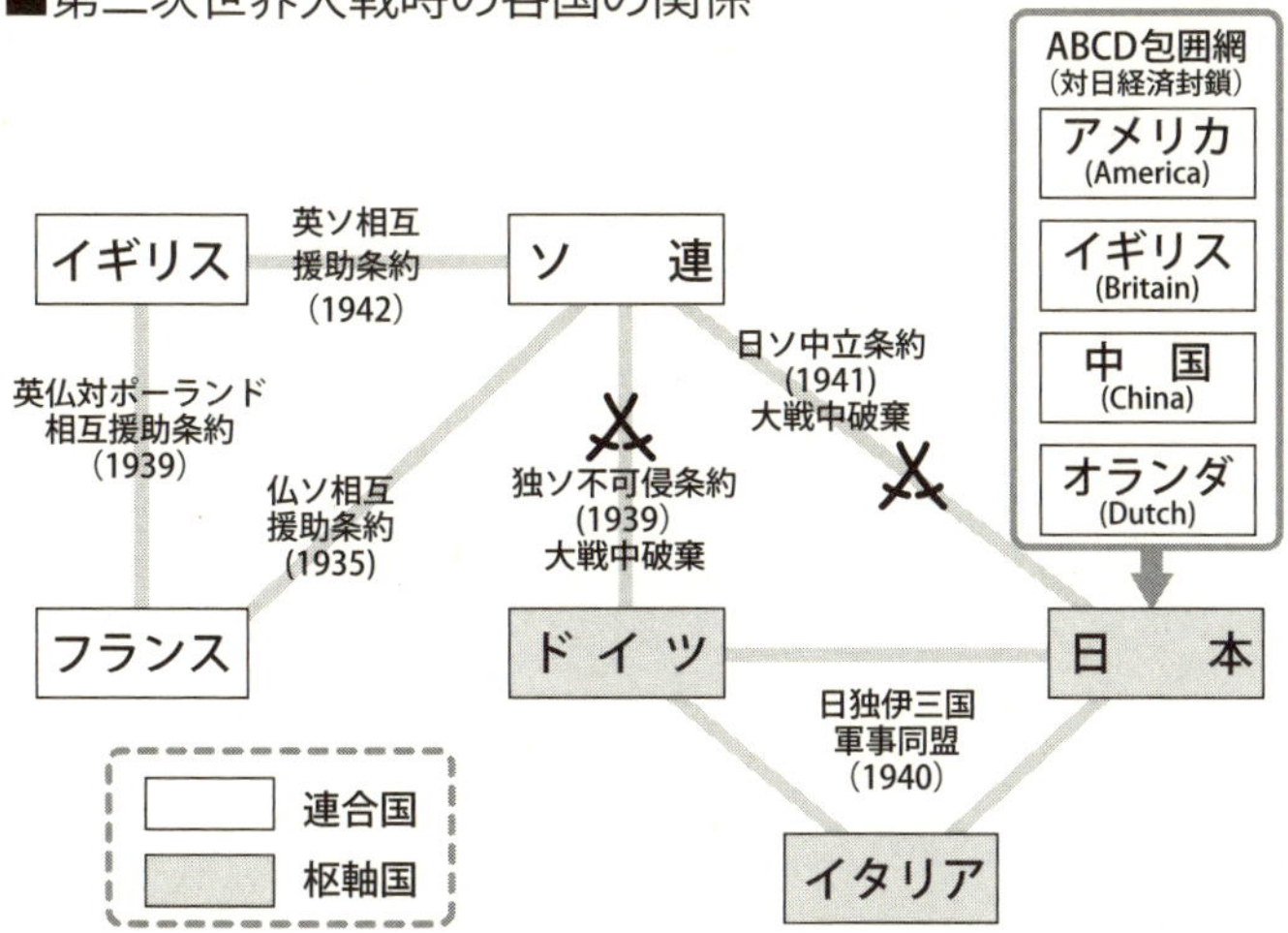

断だった。アメリカは中国に接近し、日本は米中相手に太平洋地域で孤立した状況となった。やがて、アメリカは日本への経済制裁を強めてくる。

その間、日本国内では、日中戦争を戦っていたこともあって、戦時体制が急ピッチで完成されようとしていた。日本の軍部や官僚は、第一次世界大戦で国家総力戦の凄まじさを観察していただけに、これからの戦争に勝つためには国民総動員体制が必要と見ていたのである。

ドイツ流の統制主義こそ生き残りの方法と考え、一九三八年（昭和一三）には近衛内閣のもと、国家総動員法が発布され、国家は議会を通さずに、国民を統制できるようになった。

日本経済は統制経済化され、国民生活はど

んどん不自由になっていった。

日本が太平洋戦争の〝泥沼〟にはまってしまったのはなぜ？

アメリカに追い詰められた日本は、対米交渉を開始するが、アメリカの強い姿勢もあって、事態は好転しなかった。昭和十六年秋、近衛に代わって、陸軍大臣の東条英機が組閣、ついに対米戦を決意する。十二月八日、日本連合艦隊の艦載機がハワイの真珠湾を奇襲して、太平洋戦争が始まった。

日本の戦略目標は南洋資源の確保であり、その戦略の名目として、欧米列強からアジアを解放するという大東亜共栄圏を提唱した。日本軍は、開戦から約半年の間、イギリス軍やオランダ軍、アメリカ軍を破り続け、彼らの植民地だった東南アジアの大半を勢力下におさめた。

だが、日本軍の快進撃もそこまでだった。ミッドウェイ海戦で空母部隊が全滅、ガダルカナル島の攻防戦では、激しい消耗戦を強いられた。昭和十八年になると、日米の工業力の差が戦況に影響をおよぼしはじめる。当時の日本の工業力は、アメリカより一桁下だった。

一九四四年（昭和十九）、アメリカは、サイパン島での戦いに勝利すると、日本本土空襲を開始。翌年になると、日本の東京をはじめとする都市が次々と空爆によって破壊された。アメリカの巨大爆撃機B29に対抗できる戦力は日本には残されていなかった。

八月、アメリカは広島、長崎に原爆を落とし、壊滅的被害を与えた。その二発の原爆投下の間に、ソ連軍が日ソ中立条約を破って満州に侵入してくる。一九四五年（昭和二〇）八月一五日、日本政府はついにポツダム宣言を受諾し、無条件降伏した。

こののち、日本は連合軍最高司令官総司令部の統治を受けることになる。実質的には、アメリカ太平洋陸軍の総司令官であるマッカーサーの総司令部、つまりはＧＨＱによって統治された。

ＧＨＱの統治のもと、財閥解体指令や農地改革指令などが出され、婦人にも参政権が与えられた。

ＧＨＱの最大の仕事のひとつは、日本国憲法の制定だった。ＧＨＱは、当初は日本政府に新憲法の草案作りをまかせるが、できあがった草案はＧＨＱを満足させるものではなかった。そこで、ＧＨＱは自らチームを編成して、憲法を起案する。そのＧＨＱ案をベースとして日本国憲法案がつくられ、国会を通過、一九四六年（昭和二一）一一月三日に公布された。主権は天皇から国民へとうつり、戦争の放棄がうたわれた。

ＧＨＱによる日本統治が終わったのは、一九五一年（昭和二六）である。サンフランシスコで講和会議が開かれ、日本は自由主義陣営の四八の国と条約を結ぶ（サンフランシスコ平和条約）。日本は独立を回復すると同時に、日米安全保障条約を結び、アメリカの駐留軍はじょじょに縮小はされたものの、沖縄をはじめ、いまも日本国内に駐留しつづけている。

戦後の日本経済を押し上げた最初のきっかけは？

太平洋戦争の被害により、日本の都市は崩壊、日本経済は破綻状態に陥った。終戦後も経済は大混乱し、インフレが進行した。日本経済が本格的に復興しはじめるのは、一九五〇年（昭和二五）ごろからである。朝鮮戦争の勃発が浮上のきっかけとなった。

同年、朝鮮半島で北朝鮮軍が韓国に侵入した。アメリカを主力とした国連軍が韓国を守るために参戦、中国軍がこれに反撃するために北朝鮮側に立って参戦し、東西両陣営の最初の代理戦争状態となった。米軍を中心とする国連軍は多くの物資を必要とし、日本はその基地となり、工場となった。その特需によって、日本経済は復興のきっかけをつかんだのだった。

一九五五年（昭和三〇）になると、日本経済は戦前の最高水準にまで立ち直り、「もはや戦後ではない」という言葉が流行した。以後、日本は高度経済成長時代に向かって驀進《ばくしん》していく。

日本が高度経済成長できた背景のひとつには、東西の冷戦があった。戦後まもなくから、一九八〇年代の終わりまで、アメリカを中心とする自由主義陣営とソ連を盟主とする共産主義陣営は対立し、日本はその間、日米安全保障条約のもと、軍備を最小限にとどめ、経済活動に専念し続けた。

さらに、日本には、戦前からの技術の蓄積があり、それが家電を中心とする民生技術に生かされた。

さらに石油が安価な時代であったことも大きい。日本では、石炭から石油へのエネルギー転換が比較的スムーズに進んだ。

国内政治の安定も、経済成長に寄与した。一九五五年（昭和三〇）、それまで二つに分かれていた社会党が統一、その一方で自由党、日本民主党という保守政党も合同して、自由民主党が生まれた。与党・自由民主党と、社会党ら野党勢力は勢力がほぼ二対一となり、そこに一つの政治的均衡状態が生まれる。その状態は後に「五五年体制」と呼ばれた。

一九六〇年（昭和三五）、日米安保条約の改定を阻止するための運動で、国内は揺れたものの、その後は池田勇人首相による所得倍増計画によって、日本人の多くは経済を優先させる政治を是《ぜ》とするようになる。そうした政治の安定と国民の意識も、高度成長をもたらした一因だったといえる。

そもそもどうして戦後の日本経済は失速したの？

日本の高度経済成長を終わらせたのは、一九七一年（昭和四六）のドル＝ショックである。それまで、アメリカは世界最大の経済大国として、国際通貨体制を支え、金とドルを交換可能にしていた。その信用を背景に、一ドル＝三六〇円の固定相場時代が長くつづき、経済力をつけた日本はアメリカ相手に貿易黒字を重ねていた。

そのアメリカがベトナム戦争の泥沼化に足をとられて、経済的にも低迷し始めた。ニクソン大統領は、事態を打開すべく、経済政策の大転換を図る。金とドルの交換を停止し、為替レートの変更を求めたのである。

これにより、一時的に一ドル＝三〇八円（固定相場）の時代が始まるが、アメリカにとっては、それでも不十分だった。昭和四八年（一九七三）以降、円とドルは変動相場に移行し、円高がさらに進行していく。それは、対米輸出で稼いでいた日本の輸出型産業にとって大きな打撃となった。

加えて、一九七三年（昭和四八）には、イスラエルとアラブ諸国との間で、第四次中東戦争が始まった。アラブ産油国は自陣営を優位に導くため、石油の輸出制限と値上げを行う。これにより、エネルギーを安価に調達できる時代も終わりを告げた。日本企業にとっては、さらなる打撃となって、高度経済成長時代は終えんを迎えた。

その後、日本は経済ショックからいち早く立ち直って、約十年の間、安定成長の時代を迎えるが、一九八五年（昭和六〇）のプラザ合意以降、円高が再び加速する。

安定成長の時代、日本企業は企業努力を怠らず、やはり大きな貿易黒字を上げていた。それがさらなる円高を呼んだ。

これによって円高不況に陥ると、政府・日銀は景気回復を図るため、金融を一気に緩和した。それが、一九八〇年代末のいわゆるバブル経済を生む。土地も株式も暴騰、空前の投資ブームが起き、日本列島は好景気と祝祭的な気分に酔いしれた。

しかし、その時代は長くは続かなかった。政府・日銀が金融を引き締めると、たちまちバブルは崩壊。その後遺症はひじょうに大きく、銀行をはじめ、日本の金融機関は不良債権の処理に悩まされる。その過程で、山一証券、北海道拓殖銀行、日本長期信用銀行などが倒れた。

バブル崩壊から金融危機に至る時代は、政治的にも揺れた時代だった。一九九三年（平成五）、自由民主党は総選挙で敗北して下野、代わって日本新党、新生党、社会党などによる連立政権が誕生、五五年体制は崩壊した。

特集2

その日本史常識には
ウラがある！

『古事記』は、日本最古の書物ではない

日本最古の歴史書は？　と問われれば、『古事記《こじき》』と答える人が多いだろう。

しかし、もっと古い歴史書があったと、『古事記』の序文にも、はっきり書かれている。それによれば、もともと代々の天皇について記した『帝紀《ていき》』や『旧辞』という書物が存在したという。

また、『日本書紀《にほんしょき》』には、聖徳太子《しょうとくたいし》と蘇我馬子《そがのうまこ》が、『天皇記』など三部の書物をつくったと記述されている。完成したのは、六二〇年というから、七一二年の『古事記』の成立よりも九二年も前のことである。

ところが、それら『古事記』以前の書物は、いずれも原本が見つかっていない。したがって、正確には、『古事記』は、〝現存する書物〟としては、わが国最古の歴史書というわけである。

十二単衣は、一二枚の着物を重ねたものではない

そもそも、単衣《ひとえ》とは、一枚の生地でつくられた着物のことをいう。裏地がないといって

も着物には違いなく、それを一二枚も重ねて着ることはできない。重ね着したのは、「袿《うちぎ》」という、羽織るように着る上着である。

まず「小袖《こそで》」と呼ばれる下着を身につけ、短い帯をする。それから長袴をはき、その上に「単衣」を着て、さらに「袿」を五枚〜二〇枚も重ねて着ていった。

その全重量は二〇キログラムにもなったという。二〇キロのバーベルを背負っているようなものだから、体には相当の負担だったはずである。

平安貴族は、仏教の影響で肉を食べなかったというのはウソ

平安時代の貴族は、仏教に対して厚い信仰心をもち、仏教では、生あるものを殺してはいけないと殺生《せっしょう》が禁じられ、肉食を戒めていた。

では、平安時代の貴族たちは、仏教の教えを守り、肉類を食べなかったかというと、そんなことはなかった。

さまざまな記録によれば、魚や貝類はもちろん、イノシシやシカも食べていたことがわかっている。

もっとも、平安時代の貴族は、肉類以上に、乳製品をたくさん食べていた。牛乳を飲んでいたし、「酪《らく》」「蘇《そ》」などという牛乳の料理も、食卓によく並んでいた。「酪」とは、牛

乳を濃縮して粥《かゆ》状にしたもの。「蘇」とは、「酪」をさらに加熱濃縮して半固形状にしたものだという。

鑑真は失明のハンディを乗り越えて日本を訪れたとはいえない

奈良の唐招提寺《とうしょうだいじ》を建てた人といえば、中国から日本にやってきた鑑真《がんじん》。奈良時代末期、日本に仏教の戒律を伝えた高僧として知られている。また、失明のハンディを乗り越えて、日本までやってきた人物としても知られている。

ただし、この鑑真については、まったく目が見えなくなっていたという説がある一方で、少しは見えていたのではないかという説もある。

全盲ではなかったという説の根拠は、正倉院《しょうそういん》に残された鑑真の書状にあるという。当時、鑑真は、東大寺《とうだいじ》に対して、経典の借用を文書で申し入れている。鑑真が全盲なら、この書状を書けなかったはずだという。

もちろん、その文書は誰かに代筆させたものということも考えられる。ところが、書かれている文字の筆跡や、筆の運びなどから、鑑真の直筆の可能性が高いとみられるのだ。わずか一枚の書状だが、その書状が、鑑真の目がわずかに見えていたということを物語るというわけだ。

平家軍が富士川の戦いで水鳥の羽音に驚いて逃げたというのはウソ

『平家物語』の見せ場の一つに、「富士川の戦い」がある。源平両軍が富士川を挟んで対《たい》峙《じ》していたときのこと。夜、水鳥が物音に驚いていっせいに飛び立った。平家軍は、その羽音を源氏の夜討ちと勘違いして、われ先に逃げ去ったといわれている。

しかし、富士川の戦いで、平家軍が敗走したのは、源氏側の奇襲によるもの。もともと、平家軍は、平家政権の不人気から思うように兵力が集まらず、食料の調達もままならなかった。そのため、富士川に到着したときには、ほとんど戦意を失っていたという。

しかも、そのとき、たまたま富士川が増水しており、平家の陣中には、いつ洪水に襲われるかわからないという不安が広がっていた。そこへ、富士川上流から、武田信玄の先祖にあたる甲斐《かい》源氏によって奇襲をかけられたことで、平家軍は総崩れとなってしまったというのが、歴史の真相である。

北条早雲は一介の浪人から成り上がったという話は真実ではない

戦国時代、関東最大の大名だった北条氏の祖は北条早雲である。早雲は、一介の素浪人から戦国大名に成り上がった人物として、長く語られてきた。早雲は、駿河の今川家に身を寄せ、内紛に乗じて実力者となり、やがて相模の三浦氏を攻め滅ぼして、相模を制圧。関東制覇の足場を築いたというのが、これまでの北条早雲像だ。

ところが、近年の研究で、早雲はもともと実力者の家系に生まれたことがわかってきている。早雲は、備中高越山城の城主だった伊勢盛定の子として生まれ、本名は伊勢新九郎盛時という。新九郎は京都の伊勢貞道の養子となり、一時は将軍・足利義視の近侍となる。やがて、駿河守護の今川義忠の妻になっていた実姉を頼って、駿河に身を寄せる。

つまり、早雲の姉が守護をつとめる家に嫁いでいたということは、彼の家系が相当立派なものだったことを示している。

斎藤道三は油売りから成り上がったという話は真実ではない

戦国時代、美濃を制した斎藤道三。過去の説によると、道三はもとは京都・妙覚寺の修行僧だったが、還俗し、油売り商人山崎屋の婿養子となった。彼は山崎屋庄五郎と名乗って諸国を回るうち、美濃の守護土岐氏の重臣だった長井氏に近づき、やがては長井氏を支配、長井新九郎規秀と名乗る。

その後は、守護・土岐頼武の弟である頼芸《よりあき》に取り入り、頼芸をそそのかして、兄・頼武の追放に成功。続いて、守護となった土岐頼芸も追放し、美濃の支配者となった――とされてきた。

ところが、近年、そのイメージを覆す史料が発見された。『六角承禎条書写』によると、道三の父は長井新左衛門尉という名で、もとは京都の妙覚寺の修行僧。その後、美濃の長井氏の家来である西村家にはいり、引き立てられ、長井姓をもらう。その子の道三は、美濃の名家・長井家の一族としてスタート。長井景弘を討ち殺し、土岐頼芸を守護に擁立、ついには土岐頼芸も追放し、美濃に君臨する。

つまり、斉藤家が美濃で成り上がるには、親子二代かかったというのが、事の真相のようだ。

上杉謙信と武田信玄は一騎討ちをしていない

一五六一年（永禄四）の川中島の戦いでは、上杉謙信と武田信玄の一騎討ちが行われたという。戦いは激戦となり、伝えられるところによれば、ついに両雄は一騎討ちとなり、馬上の上杉謙信が信玄に太刀を浴びせるが、信玄は軍配団扇でその太刀を受け止めたという。

しかし、この話が最初に登場する書物は、江戸時代に書かれた『甲陽軍鑑』。武田家を中心とする軍記物である。

一方、上杉家の記録である『上杉年譜』に、一騎討ちの逸話は記されていない。ただ、上杉家の家臣・荒川伊豆守が、信玄とおぼしき人物と一騎討ちをしたことは伝えている。それによると、荒川伊豆守は信玄に対して、三度太刀を浴びせている。これに対して、信玄は刀を抜く余裕がなく、団扇で跳ね返したという。

『甲陽軍鑑』の作者は、この話をふくらませて、上杉謙信自らが斬り込んだという話に仕立てたようだ。

毛利元就は三本の矢の教えを残したという話は創作

戦国時代、中国地方の覇者・毛利元就は死に直面して、隆元、元春、隆景の三人の子を集め、遺言を残した。そして、子供たちに矢を折ってみるよう、命じた。子どもたちは、矢をたやすく折ったが、今度は元就は三本束ねた矢を折るよう命じた。すると、矢は折れない。そこから、元就は「一本の矢は折れても、束になると折れない。それと同じように、兄弟が協力して毛利家を支えていくように」と言い残した――という。

しかし、この三本の矢の教えはありえない話である。元就が死を迎えるころ、すでに長男の隆元は死去していたからである。しかも、次男の元春は出雲に出陣中。元就の枕元に駆けつけられたのは、三男の隆景のみだった。

この三本の矢の教えの話は、モンゴル故事の盗作と考えられている。モンゴル帝国の発展を記した『元朝秘史』には、チンギスハンの祖先が死去する前、五人の息子を集め、五本の矢を使って団結を諭《さと》したという話が載っているのだ。

桶狭間の合戦は織田信長の奇襲戦ではなかった

前述のとおり、桶狭間の合戦は、織田信長の奇襲が成功した戦いとして知られてきた。一説では二万五千以上の今川方の大軍に対して、織田軍はわずかに三〇〇〇。そこで、信長は奇襲作戦に出たと思っている人は今もいるだろう。ところが、歴史学者の間では、この戦いは正面攻撃による強襲であり、奇襲ではなかったというのが定説だ。信長の動きは、今川方にはっきりつかまれていたからである。

まず信長は、桶狭間に向かう前、熱田から善照寺砦へ向かうが、そのルートは、今川軍がすでに占領していた砦から丸見えだった。さらに、善照寺砦から今川本陣方面へ向かうには、鎌倉街道を二度にわたって横切る必要があった。鎌倉街道は、すでに今川軍が制圧していたので、信長の動きに気づかなかったはずがない。

じつは、奇襲説が初めて登場するのは、江戸時代になってから書かれた『信長記』。これは、信長の一生を面白おかしく脚色した本で、その創作の方が後世には事実のように語り継がれることになった。

織田信長は髑髏《どくろ》盃で酒をふるまったというのは作り話

一五七三年（天正元）、織田信長は朝倉・浅井連合を滅ぼし、翌正月、酒宴を開く。そのさい、朝倉義景、浅井長政、久政の頭蓋骨でつくった髑髏盃を用意し、柴田勝家、明智光秀、羽柴秀吉らの家臣らに酒を強いた——という。

しかし、その話は、後世に〝盛られた〟話である。信長は、家臣に髑髏盃の酒をふるまったわけではないのだ。太田牛一の『信長公記《しんちょうこうき》』によれば、信長は髑髏に金箔を塗り、お膳の上に置かせた。信長とその家臣らは、その髑髏を眺めながら、正月の酒を飲み交わしたのであって、髑髏の盃で酒を飲んだわけではなかったのだ。

長篠合戦の鉄砲三〇〇〇梃による三段撃ちの話は怪しい

長篠の合戦では、織田信長は、武田の騎馬軍団に対して、三〇〇〇梃の鉄砲を用意。その三段撃ちによって武田軍を壊滅させたという。

けれども、実際の長篠の合戦は、鉄砲三〇〇〇梃もなければ、三段撃ちも登場しない合戦だった。最も信頼性の高い史料『信長公記』は、信長軍が武田軍と全面衝突したときの鉄砲の数を一〇〇〇梃と記している。しかも、三段撃ちは同書にはまったく出てこない話。同書に記されているのは、信長が鉄砲を多用したことだけだ。鉄砲で武田軍の攻撃に応戦し、多くの武田兵士を撃ったとは書いているが、三段撃ちしたとは記されていない。

だいたい、鉄砲の三段撃ちが、画期的な軍事革命だったとすれば、その後も織田軍団は同じ戦い方をしているはずだ。信長の後継者である豊臣秀吉や徳川家康、さらには彼らのライバルたちも踏襲するはずだが、その形跡は見当たらない。その点からも、鉄砲の三段撃ちはなかったと考えられる。

桶狭間の戦いのとき、今川義元は京をめざしていない

桶狭間の戦いで、東海の大大名、今川義元は織田信長に敗れ、首を取られてしまうのだが、時計の針を少々戻すと、このとき、義元が軍を西へと進めた動機は、上洛して京に旗を立て、一気に天下を統一するためだったという説がある。しかし、桶狭間の戦いの時点では、義元は一気に上洛しようとまでは考えていなかったとみるほうが自然だ。現実問題として、義元が京をめざすには、ルートとなる西方の武将たちと同盟・友好関係を結ぶ必

要があった。そうでなければ、安全に進むことはできない。

ところが、義元には、それらの武将たちに対して、通行の安全の保障を求める下工作をした形跡がまるでないのだ。

また、当時、信長は、今川家の領地である三河吉良《みかわきら》へ侵入し、実相寺《じっそうじ》を焼打ちしていた。義元にとって、領内を脅かす信長の存在は許しがたく、信長征伐こそ、緊急の課題だった。その意味では、桶狭間での敗戦は、完全な返り討ちだったのである。

織田家が平氏の出身だというのは作り話

織田信長は、自らを「平氏」の出自だと強調していた。「平氏」と名のるようになる前は「藤原」と名乗っている。

いずれの家系だったという証拠も見つかっていないが、ともあれ、若いころの信長が藤原姓を名のっていたことだけはたしかなことだ。

ではなぜ、信長は、自称「藤原」から自称「平氏」へと乗り換えたのか？

これは、室町時代に広まっていた「源平交替思想」の影響によると考えられる。

源平交替思想というのは、文字どおり、平氏と源氏の家系が交替で政権を握る、という考え方のこと。

実際、歴史を振り返ると、平清盛→源頼朝→北条氏（平氏）→足利《あしかが》氏（源氏）といった具合に、平氏と源氏が交替で政権についていることがわかる。足利将軍家にとってかわるつもりだった信長は、この法則を無視できずに「平氏」に乗りかえた。

信玄は一度も城を築かなかったとは言い切れない

「風林火山」の軍旗を翻《ひるがえ》し、戦国の世を駆け抜けた武田信玄は、戦国大名としては珍しく、一度も城を築かなかったといわれている。

しかし、信玄の館だった「躑躅《つつじ》ヶ崎《さき》館」（信玄の父・信虎《のぶとら》が建築）は、ただの屋敷とはとうていいいがたい。

現存する遺構や古地図を見ると、躑躅ヶ崎館には土塁や深い堀がめぐらされ、城と呼んでもおかしくないほど、十分堅固なものだったことがわかる。

それに、この躑躅ヶ崎館は、そもそも周囲を山に囲まれた扇状地に建てられており、地形的にすでに一つの城郭のようなものだった。つまり、信玄が城を築かなかったのは、城と呼べるだけの防御施設を、すでに手にしていたからだといっていい。

さらに、躑躅ヶ崎館の北東には、石水寺《せきすいじ》城という山城が付属していて、非常時に立て籠《こ》もることができるようになっていた。

武田騎馬隊は、戦国最強だったとは言い切れない

映画では、戦国時代の合戦で、多数の騎馬武者が、いっせいに波状攻撃をしかける場面がよく描かれる。その騎馬隊のなかでも、武田騎馬隊は最強だったといわれる。

しかし、戦国時代に、映画に描かれるような騎馬軍団は存在しなかった。

現代人は、馬というとサラブレッドを思い浮かべるし、時代劇に登場するのも、そういう馬たちである。

しかし、当時の馬は、現在のポニーのような小型馬。甲冑《かっちゅう》をつけた武士を乗せて、長期戦に耐えることはできなかった。

また、馬上から弓矢で射るのは、この時代から四〇〇年以上も前の源平時代の戦法で、戦国時代は、もっぱら槍の戦いだった。身分の高い武士も、馬を従者に預け、槍をふるうことが多かった。

戦国時代屈指の軍師・竹中半兵衛は実像とは違う

〝秀吉《ひでよし》の智将〟としてその名を知られる軍師・竹中半兵衛《たけなかはんべえ》。ところが、この半兵衛、宣伝

されるほどの軍師ではなかったという説がある。たとえば、竹中半兵衛が策をこらした稲葉山城の乗っ取り劇も、実際にはなかったとみられているし、秀吉の軍師としてもそれほど大きな業績を残していないという見方があるのだ。

そもそも、当時のことを記した一級の史料には、半兵衛のことがほとんど登場しない。ふつう名軍師であれば、それなりに史料が残されているはずだろう。近年では、半兵衛の能力は、イメージよりもかなり割り引いてみる必要があると考える研究者が多くなっている。

天王山が天下分け目の戦いの舞台というのはウソ

「天王山」という言葉は、勝敗や運命の重大な分かれ目という意味で使われているが、それは豊臣秀吉と明智光秀《あけちみつひで》が相まみえた山崎《やまざき》の戦いに由来する。

主君織田信長に対して謀反を起こした光秀と、主君の仇を討とうとする秀吉の戦いは、京都の西南、山崎で行われた。その勝敗は、天王山をどちらが先に占拠するかにかかっていたといわれる。

最終的には、先に天王山を占拠した秀吉軍が光秀軍を破り、天下統一への道を歩む。

しかし、現実には、天王山をめぐる戦いは、天下分け目の戦いというほどの大規模な戦闘ではなかった。

要地である天王山は、あっさりと秀吉のものとなっているし、小ぜりあい程度の戦いはあったが、決して勝敗の行方を決定するような重要なものではなかった。

それなのに、天王山が天下分け目の戦いとされてきたのは、江戸時代のベストセラー作家小瀬甫庵の『太閤記《たいこうき》』によるところが大きい。

秀吉は、小田原に一夜で城を築いていない

織田信長亡き後、天下統一事業を受け継いだ秀吉に最後まで抵抗したのは、関東八か国を治めていた北条氏だった。

一五九〇年（天正十八）三月一日、秀吉は京都を出発し、四月六日には、北条氏の居城である小田原城を包囲した。しかし、堅固な外郭線を目の当たりにして、持久戦を決意。小田原城の西南三キロの笠懸山《かさがけやま》に築城を命じた。これが、世にいう「一夜城」である。

もちろん、一夜で本物の城が築けるはずはない。実際の石垣城は、約六万人の兵士を動員して、約八〇日をかけて完成させたと伝わっている。それでも築城のスピードとしては驚くほど早く、このスピード築城の象徴として「一夜城」という呼び方をされるようになったようだ。

関ヶ原の合戦で、家康が小早川軍に鉄砲を撃ち込んだのは怪しい話

関ヶ原の合戦の勝敗を分けたのは、小早川秀秋の裏切りである。徳川家康は戦前、西軍の小早川秀秋に裏切りを約束させていたが、戦いが始まると、小早川軍は松尾山に陣を敷いたまま、動かない。家康は、そこで小早川陣に対して鉄砲を撃ちこませた。秀秋はこの「問い鉄砲」におじけづき、最終的に西軍を裏切ることを決めた――という。

ところが、この有名な話にも、疑問の声があがっている。家康の鉄砲隊が小早川陣に発砲したとしても、はたして小早川側がそれに気づいただろうかという疑問である。仮に東軍の最前線から発砲したとしても、小早川陣までは一キロ以上も離れているのだ。

また、慎重タイプの家康が、そのような賭けに出るかという疑問もある。小早川陣に発砲すれば、秀秋が家康を敵と見なす可能性を否定できないからだ。「問い鉄砲」の話は同時代の史料には登場しないので、後世の創作である可能性が高くなってきている。

石田三成と上杉家は家康を討つため、共謀していたわけではない

関ヶ原の戦いの発端は、家康による会津《あいづ》・上杉家攻めだった。上杉景勝《かげかつ》が家康に反抗的

な態度を取り続けたため、家康は大軍を率いて会津に向かう。徳川側が、京や大坂を留守にしたのをきっかけに、石田三成は西日本の大名に呼びかけて西軍を組織、伏見《ふしみ》城を攻めた。それが、合戦の口火となった。

そのため、石田三成と上杉家は、事前に共謀していたという説があるが、むしろ、家康のまいたエサに、三成が食いついたという説のほうが有力である。

家康が三成を討つためには、三成のほうから挙兵したという事実をつくることが必要だった。そこで、三成の挙兵をうながすために、あえて兵を東へ動かしたとみられているのだ。

服部半蔵は、伊賀の忍者の頭領ではなかった

小説などでは、服部半蔵といえば伊賀の忍者の頭領として描かれるが、実際の半蔵は伊賀の忍者ではなかった。

服部半蔵こと服部正成は、たしかに伊賀忍者の血を引いている。ただ、正成の家は、父の代に伊賀の土地を失い、伊賀を出て松平氏（のちの徳川氏）に召し抱えられていた。服部正成が育ったのはその領地の三河であり、彼自身は三河武士として成長したのだ。そして、姉川の戦いなどで槍の名手として活躍する。

ただ、服部正成は、伊賀者とともに家康を守ったことがある。一五八二年、本能寺の変が起きたとき、家康は堺に滞在中で、難を逃れるため、伊賀を通って伊勢から三河に戻る「伊賀越え」を決行する。そのさい、服部正成は、伊賀の有力者らを口説いて、家康の安全を確保、無事に伊賀を越えさせたのだ。

その縁で、伊賀の下級武士たちは後に徳川家に召し出され、足軽集団「伊賀同心」となり、服部正成がその組頭をつとめた。

後世、服部正成（半蔵）が「伊賀の忍者の頭領」とされるようになったのは、そのあたりの経緯があるからだろう。

水戸黄門は全国漫遊の旅に出たというのは間違い

水戸黄門こと徳川光圀は、ドラマでは全国を漫遊しているが、現実には、ほぼ水戸と江戸しか知らなかった。わずかに残る旅の記録は、四十七歳のときに船で鎌倉に渡ったことくらいだ。

それなのに、光圀が日本全国を回ったような話が生まれたのは、江戸後期の講釈師が、北条時頼の廻国《かいこく》伝説をもとにストーリーを作りあげたことにあった。なお、そのルーツのなった北条時頼が諸国をめぐって庶民の暮らしぶりを視察したという話も作り話とみられている。

江戸時代の農民は文字が読めなかったというのは誤り

江戸時代の農民が、文字を読めなかったという認識は間違い。少なくとも仮名くらいは、読み書きできるのがふつうだった。

江戸時代には、すでに読み書きと簡単な計算（そろばん）ができないと、生活が成り立たない社会になっていたのだ。

たとえば、法令は、触書《ふれがき》という形で出されたし、訴訟や申請、陳情は、文書にしないと受け付けてもらなかった。現実に、当時の農民が自分で書いた証明書などが、たくさん残っている。

そういう〝ニーズ〟にこたえて、江戸時代の教育機関はかなり充実していて、江戸後期（人口三〇〇〇万人ほど）には、寺子屋が一万六〇〇〇もあった。そこでは、農民の子供も、しっかりと読み書き、ソロバンを習っていたのである。

とはいえ、義務教育ではなかったから、なかには読み書きができない人もいた。とくに、女性にはできない人が多く、農家出身の女中や遊女が、読み書きが不得手なため、恋文を代筆してもらうという話が、物語や落語にはよく出てくる。

江戸時代、農民には苗字がなかったとはいえない

ご存じのように、庶民も苗字《みょうじ》をつけていいと公式に認められたのは、明治時代になってからのことである。そのため、江戸時代の農民は、苗字をもたなかったと思われているが、農民のなかにも、苗字をもつ人は少なくなかった。非公式の苗字ではあったが、奉加帳《ほうかちょう》や寄進帳、氏神の神事や宮座《みやざ》（神社の祭祀《さいし》のための組織）の書類、建物の棟札《むなふだ》、供養《くよう》や墓石などに、苗字をつけた農民の名が残っている。さらに、私文書や文芸作品の署名に、苗字と名を残している者もいる。

苗字をもっていた農民には、まず江戸初期の兵農分離によって、地侍から農民になった人たち。それらの家には、武士の家柄と同じように、系図や由緒書をもっているところも少なくなかった。

また、庄屋や名主のような有力農民は、土地の名からとった在名《ざいみょう》を名乗ることが多かった。

いまでも、地名と同じ苗字の家が集まっている村や地区があるが、これは、江戸時代の有力農民からの分家の集まりであるケースが多い。

関所破りをしたら必ず極刑に処せられたわけではない

江戸時代の東海道・箱根の関所の取調べの厳しさは知られているが、では、関所を堂々と通れない人はどうしたか。ものごとには抜け道があるもので、箱根関所の手前でわき道にそれ、夜陰《やいん》にまぎれて山中を抜けた。「関所破り」である。関所破りには、刑罰の中でも、もっとも重い刑が科せられていた。男性は、親や主人、師匠殺しと同じく磔刑《たっけい》（死刑）。女性は、終生強制労働の刑に処せられた。

ところが、現実には、それほど厳格に処罰はされなかったようだ。お尋ね者の盗賊などでもないかぎり極刑は適用されず、江戸時代を通じても、磔の刑にされたのは、確認されているだけでわずか五人だったといわれている。

これは、管理する小田原奉行所が厳罰を回避するための制度を設け、藪の中に迷い込んだ者として、藩外への追放処分にしていたからだという。

江戸時代の人は、火打石で火をつけていたというのは間違い

火打石で火をおこすには、まず火打石で鉄のカネの縁を打ち、火花を飛ばす必要がある。

続いて、その火花で油を染み込ませたモグサに火をつけ、さらにそれをかまどや行灯に移す。この三ステップをふんで、ようやく火が使える状態になる。

したがって、なれた人でも、かまどに火をつけるまでに、一〇分はかかったと推定できる。

ただし、江戸っ子たちが毎度毎度、火打石で火をつけていたわけではない。一度つけた火を絶やさないように、かまどの中に種火を残しておき、飯炊きなどで火をおこす必要があるときには、それを使って火をつけていた。要するに、火打石はあくまで、種火が消えてしまったときの予備用として用いられていたわけだ。なお、「火事と喧嘩は江戸の華」と呼ばれるほど、江戸に火事が多かったのは、この種火に大きな原因があった。

奉行所に看板がかけられているのは事実と違う

テレビや映画の時代劇では、「南町奉行所」とか「北町奉行所」と太文字で書かれた門札が、奉行所の門に掲げられているもの。

現代人の感覚からすれば、お役所に表札が出ているのは当たり前のことに思えるが、江戸時代の風景としては間違いである。昔は、奉行所も大名屋敷も、屋敷名を書いた表札は、掛けていなかったのだ。

とくに、「寺社奉行所」と書かれた表札など論外。当時の寺社奉行は、私邸を役宅として使っていた。寺社奉行所という独立した建物があったわけではなかったのだ。

もっとも、商人《あきんど》の家は、立看板、四角い箱看板、行燈《あんどん》、暖簾《のれん》など、さまざまな形の看板を出していた。

ただし、いまと違って看板には、「米問屋」「紙屋」など、何を商う店なのかが目立つように書かれ、屋号はわきに小さく書かれるのが一般的だった。そのあたりも、時代劇ではアベコベになっているケースが少なくない。

唐人お吉は、ハリスの愛人ではなかった

幕末に残るエピソードのなかでも、もっとももの悲しい話といえば、唐人《とうじん》お吉《きち》の物語だろう。お吉は、アメリカの駐日総領事ハリスの求めで、彼の身の回りの世話をするようになった。

そのため、周りの日本人から、「ラシャメン（西洋人の愛人）」と呼ばれ、終生、肩身の狭い思いをしたという。

一般にも、この「ラシャメン」のイメージが強いため、お吉はアメリカ人の愛人として囲われていたと思っている人が多いかもしれない。しかし、お吉が女中としてハリスの側

にいたのは、ほんの短い期間で、しかも愛人関係などはなかった。

ハリスは、モラルに厳しい清教徒であり、日本女性と関係を持とうとは思っていなかったとみられている。お吉は、女中としてあまり役に立たなかったようで、すぐにハリスからヒマを出されたのだが、その後、日本の男性からは相手にされなくなり、酒びたりの生活をおくる。ハリスの世話をしたときの給金で、料理屋を開業したものの失敗し、貧乏暮らしを続けた。

そして、一八九〇年（明治二三）、蓮台寺温泉近くの川で溺れて命を落とす。身を投げたとも、酔って足をすべらせたともいわれている。

沖田総司は美男子ではなかった

新撰組隊士・沖田総司は、ドラマなどでは「美男剣士」として描かれる。ところが、実物の彼は、そのイメージとはほど遠いご面相だったようである。

総司をよく知る人が語ったところによると、「背が高く、肩の張りあがった色の黒い人」、「猫背のように背をかがめ、よく笑う人」、「目が細く、ヒラメみたいな顔をしていた」だったという。

「目が細く、ヒラメみたいな顔」と形容されるようでは、とても美男子とはいえなかっただろう。

咸臨丸の指揮者は、勝海舟ではなかった

「咸臨丸《かんりんまる》」といえば、日本人が初めて独力で太平洋を横断し、アメリカに到着したときに使用した船である。そして、この船の艦長として指揮をとったのは、あの勝海舟《かつかいしゅう》と思っている人が多いようだが、指揮をとったというのは、事実に反する話だ。

そもそも、咸臨丸に乗り込んだ日本人八五名のうち、もっとも偉かったのは、軍艦奉行の木村摂津守。だが、木村は幕府高官ではあっても、航海術の心得は皆無だった。その木村に次ぐ地位にいたのが、軍艦操練所教授方頭取だった勝海舟である。しかし、勝は三七日間の航海中、船酔いでほとんど船室にこもっていたという。

そんな勝に代わって、実際に咸臨丸を動かしたのは、アメリカ人航海士たちだった。

ちなみに、日本人で初めて太平洋を横断したのは、勝たちではなく、咸臨丸よりも約二五〇年も前に太平洋を渡った支倉常長《はせくらつねなが》の一行。「慶長遣欧使節団《けいちょうけんおう》」として、一六一三年（慶長一八）、現在の宮城県石巻市を出発。偏西風と北太平洋海流に乗って太平洋を横断、出航から三か月後にメキシコのアカプルコに到着している。

■参考文献

「日本の歴史」（小学館）／「１００問１００答日本の歴史」歴史教育者協議会編（河出書房新社）／「日本史用語集」全国歴史教育研究協議会編／「山川 詳説日本史図録」（第2版）詳説日本史図録編集委員会編（以上、山川出版社）／「戦国武将ものしり事典」奈良本辰也監修／「不思議日本史」南條範夫監修（以上、主婦と生活社）／「戦国ものしり１０１の考証」稲垣史生（ＫＫロングセラーズ）／「日本の合戦なぜなぜ百貨店」／「日本史知ってるつもり」／「日本史・疑惑の重大事件１００」（以上、新人物往来社）／「にっぽん歴史秘話」秋吉茂（河出文庫）／「異説日本人物事典」桑田忠親監修／「異説日本史事典」樋口清之監修（以上、三省堂）／「目からウロコの戦国時代」谷口克広（ＰＨＰ）／「大化改新」遠山美都男（中公新書）／「幕末・維新おもしろ事典」奈良本辰也監修（三笠書房）／「戦国暗殺史」／「幕末暗殺史」森川哲郎（以上、三一新書）／「戦国合戦事典」小和田哲男編著（三省堂）／「織田信長合戦全録」谷口克広（中公新書）／「日本列島なぞふしぎ旅」山本鉱太郎（新人物往来社）／「江戸を知る事典」加藤貴編（東京堂出版）／「考証江戸事典」南條範夫編（人物往来社）／「大江戸意外なはなし３６６日事典」大石学（講談社α文庫）／「時代劇のウソ・ホント」笹間良彦（遊子館）／「日本史の謎と素顔」佐治芳彦（日本文芸社）／「皇室事典」皇室事典編集委員会編著（角川グループパブリッシング）／「クロニック戦国全史」池上裕子・小和田哲男・小林清治・池享・黒川直則編集（講談社）／「新国語便覧」稲賀敬二・竹盛天雄・森野繁夫監修（第一学習社）／「世界の歴史」（中央公論社）／「１００問１００答世界の歴史」歴史教育者協議会編（河出書房新社）／「人物世界史１・２」今井宏編／「人物世界史３・４」佐藤次高編（以上、山川出版社）／「学校では教えてくれない世界の偉人の謎」（学研）／「民族世界地図」浅井信雄／「宗教世界地図」石川純一（以上、新潮文庫）／「民族の世界地図」「地名の世界地図」「人名の世界地図」21世紀研究会編（以上、文春新書）／「物語ドイツの歴史」阿部謹也／「物語中東の歴史」牟田口義郎（以上、中公新書）／「ジンギスカンの謎」川崎淳之助／「エリザベスⅡ世」青木道彦（以上、講談社現代新書）／「この一冊でアメリカの歴史がわかる！」猿谷要（三笠書房）／「この一冊で世界の地理がわかる！」高橋伸夫編著（三笠書房）／「物が語る世界の歴史」綿引弘（聖文社）／「図解雑学世界の歴史」岡田功（ナツメ社）／「

分でわかる世界史の読み方」水村光男（かんき出版）／「高校の世界史を復習する本」祝田秀全（中経出版）／「ウラ読み世界史」宮崎正勝（日本実業出版社）／「世界史なぜなぜ百貨店」（新人物往来社）／「らくらく入門塾世界史講義」水村光男監修（ナツメ社）／「目からウロコの世界史」島崎晋（ＰＨＰ）／「世界戦史99の謎」武光誠（ＰＨＰ文庫）／「世界謎と発見事典」三浦一郎監修（三省堂）／「詳説世界史」（山川出版社）／「山川世界史総合図録」（山川出版社）／「世界史年表・地図」（吉川弘文館）／「世界不思議百科」コリン・ウィルソン、ダモン・ウィルソン（青土社）／「これは意外！」「世界不思議物語」リーダーズダイジェスト社／「歴史パズル」吉岡力（光文社）／ほか

※本書は、『裏から読むとおもしろい日本の歴史』（小社刊／２００９年）、『日本と世界の「近現代史」がこの一冊でわかる！』（同／２００８年）、『ここが一番おもしろい！ 世界史の舞台裏』（同／２００６年）、『その歴史常識にはウラがある！』（同／２００５年）を改題、再編集したものです。

編者紹介

歴史の謎研究会
歴史の闇にはまだまだ未知の事実が隠されたままになっている。その奥深くうずもれたロマンを発掘し、現代に蘇らせることを使命としている研究グループ。
本書は、歴史的な名場面の謎解き、知られざる秘話など、気になる歴史裏話を集めた決定版。その時代に生きた人々の躍動するドラマを通して、最重要ポイントがひと目でわかります！

ここが一番《いちばん》おもしろい
世界史《せかいし》と日本史《にほんし》 裏話大全《うらばなしたいぜん》

2015年8月5日 第1刷

編　　者　歴史の謎研究会《れきしのなぞけんきゅうかい》

発行者　小澤源太郎

責任編集　株式会社プライム涌光
電話　編集部　03(3203)2850

発行所　株式会社青春出版社
東京都新宿区若松町12番1号〒162-0056
振替番号　00190-7-98602
電話　営業部　03(3207)1916

印刷・大日本印刷　製本・ナショナル製本

万一、落丁、乱丁がありました節は、お取りかえします

ISBN978-4-413-11141-6 C0020